本书为中国博士后科学基金第74批面上资助项目（2023M741149）、
2022年福建省社会科学基金马工程项目（FJ2023MGCA029）的阶段性成果

论法律认同的传承

LUN FALÜ RENTONG DE CHUANCHENG

林 坤——著

法律出版社 LAW PRESS·CHINA
——北京——

图书在版编目（CIP）数据

论法律认同的传承 / 林坤著. -- 北京：法律出版社，2025（2025.9 重印）. -- ISBN 978-7-5244-0352-4

Ⅰ. D903

中国国家版本馆 CIP 数据核字第 2025H2J817 号

论法律认同的传承
LUN FALÜ RENTONG DE CHUANCHENG

林　坤　著

策划编辑　许　睿
责任编辑　许　睿
装帧设计　鲍龙卉

出版发行　法律出版社
编辑统筹　司法实务出版分社
责任校对　李慧艳
责任印制　胡晓雅
经　　销　新华书店

开本　710 毫米×1000 毫米　1/16
印张　15　　**字数**　201 千
版本　2025 年 6 月第 1 版
印次　2025 年 9 月第 2 次印刷
印刷　河北虎彩印刷有限公司

地址：北京市丰台区莲花池西里 7 号(100073)
网址：www. lawpress. com. cn
投稿邮箱：info@ lawpress. com. cn
举报盗版邮箱：jbwq@ lawpress. com. cn

销售电话：010-83938349
客服电话：010-83938350
咨询电话：010-63939796

书号：ISBN 978-7-5244-0352-4　　**定价**：68.00 元

凡购买本社图书，如有印装错误，我社负责退换。电话：010-83938349

找寻法律与社会之间的平衡（代序）

从1949年到2024年，新中国的法律发展走过了75年的时光，也正是在这75年中，中国法学界一直尝试为中国法律寻找到一条实现“人民性”和“专业性”张力中的有机平衡路径，试图通过主动、理性地回应社会需求，与其他社会治理手段一道致力于重整社会秩序，推动法治社会的建立，在消弭社会危机的同时树立法律的权威。然而，中国社会的复杂特性以及中国法律的“涵盖力”始终存在紧张和不适。当然，这一现象并非中国特有，而是基于一个具有悠久历史文化的大国使然。这也是为什么中国基层社会出现纠纷时，法律有时会表现出窘迫的一面，“乡村灰社会”“信访而不信法”等怪象的出现，也就不难理解。当然，危机并非只是危险，它还带来了机会，法律所遭遇的社会压力乃至法律与社会的不适而引发的社会危机，并不能简单地被视为摧毁法律制度的洪水猛兽，这些困境也可以被法律人巧妙地扭转为实现法律反思自身功能和推动法律自我改革的现实契机。那么，如何完成从危到安的转变，抑或说如何正确地理解和把握法律和民众之间的关系呢？

关于这个问题的探索，在学术界和理论界其实是一个老问题，绝大多数的研究都表明独特的文化传统、独特的历史命运、独特的国情状况是导致法律陷入“效仿型”与“自主型”相结合的不稳定状态之中的根源性因素。然而，这些研究也忽视了一个基本的事实，即这种特殊的国情、社情、民情造就了民众对于法律高度认同的传统。

十多年前，林坤博士就很敏锐地捕捉到了这一问题，并通过对中国法律发展历程的全面梳理，对中国民众法律认同的分层剖析，尝试找到一条通过法律治理来促进社会共识的形成、完成风险社会的防御、实现个体权利的彰显的中国路径。较为遗憾的是，囿于学术视野和司法经验的缺陷，林坤博士第一次努力的成果虽然优秀，但是距离真正的答案还存在一定的距离。

走出庙堂审视，回归乡野思考，或许是为了弥补这种遗憾，林坤博士在时隔十一年之后，再次启动了“法律认同”这块“学术自留地”的发掘工作。令人欣喜的是，在这次的努力中，林坤博士从多年的基层司法实践参与者的角度出发，从更加广阔的视野和更加深入的角度，对“如何看待和解决当前中国民众所遇到的法律认同传统出现断裂的问题”进行了探索性的研究并对旧文做出了实质性的修订——这种实质性不仅体现为正文字数上的显著变化，也体现为篇章结构上的系统调整。在他完成的这本专著中，让我印象最为深刻的是，他改变了博士论文以“法律与伦理的和解”作为结论的观点，将“以人为本”原则的适用作为全文的落脚点。这种从形而上到形而下思维的转变，体现了他对于风险社会中作为承担者和应对者的“个体”的关注，而这种关注的不断积累，正是实现现代多元社会民众之间的基本共识的起点。

对于林坤博士而言，在省直机关工作多年之后，重回高校开启学术的路，其实是一件很辛苦的事。还好，他的勤奋克服了“改换赛道”之后带来的许多困难，逐渐走出了自己的学术之路。对此，我想在时隔五年半之后，再次祝贺他、祝福他。

张永和

2025 年 1 月 8 日

目 录

引　言

法律认同的当代思索

社会不是以法律为基础的。那是法学家们的幻想。相反地，法律应该以社会为基础。

——卡尔·马克思

一、本书选题的缘起

鸦片战争的失利所带来的不只是政权的动摇，国土的割裂，它还开启了否定中国人长期以来在以自然经济和小农经济为主的封闭保守的农业社会中逐渐形成的“吾闻用夏变夷者，未闻变于夷者也”① 的天生优越感的进程，中国始于上古三代传承下的传统法律文化也在西方列强的入侵中呈现破碎化的迹象。在那个“崩解坠落的时代”②，无论是清政府、北洋政府，还是民国政府，都为了富国图强而在“三千年未有之大变局”的“历史三峡”③ 中进行着以西方模式为蓝本的法律改革运动，开启了近代中国法治变革、现代法律体系构建的历史进程。一时间，大量西方法律制度和法律理念被引入中国，传统法律文化与西方舶来经验的博弈与互融成为呈现多元化样态的中国法律近代化发展的方向，“中国现代知识分子寻求对西方文化与民族文化的双向认同，在继承民族文化传统，吸收西方文化思想来寻找中国文化现代性建构的过程中……呈现出多元化的倾向”④。

随着中华人民共和国的成立，中国共产党开始了从革命党到执政党的角色转变，由其领导的人民当家作主的新社会新政权新制度也随之而来，“新中国的基本政治制度、法律制度、立法体制、司法体制和法制原则、基本法制框架，就这样在硝烟沉落的大地上扎了根”⑤。然而，由于

---

① 《孟子 · 滕文公上》。

② 牟宗三：《生命的学问》，广西师范大学出版社 2005 年版，第 4 页。

③ 马建银：《法律移植与法律认同——中国语境的法律现代性困境》，清华大学 2005 年硕士学位论文，第 7 页。

④ 黄芳：《多元文化认同的建构：〈中国评论周报〉与〈天下月刊〉研究》，南京大学出版社 2018 年版，第 25 页。

⑤ 张文显：《论中国式法治现代化新道路》，载《中国法学》2022 年第 1 期。

一些主客观的原因，改革开放初期，我们不得不面对“国家缺少法律且民众不信法律”的困局。究其原因，有两个方面。一方面，在基于“过渡论”[①] 而产生的“继续革命”思维逐步演化为新中国政治与法律发展的主导理念的影响下，国家将政治运行目标定位为“破私立公”[②]，强调建设以人民为主体的国家治理体系。此时，建立一套不同于西方所谓的现代民主政治，又区别于传统王朝政治的“党与国家合一”的政治体制框架，成为新中国法律发展的总体目标。于是，代表着封建专制传统的法律规则、代表着西方资本主义法治模式的“西化路径”逐步被全盘否定，在当时还有着“以阶级斗争为纲”的路线不仅造成特定历史时期内政策频繁取代法律的现象，更让初步形成的法制框架几乎在“文化大革命”中荡然无存。另一方面，受到“左”的思潮的影响，发动群众进行社会改革和重建法律秩序的行动。这种主张要人治而不要法治、实行群众专政和群众办案的运动式行动，让法律在民众心中变得可有可无，“革命的群众运动是不完全依靠法律的，这可能带来一种副产物，助长人们轻视一切法制的心理”。[③]

20 世纪 70 年代中后期，在经历“革命内部的革命”[④] 那段曲折探索的时期之后，“革命所造就的权威、政治压力、政治气氛以及革命的净化

---

① 经过社会主义革命的国家，尚不能立即进入全面的建设和发展时期，而必须经历一个或长或短的过渡时期。这有两个方面的原因：首先，不同社会之间的更替或转换不可能一蹴而就，必须有一个转变的过程，因此在社会主义革命后必须有一个革命化的时期；其次，实际生活表明，革命本身就是一个过程，不可能一夜之间就建成一个宏伟壮丽的新的政治体系大厦。参见王沪宁：《比较与超越》，黑龙江教育出版社 1989 年版，第 166 ~ 168 页。

② 所谓“破私立公”，即一方面把个人从传统的家族共同体和血缘纽带中分离了出来，另一方面又按照普遍的政治原理把个人组织到“单位”体制中去，改造成“组织人”，并且力图使权力和思想都一元化。

③ 《董必武政治法律文集》，法律出版社 2001 年版，第 350 页。

④ 谢晖、崔英楠：《变法与革理——20 世纪中国法学发展的逻辑》，载《文史哲》2000 年第 2 期。

效应随着时间的推移而弱化”[①]，越来越多的民众要求对新中国成立以来的革命法律文化进行否定之否定的辩证反思，中国法律也迎来了一场轰轰烈烈的“法学解放”运动，开启了现代化的进程——法律发展呈现出对阶级斗争工具论进行全面反思的趋势，法律逐渐从纯粹的政治意识形态中脱离出来，开始进入“建设—破坏”之后的再建设阶段。也正是在这个时期，由于“阶级斗争路线”让位于“发展经济的路线”的缘故，中国社会开始出现价值和利益多元化、市场化的功利逻辑盛行、“人际关系被流动的不安定、犹豫的信任和淡漠的熟悉所代替”[②]的现象，“依俗而治”的民间规范遭遇到了危机，许多民众改变了有事情找亲戚、找单位、找政府的社会支持网络结构，直接希望得到国家“送法下乡”的援助，法律在某种程度上已经成为一种多变的“弱者的武器”[③]，“迎法下乡”蔚然成风。然而，关系主义策略[④]的改变和民众“拿起法律的武器”并非全然是理性之举，亦非接近正义之路。人们对于法律需求的日益增加以及法律制度体系的逐步建立和不断完善，并不能标志着中国法律真正实现了现代化，也不意味着中国社会真正进入了法治社会。人们对法

---

① 董磊明：《宋村的调解：巨变时代的权威与秩序》，法律出版社 2008 年版，第 177 页。

② 喻名峰：《后乡土社会法治秩序的建设》，载《甘肃社会科学》2007 年第 1 期。

③ 民众在行使法律这个“弱者的武器”的过程，实质上也是一个基层民众对于国家和地方性法律的自我解读和应用的实践过程。这一过程并非已经完结，而是还在进行之中。各种新的“弱者的武器”的发明体现了当下基层法律实践的紧迫性，这种紧迫性又与整个中国社会的发展转型密切地联系在一起。参见赵旭东：《法律与文化：法律人类学研究与中国经验》，北京大学出版社 2011 年版，第 263 页。

④ 关系主义的盛行一方面使人们在社会事务中不按照制度的逻辑来办事，遇到事情首先想到的是找关系；另一方面也导致人们对关系的钻营，总是设法与他人攀上关系或维续某种关系，以便使制度运作朝着有利于自己的方向发展。此一行为倾向一旦发展成一种趋同化的社会行为习惯，必将在民众中造成这样一种观念或印象，即制度是如何规定的并不重要，重要的是要有关系。参见黄金兰：《我国法律信任缺失的原因——历史、文化视角的解释》，载《法律科学（西北政法大学学报）》2016 年第 2 期。

律的服从，有可能只是出于法律的模糊与抽象带来的敬畏，而不完全是权利受保护者发自内心的支持与接纳①，基层司法实践中“法治论”② 和“治理论”③ 的博弈以及“乡下锣鼓乡下敲”④ 倾向的出现，就是其中最为典型的表现，毕竟“法律具有重要的社会问题诊断功能，而法律对社会问题的诊断主要是通过司法来实现。通过这种‘诊断当前’的方式，司法能够总结、发现社会治理制度存在的显性及深层次问题，并寻找予以解决的方案”。那么，当下中国民众对于法律的认同，是否也陷入了所谓的“信心危机”⑤ 抑或“精神危机”⑥ 之中？

如果说，危机既是文明重建的背景，也是文明重建的机遇和源头，那么，我们对于当下中国民众的法律认同所面临的问题的理解和化解，

---

① 参见刘立明：《论后乡土中国的法治启蒙》，载《华北电力大学学报（社会科学版）》2011 年第 4 期。

② 基层司法的“法治论”具有以下特征：一是将基层司法权力复归为判断权，除去其治理化功能。二是实现从“司法特殊主义”向“司法普遍主义”的回归，平等对待当事人，实现规则之治。三是通过法律程序在基层民众群体中建构共识，进而化解地方性司法知识导致的不同基层民众阶层间的“结构性利益冲突”。四是通过民主方式，建立基层民众群体的制度化利益表达渠道。

③ 基层司法的“治理论”特征：一是在规则层面上，地方性规范在微观意义上常常占有优势地位。二是在程序层面上，基层司法存在通过独特的司法策略和技巧，解决村民生活中的具体问题情况。三是基层法官有着一套非常系统的纠纷解决机制和乡村司法体系，在事实层面解决问题，结果导向对于村民而言，它是快捷而低成本的。

④ “情理”之于中国人，不仅是一种行为模式，而且是一种正义观。基层法官在审判过程中经常遭遇法与情理的冲突，遭遇案情的延伸性和诉求的非适法性等问题。为了防止矛盾激化，法官不得不在国家司法、民间司法和乡村司法之间采取沟通策略，使审判获得合法性。在具体案件中利用情理地方性知识，采取当事人容易接受的语言与行为进行说服，甚至用非正式的方式来化解纠纷，用法官的话说就是“乡下锣鼓乡下敲”，实质是把审判的合法性转化为道德上的合理性，从而使审判获得当事人和社会的承认。

⑤ ［美］伯尔曼：《法律与宗教》，梁治平译，中国政法大学出版社 2003 年版，第 194 页。

⑥ ［美］伯尔曼：《法律与宗教》，梁治平译，中国政法大学出版社 2003 年版，第 194、200 页。

也必然要与百余年来中国文明重建、社会转型、法律发展的进程紧密相连。回溯近200年来的历史，可以发现知识精英虽然受困于东西方关系的矛盾之中，[①] 但是他们中的一些人在“文化意志论”的影响下持续地将西方法律文化作为现代法律思想建构的一个重要话语资源引入中国，也或明或暗地在理论及心理上否定、排斥中国传统社会既有的法律文明成果。“中国的法律信仰论者接受了伯尔曼的一般性的命题……但对法律信仰与传统相互关联的强调却被无视，甚至被有意割断。在中国的法律信仰论者看来，要在中国树立法律信仰，首要的就是必须拒斥历史和传统，中国法律信仰生成的一个基本前提就是对中国历史和文化传统的否弃。”[②] 特别是在改革开放之后至党的十八大召开前夕的30多年里，这种厚此薄彼的态度使得中国法律人没有创造出足以在根本上改变人们既有逻辑思维结构的“中国范式”，“中国法学”或许实际上可能只是一种西方法学理论的“中国表达”。[③] 于是，这部分法律人依然挂着辜鸿铭所言的“无形的辫子”，依然浸淫于儒家“德在法上”的思维逻辑，将“西方法律制度的中国移植”异化为“西方舶来品的中国式话语表达”，并在“父母官情结”和“社会效果”的驱使下，选择了一条通过对以西方法律文化为模板的中国近现代法律进行本土化的“重新阐释”来实现与乡间的社会记忆同质化，从而缓冲中西法律文化碰撞，消解大小传统冲突的折中路径。然而，任何制度的创设和完善都是实践归纳的结果而非理论演

---

① 参见孔耕蕻：《“文明冲突”理论述评》，载《新华文摘》1995年第4期。

② 刘小平、杨金丹：《中国法律信仰论的内在悖论及其超越》，载《法商研究》2014年第2期。

③ 参见刘星：《西方法学理论的“中国表达”——从1980年代以后的“西方评介”看》，载《政法论坛》2005年第1期。

绎的产物，过往法律人试图实现“西体中用”① 的努力在与国情社情的一次次的碰撞中陷入现实性的危机，导致中国基层法律运行呈现出结果导向而不是规则导向的运行逻辑，并在内在治理模式和外在发展模式博弈的泥淖中陷入困局。作为一个用40余年时间走完西方国家几百年现代化进程的国家，改革开放之后的中国所经历的“压缩的现代化”标志着中国并没有充分的时间和机遇按部就班地进行中国式的法律现代化转型，过程之中必然存在相互叠加和压缩的许多可知和不可知因素，使中国经历着“问题丛”② 和“大熔炉”③ 的两重洗礼。这种略显仓促的进程在实现系统转型与快速发展的同时，带来了中国传统社会发展模式由于社会信任消解，贫富差距悬殊以及文化取向弱化等，受到极大挑战的问题。普通民众现代化观念更新速度滞后于社会发展速度的矛盾，导致部分民众依然带着“熟人社会”的行为规则和心理习惯进入现代化的“半熟人社会”，在“大小传统”日益疏离的冲击下产生了大量“心理不适”。也正因如此，在不少民众看来，作为维系社会发展模式底线和基础的法律，过去不是、现在不是、未来也很可能并不是解决基层矛盾的唯一选项，或者说法律作为当下中国基层社会纠纷的解决方式之一，仍然不是主要的方式。这个观点，也成为近年来法律精英和普通民众之间难得的共识，“法学界和法律界历来认为中国的基层司法是复杂的，并认同处理纠纷手

---

① 李哲厚认为，把“西体”“用”到中国，是一个艰难的创造性的历史进程。所谓“西体中用”，即在全面了解、介绍、输入、引进现代“西学”过程中，在判断、选择、修正和改造中使之适应和运用于中国的各种实际情况和实践活动。参见李泽厚：《漫说“西体中用”》，载《孔子研究》1987年第1期。

② “问题丛”：历时性的前现代（传统社会）、现代（现代社会）、后现代（后现代社会）的共时性存在，带来了“传统—现代”与“反思—重构”的双向并存的“共时态”局面。

③ “大熔炉”：中华文明传统（黄色）、西方文明传统（蓝色）和革命新传统（红色）的套叠并存，带来了多元化的价值选项。

段可适度丰富多彩”①。

社会的“流动性”在信息化和大数据的加持下，又给我们所处的社会带了许多变化。职业的多样化、人口迁徙的活跃以及泥土观念的渐缺所带来的利益取向和价值观念多元化和开放性的态势，“不流动性”和“差序格式”的裂变带来的个人与社会统一于“家”的格局的逐渐瓦解，再加上信息化的发展“彻底动摇了以固定空间领域为基础的民族国家或所有组织的既有形式”②而引起的传统社会权力结构受到去中心化和分布式理念的冲击，共同促成了现代社会中民众对于传统权威的否定和对于工具理性推崇，让传统乡土社会所固守的行为规则和社会秩序在功利主义文化的冲击下显出窘态。“当社会运行方式从‘固态’变为‘液态’……越来越多的差异、含混，甚至扭曲、变形，会介入这个过程中来……不可能在现实真空中完成从一而终的、稳定平衡的理想认同。”③于是，在“法律文明秩序”已然取代“宗教文明秩序”或“道德文明秩序”的历史大背景下，民众在感慨法律与生活的距离感而导致规避法律成为一种“潜规则”的同时，基于解决信息化社会“治理赤字”④的需要而习惯从自身的经验出发，向往着他们所认定的“法律之治”。而法律现实与法治理想的差距，更激发了人们通过碎片化的法律认知来探寻

---

① 刘星：《法律与文学：在中国基层司法中展开》，北京大学出版社2019年版，第1页。

② ［美］曼纽尔·卡斯特：《网络社会的崛起》，夏铸九、王志弘等译，社会科学文献出版社2006年版，第3页。

③ 赵静蓉：《文化记忆与身份认同》，生活·读书·新知三联书店2015年版，第23页。

④ 智能社会充满生机和希望，也充斥着风险和挑战。在各种风险之中，最突出的是法律规制失灵；在各种挑战当中，最严峻的是法律秩序失调。规制失灵、秩序失调集中表现为“治理赤字”，即治理体系、治理规则、治理能力、治理技术已不能有效应对以大数据、云计算、互联网、区块链、人工智能等为代表的现代智能科技的全方位挑战，以致出现失控失序甚至危及公民权利、社会福祉、公共安全、国家安全、全球和平的严重局面。参见张文显：《构建智能社会的法律秩序》，载《东方法学》2020年第5期。

“想象的”法治景象的渴望，尽管这种“想象”可能会引发民众与法律人之间的“偏见”。诚如孔飞力所言，“人们在社会等级上存在距离并不意味着他们互相之间不能理解，但是这种距离有时意味着人们对于种种相同的符号会有不同的解读”①。此时，所有法律人都应当认真思考的是，在国家主导下的渐进式法治发展模式已经逐渐被中国式法治现代化发展模式所取代的今天，如何从“观察者”回归“参与者”，② 并在克服精英和民众之间看似无法填平的“知沟”③，正视精细化和专业化所带来的法律日益沦为仅由案例和规章条文构成的一种技术组合的现实的基础上，通过弥合“书面中的法律”与“行动中的法律”的裂痕，实现“想象的法律”与“法律的想象”的和解，完成“社会反向情绪”④ 的化解以及

---

① ［美］孔飞力：《叫魂：1768 年中国妖术大恐慌》，陈谦、刘昶译，生活·读书·新知三联书店 2012 年版，第 277 页。

② “观察者”喻示着外在的视角。在“观察者”眼中，法律是一组客观存在的规则系统，它因为具有强制性而获得了有效性。而“参与者”则指称内在的视角。在“参与者”的视野下，司法的具体过程得到了全景式的呈现，基层司法的行动逻辑中任何不“合法律性”的行为也因此能够得到“参与者”充分地理解。

③ 在中国社会中，基于社会精英与普通民众，在认知结构和知识谱系等方面存在先天的不均衡与不对称。伴随着互联网的到来，所有人获得了形式上平等和普适地分享信息的机会。但不对等性导致形式主义的无差别不仅未能根除信息贫富分化，而且还可能在知识倾向性所造成的“马太效应”的影响下，催生出精英与平民之间的“知沟”。毕竟互联网只是提供了降低信息不对称的可能性，而在实现的过程中可能制造更大的信息不对称。对受众个体来说，他们总是愿意接受那些与自己固有观念一致或自己需要、关心的信息，回避那些与自己固有观念相抵触或自己不感兴趣的信息，而任何方式的交流和互动都需要一定的基础，这个基础必须包含着建构于相同或相似的知识之上的信任。

④ 所谓“社会情绪反向”是指民众对于一些社会事件中令人费解的现象表现出的反应十分反常：本该引起大家同情的事，却有很多人表现出欣喜；本该是人所共愤的事情，却有人在赞美和钦佩；本该受到谴责的行为看到的却是冷漠。这种现象产生的根源与社会普遍存在的“群体性怨恨”有关。参见王俊秀、杨宜音：《中国社会心态研究报告（2012—2013）》，社会科学文献出版社 2013 年版，第 19 ~ 20 页。

民众法律认同传统的重拾。[①] 毕竟“法律人的责任不仅仅是机械精细地、刻板而冷峻地操作法律，而且是要把伟大的博爱精神、人文关怀、美学的原则和正义的情感以专业化的、理性而又艺术的方式表现出来”[②]。或许，问题的答案离我们并不遥远，正如学者所言，“历史进程中真正关键性的还是‘社会思想’而不是‘典籍思想’”[③]，这里需要我们做的，可能只是轻轻唤起中国人内心深处那逐渐被淡忘的，关于法律认同的共同记忆。

二、选题的研究现状及理论创新

作为法学理论领域一个古老且重要的命题，“法律认同”一直备受人们的关注。然而自 20 世纪 90 年代以来，我国学术界和实务界关于“法律认同”的研究成果，却在整体上呈现出数量不多[④]且内容系统性较为

① 有学者利用中国综合社会调查数据系统考察我国公民的互联网使用对其法律认同的影响机制，研究发现当前我国公民的法律认同并不存在普遍化危机（公民法律认同的均值为 54.74 分，在 1—100 分处于中等略偏上水平），但仍有较大提升空间。参见周立民、邢海燕：《全面依法治国及网络社会双重背景下的法律认同建构——基于广义倾向值匹配法的实证探讨》，载《治理现代化研究》2022 年第 2 期。然而，由于用于分析的样本量略小（仅为 2330 个）且多是采用互联网进行调查，可能规避了部分年龄较大的人群，而这部分人群正是潜在的法律认同式微的人群。因此，这个调查的结论并不一定准确，真实情况也不如此乐观。

② 舒国滢：《从美学的观点看法律——法美学散论》，载《北大法律评论》2000 年第 2 期。

③ 秦晖：《传统十论——本土社会的制度、文化及其变革》，复旦大学出版社 2004 年版，第 168 页。

④ 截至 2024 年 7 月 12 日，在中国知网上以“法律认同”为篇名精准查找，可寻找到的论文仅有 20 多篇。

欠缺和零散的样态。就现有的研究成果来说，要么是以基本内涵①、生成逻辑②、文化传统③等为视角的理论剖析，要么是和法律移植④、司法审

① 例如，卢东凌在《民众法律认同初探》中从概念、特点、意义、内容、方式等方面对法律认同进行了界定。又如，张异在《论法律认同的概念、内涵与特征》中指出，法律认同属“认同”研究的一个子类，主要针对的是法律科学领域的认同问题，应从理论完善、实践需求的角度出发，阐明法律认同的概念、内涵及特征。再如，杨福林在《微观法律认同论》中认为，对于民族地区村民对法律的认同，可以从细微的地方进行观察，而影响村民对法律认同的具体因素包括生活方式、语言以及穿着等。

② 例如，马建银在《法律移植与法律认同》中将法律认同概念的出现定性为是对现代性语境下法治秩序和立法秩序悖论困境的回应，并通过信仰、情感、习惯和理性等四维要件分析了法律认同的产生方式。又如，郑鹏、程陈力在《法律认同内在意蕴的生成逻辑》中将法律认同的过程细分为良法品格、法律实施、认知获取、内在评价、情感迎合、认同形成等阶段，并认为法律认同形成后认同的步伐并不会绝对的停止，还会经历新的认同或者继续、重复认同的过程。再如，张异、黄一宸在《论法律认同的基础、表现与识别》中提出，法律认同的产生需要完善的法规、良好的司法制度、守法的国民意识以及稳定的社会环境作为基础。

③ 例如，李春明在《“无讼”法律文化与中国公众的法律认同》中以中国传统的“无讼”文化为切入点，分析了“无讼”文化中维护君主专制统治秩序的目的性、义务本位价值观以及人治化运作机制造成了公众的狭隘的工具性法律认同、单一性法律认同，甚至引发了公众对法律的不认同。又如，李春明又在《传统“法治”文化与当代中国公众的法律认同》中指出，传统中国的“法治”文化对当代中国公众的法律认同，产生了巨大影响，因此应做好全社会的现代法治启蒙工作，克服传统“法治”文化消极因素的影响，充分吸取和利用传统“法治”观念中某些体现法治精神和原则的有用资源，促进当代中国公众法律认同建设。再如，田宏伟在《法律文化与法律信仰之辨》中认为，法律文化与法律信仰关系极为密切，在中国传统法律文化中，家长制宗法社会体系、君主专制的政治特征以及根深蒂固的“无讼”法律价值观均不同程度拘囿了法律信仰的萌芽与发展空间，造成了法律信仰的整体缺失。

④ 例如，厉荣媛在《移植法律在中国的困境——关于法律信任问题的若干思考》中提出，我国之所以缺乏对舶来法律的信任，原因在于传统法律文化中的儒家伦理思想的、出礼而入刑的行为准则和因果报应的观念，以及现行法律过高的诉讼成本。又如，李安、王家国在《法律移植的社会文化心理认同》中认为，如何在法律移植过程中，探寻或培植出规则得以扎根的社会文化心理土壤，是通过法律移植来建构法治社会国家必须思考的问题，而展开深层次法意教化，培育公民规则意识，养成信守规则习惯，是建构法治社会的必要途径，但都离不开社会文化心理这一中介环节。

判[1]、构建路径[2]等相联系的实践考察。究其原因，主要在于部分学者并没有真正认识到“法律认同”的内涵和外延，没有意识到“接受→信任→认同→信仰”之间所存在的由浅入深的关系，简单地将法律认同与法律信仰、法律接受[3]、

---

① 例如，谢新竹在《论判决的公众认同》中从法律自身正当性的缺失、现代司法基础之西方理性主义逻辑与当事人本土正义要求的距离、现代审判方式改革产生的诉讼观念的冲突3个角度证明了判决与公众认同之间冲突的存在。又如，周德金在《裁判合理性：法律公众认同的基础——许霆盗窃金融机构案引发的思考》中提出，在我国法治成长期内，一些司法者过分强调裁判的合规范性，而忽视对裁判进行适当情理道德判断，所作的裁判违背社会公众朴素的情感认知，实质上违背了法律现代化的要求。再如，肖世杰在《法律的公众认同、功能期许与道德承载——对刑法修正案（八）的复眼式解读》中认为，转型时期高度复杂的社会情势和大众心理基质难免使得实定刑法所蕴含的价值理念互有差别，充满悖反乃至相互抵牾，若欲对这种吊诡的多重面向予以同情之理解与有效的解读，除了法学与逻辑的思维论证，更重要的可能还必须导入法律社会学、社会心理学和法律经济学等多维度的复眼化视角。

② 例如，周立民、邢海燕在《全面依法治国及网络社会双重背景下的法律认同建构——基于广义倾向值匹配法的实证探讨》中提出，当前我国公民的法律认同仍有较大提升空间，尤其是法律在权利保障范围及权利保障时效两方面的社会认同度有待提高，并探索全面依法治国及网络社会双重背景下公众法律认同的3个建构策略。又如，阳晨在《民族地区农民法律认同研究》中指出，根据现今民族地区农民法律认同的现状和原因，重点探讨提高民族地区农民法律认同的对策：加强普法教育的针对性，完善法治建设相关环节，正确处理民族风俗习惯与法的关系，夯实民族地区农民法律认同的经济基础。

③ 例如，胡仁平在《法律接受初探》中提出了法律接受的特点、动因和方式。又如，叶立周在《当代中国法律接受研究》中从概念和发生学的角度详细地对“法律接受”进行了剖析，并以“转型期的中国”为研究背景，论证了法律接受的实践反思以及优化路径。再如，赵亚男在《法律接受的社会心理机制》中提出，法律接受生存于个人、国家、社会三者共同构成的系统，对法律的理解、认同和对法律接受的动因分析是构成法律接受的社会心理机制必不可少的两个部分，此外还需要从社会互动的角度来探析如何形成这一社会心理机制。

法律信任[①]、司法公信[②]、司法信任[③]等概念混同，有的学者还陷入了“法

---

① 例如，郭春镇在《从“神话”到“鸡汤”——论转型期中国法律信任的建构》中认为，法律信任“鸡汤”的熬制，是一个系统工程，需要从法律内和法律外进行“综合治理”，其中经由更普遍的有效参与和更加公平的法律程序，实现经济的包容性增长以培养人们的乐观主义态度进而产生对法律的信任，从约束权力和反腐切入来打破法律信任不足这个恶性循环，是3种相对可行的路径。又如，张善根在《法律信任论》中强调，在我国法律体制快速转型，法治权威亟待重塑的当前，在法律信任的建构方式上，应着力通过工具信任引导社会公众利用法律，相信法律，并在工具信任的不断扩散中建构法律的文化信任。再如，房书君、崔静和王明文在《法律信任及其在当代中国的建构》中指出，作为一种制度型信任，法律信任构成了法治中国建设的心理基础、精神动力和提高领导素质及依法执政能力的重要途径。建构当代中国法律信任的关键在于通过制定符合公共利益的良法等适应国情的路径来实现。

② 例如，郭云峰在《论司法公信力提升的路径与方式：基于系统自组织演化的分析》中认为，当前我国学界对司法公信力问题的研究多是一种着眼于系统存在的静态研究，忽视了司法公信力生成的自组织演化本质，应以自组织理论为研究的方法指引提升司法公信力。又如，张芸在《论司法公信力》中提出，司法公信力的提升除了应完善司法体制之外，社会公众也应改变传统的信任方式，建立新的信任方式——对司法的信任是对司法体制的信任而非对司法官员的信任。再如，梁鸿飞在《中国语境：关于司法公信问题的法理省察》中强调，从权力机关的信任力度、检察机关的法律监督以及权利主体的法治思维这3个方面可以发现，在我国这样法治发展未臻成熟的国家，更需要从多重维度审视司法公信，为其形塑之道提供更为精准的路标与方向，兹以补足当前的缺漏，覆及盲区。

③ 例如，陈洪杰在《现代性视野下司法的信任危机及其应对》中提出，司法信任危机在社会的蔓延可能是因为司法制度所建构的承诺遭遇到了信任问题，而有效应对司法的信任危机的关键或许恰恰在于通过有效实施司法公共参与等适应国情的“制度化的不信任”机制来实现。又如，吴美来在《论我国司法信任的养成》中认为，社会转型对原有信任环境及信任基础的破坏，司法亲和力的下降，职业法官专家系统尚未建立，对司法有限性的认识不足，对司法程序的参与度不够，是我国司法信任缺失的主要原因。若要增进我国的司法信任，最终建立高度的司法信任，必须坚持增进司法信任与促进公正、高效、权威相统一，推动人格信任向系统信任延伸，促进交往信任向普遍信任拓展，激励依存性信任向主体性信任转化。再如，郑智航在《智能司法信任机制的法律构建》中指出，在智能司法活动中，通过制度规范实现对技术的开发应用和评估监管，增强司法人员在技术使用过程中的能动性，恪守技术的工具属性，搭建制度化的沟通平台，以及保持同社会公众积极的互动与沟通，约束和引导新媒体的宣传等，是构建智能司法信任的重要方面。

律能够被信仰”① 抑或“法律不能被信仰”② 以及如何超越这两种观点③

① 国内许多学者对于法律是否能够被信仰的问题持一种肯定的态度。例如，陈金钊在《论法律信仰——法治社会的精神要素》中将目前中国法律实效性低下的问题主要归因于官员们并没有树立对于法律的信仰，认为中国不仅需要补商品经济的课，而且得补上法治启蒙这一课。又如，谢晖在《法律信仰的理念与基础》中列出了法律信仰发展的“三部曲”，即从最原始的“图腾——习惯法信仰时代”到“神灵——宗教法信仰时代”，再到现在的“理性——国家法信仰时代”。再如，刘旭光在《当代中国法律信仰研究》中基于对当代中国法律信仰的法理基础的分析，以及对当代中国法律信仰的现存问题的梳理，提出了培育当代中国法律信仰的路径。

② 当然，也有部分学者提出了自己对于“法律信仰”的反思。例如，张永和在《法律不能被信仰的理由》一文中，通过阐述“法律与宗教相勾连的判断不适宜中国”“法律不具有被信仰的超然品质”“法律至上不等于法律信仰”等3个法律不能被信仰的理由，明确指出了强制推行法律信仰的危害性，随后又在《信仰与权威：诅咒（赌咒）、发誓与法律之比较研究》一书中通过对三者的比较，明确地对信仰与权威进行了界定，提出了法律只能作为一种权威之物而非信仰之物的观点。又如，范愉在《法律信仰批判》中，试图通过回归伯尔曼“法律信仰论”原意的方式，考察国内学者对“法律信仰”的误用，并指出“我国建立法治的途径不能依赖法律信仰，而应是加强法与社会的沟通，增加法的现实性、可行性、合理性与正当性”。再如，范进学在《“法律信仰”：一个被过度误解的神话——重读伯尔曼〈法律与宗教〉》一文中从中西方对于“法律”的不同理解出发，指出了当前中国对于“法律信仰”对象的误读，从而导致“法律信仰”这一概念范畴的错误使用。

③ 对于两者的争论，有些学者试图通过理论的再造来实现矛盾的化解。例如，刘小平、杨金丹在《中国法律信仰论的内在悖论及其超越》中认为，中国法律信仰论者所作的是一种文化移植论式的寻求，并只就法治本身讨论信仰问题，这导致其理论存在巨大的内在悖论。而要超越中国法律信仰论的内在悖论，需要在中国社会转型这一更为深广的语境和问题视野下，进行法律信仰的再造。又如，姜起民、解维升在《法律信仰命题质疑与法律信任生成的路径选择》中强调，法律只能被信任，法律信仰几乎是可遇而不可求的。从国家权力结构的属性来看，法律的信任与司法权的行使密切相关，法律信任主要来源于司法权威与司法公正，而司法权威与司法公正又必须以司法权具有独立的品格为前提，此乃法律信任的一般逻辑。就我国目前的法律信任语境而言，树立依法独立行使司法职权的品格显得尤为迫切。再如，李春明、王金祥在《以“法治认同”替代“法律信仰”——兼对“法律不能信仰”论题的补充性研究》中指出，法律信仰不适应中国，我们应该用“法治认同”代替它，而法治认同内含着对主体价值的尊重和权利的维护，它适应了中国公众法治素质的实际状况，有利于对中国法治发展过程的曲折性和长期性保持理性的认识。

的理论迷局之中。较为可惜的是，部分学者虽然正确地理解了“认同”的含义，但是他们却错误地将司法认同[①]、法治认同[②]视为法律认同的另一种表述。实际上，前者与法律认同有着微观和宏观、表象和深层的区别，后者与法律认同存在当下和历史、精细和传统的区分。当然，上述

① 例如，葛天博在《存在与选择：基于司法认同的实证分析》中指出，社会公众的司法认同生成了司法公信，认同的理由则是司法公信建设的落脚点，而法理与情理、法官与清官、说理与说法等3对范畴的统一是司法走向公信的基石。又如，吴英姿在《论司法认同：危机与重建》中认为，司法认同是社会对司法基于价值认可而形成的心理归属感，而制度自信之源在于社会认同。当代中国司法认同模式正在经历从身份认同向制度认同转型，因社会和司法制度双向不适应而出现认同危机，需要从影响司法认同的要素入手，有助于改革处理好治标与治本的关系。再如，郑成良、李文杰在《“司法信赖”生成机制研究——基于上海法院陪审运行的实证研究》中强调，司法信赖建设在推进程序公开等措施的基础上，还应侧重司法运行中陪审员数量、来源结构和任期制度等措施的调整，并注重对陪审员行为、心理、情感、沟通以及压力负荷等问题的考察和评估。

② 例如，李春明、张玉梅在《当代中国的法治认同：意义、内容及形成机制》中认为，当代中国公众法治认同的形成，主要来源于主体对法的利益维护的感受、对法的价值的体认，以及全面性的法治宣传教育。又如，喻名峰在《法治认同的理论辨析与路径探索》中提出，法治认同需要治理思维从人治思维向法治思维转变；法治接受理论中的法治认同的提法比法律信仰更为理性；法治认同的基础在于作为人性关怀的法治价值而非作为统治的法律工具；建设法治化的小共同体，执法司法正义和法治理念教育是法治认同的重要路径。再如，于语和、吕姝洁在《中国传统法律文化与当今的法治认同》中指出，中国传统法律文化中关于法治认同的“资源”，是传统社会对于法律的态度、对法律的认可程度以及民众对以礼法建立的社会秩序的认可等，法治建设应当在了解传统文化的基础上，制定民众更愿意接受的法律，以民众更愿意接受的方式实施法律，建立民众更期望的法治秩序。

学者的研究绝非毫无意义，尤其是他们对于信任缺失[1]、信仰悖论[2]、信仰培育[3]等内容的深度分析，为法律认同的后续研究提供了宝贵的思路延展和资料分享。

---

① 例如，黄金兰在《我国法律信任缺失的原因——历史、文化视角的解释》中指出，探寻我国法律信任缺失的原因，不能局限于体制之内，应当采取一种更广阔的视野，即历史和文化的视野，而我国法律信任的缺失，与性恶论的人性理论、关系主义的社会交往理念、法律的唯工具性以及社会中间组织的匮乏等都有着密切关联。又如，石超在《中国司法失信的认知生成与信任重塑——基于认知心理学的视角》中认为，社会变革下的司法不信任源于人理性的自我保护。民众延承的传统认知基于对现代社会形态下的新认知与安全顾虑而演变出两种背反的心理因子："依附"与"怀疑"。在面对现代司法制度时，两种心理因子相互作用，滋生出先验的不信任者们。随着孱弱的司法制度被破坏，其缺陷被认知传递，从先验者到参与者再到普通民众，基于安全的"认知平衡"与高效的人际传播，司法的不信任随之成形。再如，庄绪龙在《司法公信力遭遇的"柔性侵蚀"困境及破解思路——以系统思维为视角》中提出，当前，司法裁判中形式主义倾向明显，呈现出事实查明过度依赖甚至曲解"法律真实"含义，司法演绎逻辑"碎片化"组装，裁判立场及文书说理"反常识化"倾向等特征，使司法公正理念饱受质疑，司法公信力建设遭遇"柔性侵蚀"。

② 例如，刘小平、杨金丹在《中国法律信仰论的内在悖论及其超越》中认为，中国法律信仰论试图通过唤起主体对法律的信仰来树立法律的终极权威，进而寻求对中国法治精神维度的形塑，这一目的确实在一定程度上得到了实现。然而，中国法律信仰论者所做的是一种文化移植论式的寻求，并只就法治本身讨论信仰问题，这导致其理论存在巨大的内在悖论：第一，法律信仰与传统的割裂；第二，背后预设的是一种孤立的建构的法律观，走向了与法律实证主义的隐性合流；第三，文化虚无主义的背后可能是更为彻底的法律工具主义。要超越中国法律信仰论的内在悖论，需要在中国社会转型这一更为深广的语境和问题视野下，进行法律信仰的再造。

③ 例如，王学俭、顾超在《依法治国进程中的法律信仰培育研究》中论证了法律信仰需要从"需求认同、价值内化、环境塑造以及实践确认"等 4 个机制加以培育和建构。又如，刘涛在《中国法律信仰的传统根基与建构路径》中提出了法律信仰培育的两条路径为"传统的法律解释共同体和传统的社会的法律共同体"的涵养转化与培育内化。再如，黄金兰在《我国法律信任培育的基本路径》中指出，法律信任培养不仅取决于法律自身的良善性，还与一个社会的文化传统、物质环境、主体心理和社会体制等密切相关。我国法律信任的培育，可以从 4 种基本路径着手：一是以人格信任取代关系信任的社会文化进路；二是强化和促进经济平等的物质环境进路；三是早期信任人格塑造的主体心理进路；四是提升司法公信力的体制性进路。

值得注意的是，法律认同本身所内含的多元性、历史性和矛盾性，却让学者对于法律认同的有益探索，更多地表现为对于其他问题进行研究时所附带产生的副产品。例如，金观涛和刘青峰在讨论中国传统社会中“超稳定结构”的过程中，谈及了儒家意识形态共同体的兴衰对于民众法律认同的影响。① 又如，黄宗智在以清代以来的中国基层司法实践为蓝本来反思分析“情”“理”“法”三者关系的过程中，强调了中国传统社会中法律所内含的道德主义的倾向，以及司法实践中司法官员所具有的实用道德主义的思维向度对于民众认同法律的重要作用。② 再如，董磊明在阐明当传统乡土社区所固有的原生型权威和次生型权威在“后乡土时代”市场化逻辑的冲击下逐渐从村庄中退场，日益“原子化”的乡村民众面对通过“暴力”的逻辑来解决纠纷所产生的各种弊端的情形的过程中，强调了民众对于国家法律的态度的变化以及“迎法下乡”的被边

---

① 金观涛和刘青峰在《兴盛与危机——论中国社会超稳定结构》、《开放中的变迁——再论中国社会超稳定结构》以及《中国现代思想的起源——超稳定结构与中国政治文化的演变》3 本著作中，采用大历史的视野，通过宏观的构思和微观的叙事，全景展示了魏晋南北朝时期佛教传入与近代西方文明扩张这两次重大的外来文化冲击对于中国传统社会中“超稳定结构”的影响，阐明了以“礼”为核心的儒家意识形态共同体的兴衰与其对于外来文化消化能力的差别直接相关，而儒家意识形态共同体的兴衰又必然引发人们对建构于此的，包括法律在内的一切社会制度的思索，并随之带来人们对于这些制度的认同或是质疑的心态变化。

② 黄宗智在《清代的法律、社会与文化：民法的表达与实践》《清代与民国的比较：法典、习俗与司法实践》《过去和现在：中国民事法律实践的探索中》《从诉讼档案出发：中国的法律、社会与文化》等著作中以清代以来的中国基层司法实践为蓝本进行分析，提出了对于“情”“理”“法”三者关系的反思性主张，即由于行政与司法的合一，作为一个庞大复杂官僚机构的底层分子的县官（司法官）为了自己的官僚前途，在堂讯办案之时，一般都会选择一个最为安全妥当的办案方法，即按律例规章断案，是非分明，极少以情来调解和断案。即使衙门在实际运作中倾向于“斟情酌理”，这里的“情”和“理”也不会解释为儒家所倡导的“人情”和“天理”，而是“情实”和“道理”。然而，司法官对于法律的遵行却没有带来封建法律儒家表达与具体实践之间的矛盾，化解的关键在于中国传统社会中法律所内含的道德主义的倾向以及司法实践中司法官员所具有的实用道德主义的思维向度。

缘化趋势。[①] 此外，无论是桑本谦在《私人之间的监控与惩罚——一个经济学的进路》中通过经济学的路径对于私人执法问题的研究，还是徐昕在《论私力救济》中以华南地区一个民间收债的案件为例对于私力救济问题的分析，他们都在反思“法律中心论”的同时，触及了由工具主义理性而引发的“法律规避”问题。一旦人们单纯从实用性以及效益论的角度出发，习惯性地规避法律，那么人们很可能无法形成对于法律的认同，甚至希望一种“无须法律的秩序”的到来。为了避免这种情况的出现，朱苏力在《法治及其本土资源》中提及的“本土资源论”、谢晖在《大、小传统的沟通理性》中提倡的“契约性法律与自治”以及刘星在《法律与文学：在中国基层司法中展开》中阐述的“修辞叙事策略”，都可以成为继桑本谦推崇的“社会资源论”，徐昕提倡的“公力救济、私力救济、社会型救济相互结合的多元纠纷解决机制”之外潜在的可行性备选方案。

当然，“隔靴搔痒”并不是“治本之道”，若想“药到病除”就必须克服过多的历史化和经验类比的色彩造成的“不证自明”或是“先入为主”的观念，摆脱“为结论而结论，为批判而批判，为框架而框架”的

① 董磊明在《宋村的调解：巨变时代的权威与秩序》一书中，试图通过描述宋村的变化来阐明当传统乡土社区所固有的原生型权威和次生型权威在“后乡土时代”市场化逻辑的冲击下逐渐从村庄中退场之时，日益“原子化”的乡村民众面对通过“暴力”来解决纠纷所产生的各种弊端，对于国家法律的态度已然发生了变化，朱苏力推崇的自上而下的“送法下乡”路径已不能满足人们希冀通过国家法律来维持乡土社会稳定的要求，人们开始主动引导国家权威的力量进入村庄，正所谓“迎法下乡”。然而，“下乡”的法律是否能够真正解决人们的问题，从而获得人们的认同，是一个需要进一步仔细考察的问题。需要指出的是，这种通过对地志的研究来探讨农民与国家、习俗与法律关系的尝试，朱晓阳在《小村故事：罪过与惩罚（1931—1997）》一书中就已开始了，而赵旭东的《法律与文化：法律人类学研究与中国经验》对此也进行了有益的补充。

理论问题简单化、庸俗化的倾向，[①] 而这些，正是过往的研究时常犯的错误。当然，本书的创新之处并不只是在方法论上摆脱过往研究既定框架的束缚，或是简单区分法律信仰等概念与法律认同的异同，还在于通过历史的大视野，将法律认同问题置于“中国语境”之下，彻底改变“回避中国的历史和传统，回避对当下中国社会结构及其意义的深入考察，回避对民众深层心理结构的贴近理解”[②] 的研究漏洞，并在探寻“专属于中国人的法律认同传统”的过程中反思当前中国民众法律认同感式微的原因，进而寻找一条中国法律认同传承之路。或许，探寻而得的路径并不能完全解决我们所面临的问题，但若将其作为一种抛砖引玉的努力，也是有意义的。

三、研究方法的说明

对于世界上一切拥有文明的民族而言，民族历史上所出现的任何一部“法律”都摆脱不了其所依托的社会共同体的共同历史经验的影响，本民族的每一位成员对于其所处时代“法律”的认同也必然是对这种共同历史经验的默认与传承。于是，立足于历史大视野的维度，贯穿于本民族不同样态法律之中的思维路径，或许就成为我们探寻本民族成员法律认同传统的必然选择。而以“中国中心观”为视角，以中国法律发展史自身的“剧情主线”为蓝本，力图在解析不同事件和现象的过程中勾画出属于国人独有的共同历史经验和集体回忆，正是这种思维路径的中国式尝试。毕竟“‘中国化’是复杂的，与其说它是对西方思想和实践的全盘被动接受，倒不如说它被造成意料之外结果的当地政治、经济和美

① 参见马建银：《法律移植与法律认同——中国语境的法律现代性困境》，清华大学2004年硕士学位论文，第4页。

② 刘小平、杨金丹：《中国法律信仰论的内在悖论及其超越》，载《法商研究》2014年第2期。

学条件的塑造力量……所调和”[1]，而“我们的固有文化中，尽有许多宝藏可以弥补西洋文化的缺憾……（并且）我们并没有他们十九世纪的历史，他们现在所缺少的，正是我们太多的，他们觉得太多的，正是我们缺少的”[2]。

当然，任何追根溯源的工作都只是理论性的工作，而“传统不是单指过去的东西，而是指历史流变而产生变化的现实存在”[3] 的特性注定了笔者对于当下国人法律认同式微的焦虑不能仅仅通过历史性的研究而得到缓解。若将本书的结论定位于此，则很可能会使笔者的写作陷入过往研究中所存在的过度历史化和经验类比的迷局中，而忽视文字本身要将“法律认同”从概念回归实践，完成其树立法律权威，消解国家和人们之间心理鸿沟，实现社会理性构建，最终推动中国式现代化完成的历史使命的初衷。因此，我在进行历史性先期研究的同时，采用了选取现实个案进行研究的范式，毕竟“现实向我们展示的并非只有‘只是看，不要想’的情景，它还提供了另一类情景来迫使我们反思原先制度设计及相关理念的合理性和正当性”[4]。

此外，“中国语境”的研究基调决定了论文无论是进行历史性的探索还是开展实证型的研究，都必须注意到一个现实——虽然现代化的浪潮和商品经济的发展使得中国传统的乡土社会出现裂变和瓦解的倾向，但

---

① 参见［加］卜正明、［加］施恩德编：《民族的建构：亚洲精英及其民族身份认同》，陈诚等译，吉林出版集团有限责任公司2008年版，第240页。

② 王伯琦：《近代法律思潮与中国固有文化》，清华大学出版社2005年版，第7页。

③ 刘作翔：《法律文化理论》，商务印书馆1999年版，第87页。

④ 尤陈俊：《法治的困惑：从两个社会文本开始的解读》，载《法学》2002年第5期。

是依旧有近四成数的人口居住在中国广大的乡村地区。[①] 因此，对于中国任何问题的研究，都必须重视乡土因素的影响。幸运的是，在我构思和撰写论文的过程中，有机会通过田野调查的方式收集到了西部地区基层民众对于法律认同的心态的第一手资料。或许是对于获取资料过程的回忆太过深刻，我对于这些来之不易的鲜活资料的运用并没有停留在简单堆砌之上，而是通过理论的综合分析，寻求素材背后所蕴含的发生学意义。当然，这样的尝试过程可能会显得有些“冗长低效”，但正是这种并非“立竿见影”的努力，使零碎的素材能够在写作过程中整合成为我宏观构思与微观描述的灵感来源。

或许真是对于贝卡利亚那句名言[②]的深思与恐惧，每一次的构思和每一步的写作都让我感到如履薄冰，战战兢兢。我无数次在内心深处问着自己：作为一个接受“西化”法学教育多年的中国法律人，你真的了解你的民族吗？我想，这个困惑可能将成为我生命中的不可承受之重。

四、本书的结构安排

本书一共分为6个部分：

第一部分为引言，主要提出了当前中国民众所遇到的法律认同传统出现断裂的问题。

第二部分为第一章，主要用内涵外延两方面精准定义“法律认同”。从语义概念上厘清了法律认同的定义、内容和特性，以心理学和发生学

---

① 国家统计局在2024年1月17日发布的最新的人口分布比重数据显示，截至2023年年末，城镇常住人口93，267万人，比2022年末增加1196万人；乡村常住人口47,700万人，较2022年末减少1404万人；城镇人口占全国人口的比重（城镇化率）为66.16%，比2022年末提高0.94个百分点。

② “一切违背人的自然感情的法律的命运，就同一座直接横断河流的堤坝一样，或者被立即冲垮和淹没，或者被自己造成的旋涡所侵蚀，并逐渐地溃灭。”参见［意］贝卡利亚：《论犯罪与刑罚》，黄风译，中国大百科全书出版社1993年版，第30页。

为微观观察径路，解析了从法律知识的获得、法律情感的培养、法律评价的形成到法律认同的产生的全过程，并通过实践的视角对法律认同的价值进行了审视，从而为探讨中国人的法律认同传统和现状做了必要的理论准备。

第三部分为第二章，主要阐述了中国人的法律认同传统。上古三代国家法律与“神灵”意志的亲和，让中国青铜时代的先民们从最初对于“刑”的恐惧中逐渐走出，而“天”“德”“礼”的转化以及“礼法合流”的出现，又使“情、理、法”的结合体成功地填补了人神关系倒置之后人们对于国家法律认同上的空白。与此同时，儒家意识形态对于“家国同构，政教一体”的推动和维护，催生出了民众在认同皇权、政权、党权的基础上产生对于法律的认同。当然，中国法律对实用理性的尊重和运用，也是中国民众法律认同传统形成的来源之一。

第四部分为第三章，主要梳理了当前法律认同式微的原因。以乡土社会的现代转型为论述背景，指出由于社会思潮的论争、法律文化的博弈以及实用理性的异化，中国人的法律认同传统出现了裂变和式微的现实。其中，维持封建礼法的儒家化意识形态共同体解体之后，多样性社会思潮的涌入以及部分民众对于马克思主义意识形态的曲解导致构建于主流社会意识形态之上的民众法律认同，陷入社会思潮多元化与社会制度统一化矛盾的迷局之中，而中西法律文化的博弈导致民众时常面对“法律是谁之法”的困惑，也常在大小传统的冲突中无所适从。更为严重的是，实用理性的庸俗化所带来的狭隘的法律工具主义与法律非万能主义之间的矛盾，却让在“法治愿景”中主动“迎法下乡”的民众在司法实践中选择规避法律和私力救济，从而导致了“无须法律的秩序”的出现。

第五部分为第四章，主要论述了重拾法律认同的路径。人们碎片化的法律认知与现代法律制度之间的冲突，不仅导致了“想象的法律”与法律人“法律的想象”的裂痕，更激发了彼此之间“偏见”的产生。为了消除这种“偏见”，重拾法律认同的传统，法律人应当在审视中国式法治现代化道路建设的前提下，以建构具有“合乎事理的程序设计”与“合乎伦理的议论规则”的法律制度为制度基础，并在法律制度的运行过程中坚持法治思维，通过理性对待“众声喧哗”来引导民意，积极与民众商谈来取得“可接受的”法律，灵活运用法律解释促成法律表达与司法实践的整体统一。

第六部分为结语，主要讨论了法律认同传承的思维底线。重拾民众法律认同不能仅仅依靠“技术”的手段，“治本”之道还在于“以人为本”原则的适用。只有这样才能对民众权利进行有效的保障，才能让民众在实现中国式法治现代化道路建设的过程中实现“人的现代化”，才能让法律成为民众“心之向往”，毕竟法治不仅仅需要“良法”，还需要“良法之治”。

第一章

法律认同的基础理论

“认同”是人们意义与经验的来源。它是个人对自我身份、地位、利益和归属的一致性体验。

——曼纽尔·卡斯特

诚如学者所言，“概念乃是解决法律问题所必需的和必不可少的工具”①，对于任何一项严谨的学术研究而言，关于研究对象自身概念的厘清，在很大程度上决定了最终成果的价值。“相对明确的概念是对话与研究的起点和基石，没有相对确切的指称和表征，人们就无法进行学术对话和学术交流，更谈不上学术研究。”② 因此，若想在这个基于“中国语境”的法律认同探讨中，摆脱过往研究中历史化和经验类比的色彩造成的“不证自明”或是“先入为主”观念的束缚，扭转“为结论而结论，为批判而批判，为框架而框架”的理论问题简单化、庸俗化的倾向，③ 解决“什么是认同”，“什么是法律认同”，无疑成为研究本身要说明的起始性问题。

一、静态层面的法律认同

既然“在每一个地方，我们都遭遇到认同的话语。而且，人们所讨论的不仅仅是认同问题，还涉及变化问题：新的认同的涌现，旧的认同的复活，现存的认同的变迁”④，那么“认同”在当今社会已经成为一个极其重要的问题。然而，我们还需要面对的一个事实是，认同的概念在当下已经出现被泛化和模糊化的趋势。那么，要搞清楚“什么是认同”，“什么是法律认同”，则必须回到一些基本概念进行重新的解读——任何概念的界定工作都不只是简单地追根溯源，它所需要的是细致地发现和

---

① ［美］E. 博登海默：《法理学：法律哲学与法律方法》，邓正来译，中国政法大学出版社 2004 年版，第 504 页。

② 杜宴林：《法律的人文主义解释》，人民法院出版社 2005 年版，第 18 页。

③ 参见马建银：《法律移植与法律认同——中国语境的法律现代性困境》，清华大学 2005 年硕士学位论文，第 4 页。

④ 王成兵：《当代认同危机的人学解读》，中国社会科学出版社 2004 年版，第 3 页。

耐心地比较。

（一）法律认同的概念界定

1. 认同的词源与释义

在西文中，“认同”（identity）源自晚期拉丁语“identitas”和古法语“identite”，受晚期拉丁语“essentitas”的影响，它由表示“同一”（same）的词根 idem 构成，用来表述“同一”（sameness）、“相似”（likeness）和“整一”（oneness）的概念。① 在中文中，“认同”也有两个基本词义，即跟自己有共同之处而感到亲切以及承认和认可。② 之所以在中西语境下对于“认同”的界定具有相似性，是因为认同最初源于哲学领域中个体对于“我是谁”这个关系到自身生存状况及生命意义的深层次追问。当“‘我’的自我定义就被理解为对‘我是谁’这个问题的回答”时，作为对“我”与其他“最为重要的”对象关系的理解和设定的认同，就包含了识别与归类的两重含义，“一是本身、本体、身份，是对我是谁的认知；一是相同性、一致性，是对与自己有相同性、一致性的事物的认知”③。因此，“认同”的过程和结果，就是“认同主体与认同客体——各种人、事物、现象等建立起紧密的关系，形成同一性，包括与自然界的同一性、与社会的同一性和与意识的同一性以及总体意义上的同一性，同时形成上述各种意义上的归属关系”④。

近现代以来，西方个人主体意识崛起，西方对主体性的认识经历了从实体主体性到认识主体性再到生命主体性的发展过程，对于源自

---

① 参见赵静蓉：《文化记忆与身份认同》，生活·读书·新知三联书店 2015 年版，第 18 页。

② 参见中国社会科学院语言研究所词典研究室编：《现代汉语词典》，商务印书馆 2005 年版，第 1150 页。

③ 孙频捷：《身份认同研究浅析》，载《前沿》2010 年第 2 期。

④ 尹岩：《个体认同论》，中国社会科学出版社 2020 年版，第 57～58 页。

个体存在、融合和社会化的需要的“认同”[①]的释义也发生了从最初哲学路径向心理学、社会学、政治学、经济学等其他学科路径的转变，诸如弗洛伊德[②]、埃里克森[③]、库利[④]、米德[⑤]、哈贝马斯[⑥]、简

---

① 马进、乔娟、王瑞萍：《社会认同、交往及心态若干重要问题研究》，中国社会科学出版社 2018 年版，第 2 ~ 6 页。

② 弗洛伊德从精神分析学的角度出发，将儿童把父母或教师的某些品质吸收为自己人格的一部分的行为称为“认同作用”，而认同则是“一个心理过程，是一个人向另一个人或团体的价值、规范与面貌去模仿、内化并形成自己的行为模式的过程”。于是，认同就被弗洛伊德理解为主客体相结合的过程，通过仿效榜样的行为，满足个人的归属感。参见车文博：《弗洛伊德主义原理选辑》，辽宁人民出版社 1988 年版，第 375 页。

③ 埃里克森将认同的形成比喻为“从婴儿到老年的一个连续的逐渐形成的结构”，是对在生命周期的不同阶段发生变化的内驱力和社会压力的反应。于是，认同除了是社会认同产生的最初机制和社会生存的保护之外，也是在对认同产生威胁的生活情景中发生变化的一个连续的动力的适应机制。参见王歆：《认同理论的起源、发展与评述》，载《新疆社科论坛》2009 年第 2 期。

④ 库利将“认同”问题发展为“镜中自我”的理论（The Looking Glass Self），认为人的行为在很大程度上取决于对自我的认识，而这种认识主要是通过与他人的社会互动形成的，一个人对自己的认识是其他人关于自己看法的反映。参见王歆：《认同理论的起源、发展与评述》，载《新疆社科论坛》2009 年第 2 期。

⑤ 米德认为，认同是主体选择性的与社会关系的互动过程，主体只有融入社会团体并与该团体的其他成员进行交往，才能实现个人的认同。认同确实是社会互动的结果，但它的动力来源是生物——心理的。参见孟樊：《后现代的认同政治》，台北，扬智文化事业公司 2001 年版，第 312 页；William Bloom，*Personal Identity*，*National Identity and International Relations*，Cambridge University Press，1990，p. 27 – 30.

⑥ 在哈贝马斯看来，自我同一性结构的形成要以一种没有强制的、没有病理上歪曲的交往概念为前提。由此出发，一种建立在言语基础上的交往行为的合理化是实现自我认同的基础和保障。蕴含在交往行为中的交往理性，建立在相互理解和平等对话的基础上，使自然、社会和个体三者之间的和谐关系的建构成为可能。在此基础上，他通过对于个人认同与集体认同在前俗成阶段（Pre – conventional level）、俗成阶段（Conventional level）和后俗成阶段（Post – conventional level）等 3 个阶段变迁的论述，提出了“从某种程度上来说，个体和集体再也无法从传统和权威中寻找认同的基础，他们必须自己为自己建立同一性”的论断，并将其发展为宪法爱国主义和商谈理论。参见马珂：《哈贝马斯集体认同理论的发展及其对中国的意义》，载《学术探索》2007 年第 5 期。

金斯[1]、马尔库塞[2]等学者尝试从不同的角度对认同问题进行阐述。此时，哲学上对于“认同”双重含义的理解，就在人们交往活动过程之中被赋予了心理学、社会学、政治学、经济学的含义，即“认同”既包括了认识主体在与“他者”的相互关系中对自身地位进行认识、定位和把握后产生的一种对自己的性格、目标或是存在根源之确认的自我认同，也包括了认识主体在与其他主体的共同社会生活中，基于对特定的价值、文化、信念和经验具有相同或相似的观点，促成“个人为他人的感情或者经验所同化，或者自己的感情和经验足以同化他人”的形成，从而在彼此之间形成情感上和意识上的“归属感”，或是说“在知晓的基础上产生了发自内心的好感和赞同”。[3] 因此，在当代的认同问题研究中，“认同”的基本含义就被换成了赞同、同意或者确认、归属，划分为内部化的心

---

① 在简金斯看来，社会认同是人的社会性的具体体现。社会认同是人作为社会存在的一个特征或属性，社会认同是群体认同和社会分类这两个过程互动的产物。所有人的认同在某种意义上均是社会认同。个体认同与社会认同相对应，是个人人生经历的综合，但它不排除社会认同。实际上，个体认同融合了个人的各种社会认同成分（如年龄、性别、职业等），是各种社会认同要素在个人身上的独特的综合。个体认同与社会认同因而构成辩证的统一。可见，认同是个人同他人或者社会整体意思相一致的过程。参见王宁：《消费与认同——对消费社会学的一个分析框架的探索》，载《社会学研究》2000 年第 1 期。

② 马尔库塞从商品生产和市场交换关系出发来论及社会主体之间的认同（相互承认）。他认为，市场的交换关系使得孤立的个体不需要在竞争斗争中毁灭而是必然要形成统一。在商品生产社会中存在的使人恐怖的斗争比在个体间完全无法限制的斗争要“好些”，因为它们是在历史发展的一个更高水平上出现的，包含了一个个体权利的“相互承认”。参见［美］赫伯特·马尔库塞：《理性和革命——黑格尔和社会理论的兴起》，程志民等译，上海世纪出版集团 2007 年版，第 80 页。

③ 参见徐贲：《知识分子——我的思想和我们的行为》，华东师范大学出版社 2005 年版，第 192 页。

理过程、外部化的行为过程以及主体化的建构过程 3 个基本层次。[①]

基于此，“认同”应是在人类为了获得心理安全感而主动寻求的，带有明显的主观意志选择色彩的社会认知活动中形成的一种彼此之间的内心默契和归属感，是在承认“互差有别”基础上的“自我归同”。

2. “内在观点”与“外在观点”

与哲学、社会学、心理学或是人类学等领域的学者通过自身的范式研究认同问题，得出微观层面上的认同[②]的路径相似，法学家们也以自身特殊的视角对认同问题进行界定，而“内在观点”（internal point of view）以及相关理论的提出便是法学领域，尤其是实证法学派对于宏观层面上制度认同问题探索的产物。

“认同”所内含的同一性、特殊性、约束性和驱动性等特点，[③] 决定了其在法学领域的讨论必然涉及人们对于“法律缘何要被遵守”[④] 这个问题的思考。与自然法学派看待道德与法律之间关系的看法不同，实证分析法学派对于“道德与法律的必然结合”一直持怀疑的态度，[⑤] 对于

---

① 有学者认为，可将认同分为以下层次：首先，认同表现为一个内部化的心理过程，即个体或群体对客体在心理上的趋同过程。其次，认同表现为主体外部化的行为过程，主体通过外部接受、尊重、服从等行为表达趋同心理的过程。最后，认同表现为主体意识的建构过程，而非本能过程，即需要主体通过感性或理性加工分析，进而产生认同行为的心理基础。参见张德淼、高颖：《新媒体对中国公众法治认同的消解及其应对》，载《云南社会科学》2018 年第 3 期。

② 微观层面上的认同主要是角色认同，包括身份认同、性别认同、民族认同、文化认同等。

③ 参见冯军、孙学军：《通过刑事司法的社会治理》，人民出版社 2016 年版，第 244 页。

④ 在西方法律文化中，守法的理由有承诺论、功利论、暴力论、正当论、公平论等。

⑤ 在拒绝“法律与道德之间具有一个必然的关联”的“分离”模式上，实证主义内部又有“包容性实证主义法学”的“可能分离”与“排他性实证主义法学”的“必然分离”之间的分野。

"因法律就是道德的化身，遵守法律与维护道德在本质上是一致"的观点也不赞同。在他们看来，人们守法的最初理由不在于道义承诺论，[①] 而来源于"法律是主权者的命令"的暴力威慑论。[②] 然而，实证分析法学派也意识到，"认同"所具有的内在亲和性抑或趋同性，决定了"认同"与既包括强制性又包含自愿性的"服从"存在着差异。这个差异就使得奥斯丁提出的"法律命令说"具有不能区分有义务去做某事和被迫去做某事，只适用于以制裁为后盾的刑法和侵权法，而不适用于通过授权为人们提供便利条件的合同法、婚姻法和继承法以及无法对命令者个人进行规则的天生缺陷，[③] 导致民众若基于"法律命令说"形成的"外在观点"（external point of view）行事，则可能只有民众对于法律的屈从，而非对于法律的认同。因此，只有当人们感到服从法律是自愿承担的义务而不是外力胁迫的负担时，才能产生有效的法律制度，"任何真正有效的纪律和制度，都不是外部强加的，而是内生的"[④]，而行为人对于法律接受的这种内生的主观态度，就是"内在观点"。[⑤] 这种观点与站在法律观察者的角度，只有当行为违反法律会遭到惩罚时才被迫接受法律的"外在观

---

① 在自然法学派看来，公民之所以具有服从法律的道德义务，乃是因为他们都是社会契约的当事人，作为这个契约的当事人，应该服从契约的内容，服从自己同意的政府和法律。

② 按照奥斯丁的观点，一项社会规则如果具有法律效力，即该规则是一项法律，那么它必须是该社会中主权者的命令，并由制裁的威吓——哪怕是最轻微的伤害所支持。因此，所谓法律，即一系列以对不服从其命令者施以制裁为后盾的主权者命令。参见曾莉：《包容性实证主义法学之承认规则类别研究》，载《法制与社会发展》2006 年第 2 期。

③ 参见张文显：《二十世纪西方法哲学思潮研究》，法律出版社 2006 年版，第 315 ~ 316 页。

④ 路杰：《转型社会的权威认同》，国家行政学院出版社 2015 年版，第 38 页。

⑤ 在哈特看来，和参与游戏的人都承认游戏规则，并将游戏规则作为自己行为和评判他人行为的标准与理由相似，社会中的人们（包括官员和普通公民）一旦认定立法者所制定的法律与他们的生活方式和语言实践具有亲和力，便会通过自觉、主动地接受法律并以法律指引自己的行为，判断别人行为的方式来产生对于法律的"内在观点"。

点”相比，不仅关注行为本身，还对于行为背后发挥指导功能的法律规则格外重视。于是，“单纯关注行为”与“借助规则理解行为”的分野，导致行为人若仅以“外在观点”来看待法律，则无法将规则以规则的方式（规范性）来发挥作用并呈现在社会大多数成员的生活中，[①] 也不能有效地解释接受法律的群体成员如何看待义务、强迫、不利后果抑或神秘的心理压迫感的区别，自然也无法理解通过承认规则对于法律所产生的内心认同和自愿服从就是法律合法性和有效性的基础。诚如哈特所言，“对一个法律的存在来说，有两个最低限度的条件是必需的和充分的。一方面，根据这个制度的最终效力标准是有效的那些行为规则必须普遍地被遵守；另一方面，该制度规定法律效力标准的承认规则以及改变规则和审判规则，必须被其官方有效地接受为公务行为的普遍的公共标准”[②]。

结合以上的分析，此处的“法律认同”（legal identity）便可以被表述为：社会共同体成员基于自身的实践经验和理性逻辑，对立法者为导引和协调社会生活而制定的法律制度是否符合社会生活事实，是否顺应民众自然情感，是否满足民族长远发展等内容进行循环考察后，产生的一种自觉主动地接受与他们的生活方式和语言实践具有亲和力，能够维护他们价值、自由、尊严的法律制度，并以此作为调控其言行的标准的正面内在情感。

（二）法律认同的内核剖析

1. 法律认同的内涵

如果说“从要求服从或认同的一方看，权威必须为自身的权威性提供充分的和成功的‘证明’；所谓成功，在归根结底的意义上，即证明在

---

① 参见陈景辉：《什么是“内在观点”?》，载《法制与社会发展》2007 年第 5 期。

② ［英］哈特：《法律的概念》，张文显等译，中国大百科全书出版社 1996 年版，第 116 页。

理论上和（或）实践中必须有‘合理性’和‘有效性’”[①]，那么源于人们的内心信念和理性判断，作为一个复杂的信息交流与建构过程并呈现出系统化样态的法律认同而言，若想成为民众心中“相互期待的共同意识”[②]，应该从3个方面来考核是否具有合理性和有效性。

一是在内容上，法律能否维护民众合法的利益诉求。马克思曾说，“人们为之奋斗的一切，都同他们的利益有关”[③]，而法律若想获得人们的认同，首要条件就是要充分地保护人们对于合法利益追求的本性，充分地体现普遍的利益属性。“我们必须具有一点起码的常识是，尽管人们遵守或诉诸法律的直接动机并不相同或完全不同，有时甚至可能没有清醒的自觉意识，仅仅是出于习惯……但就总体说来，遵循或诉诸法律必定是由于法律能给人们带来各种便利和利益，包括心理和感情上的利益（公正）。”[④] 只有如此，当人们独立地利用理性思维和实践经验，得出现有法律制度能够捍卫自己的法定权利[⑤]与尊严的判断时，对于自身利益与价值企盼的期待驱使人们自愿守法，即便对于法律之中的禁止性规范，也并不因其具有约束性而力图规避，甚至还愿意承担法律按既定的规则和程序运行而带来的不利后果，不会因追求自己的暂时利益而损害法律的权威性。

---

① 路杰：《转型社会的权威认同》，国家行政学院出版社2015年版，“前言”第1页。

② 在麦考密克看来，法律体系得以建立的基础最终就是一种建立在默示（implicit）的认同观念之上的惯例。而这种惯例的核心就是一种相互期待的共同观念，这种观念对于整个法律系统以及各种制度机构的成立都是至关重要的。参见张异：《论法律认同的概念、内涵与特征》，载《青海师范大学学报（哲学社会科学版）》2016年第4期。

③ 马克思：《第六届莱茵省议会的辩论（第一篇论文）》，载中共中央马克思恩格斯列宁斯大林著作编译局编译：《马克思恩格斯选集》（第1卷），人民出版社1995年版，第187页。

④ 苏力：《制度是如何形成的》（增订版），北京大学出版社2007年版，第205页。

⑤ 当然，由于权利和义务逻辑上的对立统一关系，法律认同应当是对法律规范的整体认同，既包括对权利规范的认同又包括对义务规范的认同。因此，法律认同在确认法律维护民众利益的同时，对相应的义务规范进行了确认。

二是在效果上，法律能否公正地处理人们之间的利益关系。由于社会主体和社会生活方式的多元性，不同个体之间存在着不同样态和层次的利益。当这些不同的利益随时可能因为各种原因而产生冲突和矛盾时，人们为了在竞争中达到“双赢”而不是两败俱伤的局面，就需要在斗争中相互妥协进而制定契约，并诚信自觉地履行各自的义务，实现自己的正当权益。“当一向到处声张的私人利益不再喧嚣或者同公共利益结合在一起时，所有人都情愿遵守提出的契约和条件”①，而这个人们提出的契约和条件抑或人们都能够彼此接受的器物就是法律。那么，法律作为克制人们行为，实现有序利益博弈的产物，自然承担起公平、公正、有效地解决社会发展过程中的各种利益争端，正确、及时、恰当地处理特殊需求与公序良俗的矛盾的责任。也可以说，在各种相互冲突的利益矛盾中，法律的任务和价值就在于“在最小的阻碍和最少浪费的情况下给予整个利益方案以最大的效果”②，即便是采用“利他惩罚”③ 的方式。这不仅成为人们对法律的一个基本要求和评价标准，也是法律获得人们的认同，从而成为一部“良法”的必要条件之一。

三是在程序上，法律强制力及其行使方式是否具有正当性。既然法律是人们运用智慧进行理性协商的结晶，法律想要达致的目标是社会共识的形成，那么作为具有国家强制力，维护社会正义的最后一道防线的

---

① ［意］贝卡利亚：《论犯罪与刑罚》，黄风译，中国大百科全书出版社 1993 年版，第 49 页。

② ［美］庞德：《通过法律的社会控制：法律的任务》，沈宗灵、董世忠译，商务印书馆 1984 年版，第 71 页。

③ 根据强互惠理论（strong reciprocity），人类社会之所以能保持稳定的合作秩序，是因为有一批强互惠者存在。他们对遵守规则的人或者合作者进行奖励，而对破坏规则的人或者不合作者进行惩罚，哪怕这种惩罚对强互惠者来说没有任何收益，甚至可能会付出代价，也就是所谓的“利他惩罚”。See Joshua Buckholtz & Rene Marois, *The Roots of Modern Justice: Cognitive and Neural Foundations of Social Normsand Their Enforcement*, Nature Neuroscience, Vol. 15: 5, p. 656 (2012).

法律，必须具有特定的作用范围和法定的运行程序，抑或如果法律的强制力体现为一种“恶”，那么这种“恶”也应当是一种在人们认可的范围内发挥作用的必要的“恶”、适当的“恶”、理性的“恶”，并且这种作为法的外在支持条件而非法的内在组成部分的“恶”的行使方式，也应当具有正当性以及以人民可以看得见的方式实施。“增加恐吓不起作用，只会迫使人们参加反抗。”① 只有这样，才能实现人们对于法律从消极守法到积极守法的转变，消除人们仅仅是将呈现出暴力、惩罚、专政等外观的强制力作为法律现象基准的误解，最终使法律能够被人们所认可，成为一种权威，一种不可替代的社会调控手段。“法律权威的来源不是法律规范所具有的外在强制性，而是法律规范具体实施以后所获得的肯定性的社会评价，即人们相信法律，敬畏法律，崇尚法律，接受法律秩序，愿意视法律为自身权益的捍卫者。”②

2. 法律认同的特点

作为一种对制度进行综合判断之后产生的赞许性态度，法律认同是在个人的认识和实践活动中形成的，具有一个明显的个人化特征，且通过个别化的过程进行建构。“制度认同强调的是行动者的主体性地位和自主选择，即行动者是在对制度作出价值判断和价值选择的前提下的自愿服从。”③ 同时，这种基于个体化的特殊认识活动又必然受制于制度客体抑或社会结构，从而形成一种双重制约和双重建构的过程，表现出主客观结合的连续统一体的特征。

首先，个体在产生法律认同的过程中具有主体性。个体法律认同的

① ［美］劳伦斯·M. 弗里德曼：《法律制度——从社会学的角度观察》，李琼英、林欣译，中国政法大学出版社 2004 年版，第 80 页。

② 张异、黄一宸：《论法律认同的基础、表现与识别》，载《南华大学学报（社会科学版）》2017 年第 4 期。

③ 吴英姿：《论司法认同：危机与重建》，载《中国法学》2016 年第 3 期。

产生，就是一个嵌入现实法律运行，以个体“自我”为轴心而展开运转的过程。在这个过程中，作为能动的主体，个体在进行法律评判的同时与法律之间形成了有效的互动，实现了从法律认知到自觉守法的过渡，将理性化的激情和激情化的理性进行了综合。知法才会守法，只有对现行的法律经过自身肯定性的评价之后才能产生法律认同的意识，从而“使得自己的行为符合法律规则和法律制度的要求和内在精神，达到社会生活事实和社会规范的一致状态”①。因此，在这个从法律认知到法律认同的过程中，无论从运作过程还是运作结果来看，个体始终拥有着法律认同建构、解构和重构过程的主动权，国家的任何强迫都可能导致个体对于法律的不认同。必须注意到的是，法律制度运行实践中调整对象的广泛性带来了认同主体的多样化和认同标准及程度的多元化，而“法律认同最为基本的内涵就是不同主体之间基于特定需求而进行的交流”的属性，决定了个体主体性的发挥需要站在一般社会成员的层面。“从普遍性角度提炼认同的一般规律，分析影响其的主要变量……认同的形成需要重视制度所牵涉的各方主体间的交往互动，切忌制度制定者单向度的认知视角。”②

其次，个体对法律的认同是基于实践经验和理性逻辑的评判。从认同产生的过程来看，个体所拥有的“经验格局”③ 既是法律认同主体与客

---

① 马建银：《法律移植与法律认同——中国语境的法律现代性困境》，清华大学 2005 年硕士学位论文，第 44 页。

② 吴英姿：《论司法认同：危机与重建》，载《中国法学》2016 年第 3 期。

③ 经验格局是主体后天历时性建构的结果。从层次结构上看，它由以世界观为核心的观念系统、知识经验系统和语言系统等主要内容构成。其中，以世界观为核心的观念系统是主体理论——经验格局的主干；知识经验系统则是该格局的基础、条件和材料；语言系统是其中信息交换的媒介工具。虽然各个接受者的生活阅历、素质修养，特别是其理论素养、经验水平和知识的差异，必然导致各个接受者理论——经验格局的不同，但共时地看，不同个体的理论——经验格局的结构和功能却具有一定的共性。参见叶立周：《当代中国法律接受研究》，吉林大学 2008 年博士学位论文，第 10 页。

体发生联系的条件，又是二者关系的调节器。虽然人们法律认同的获得具有明显的主观主动性，但是这种主动性不是随意的，也不是盲目的，而是社会共同体各个成员、各个利益群体、各个阶层之间在遵照法律规则和法律制度进行相互沟通和博弈的过程中，依据经验和理性对立法能否渗透入社会生活事实，成为与社会生活事实相契合的规范体系，从而构建和谐的法治秩序状态等方面的评判。尤其在处于新时代背景下的中国，民众的传统法律观念与现代法律意识存在差距，多元社会力量形塑出的社会价值多元品质存在冲突，这就使人们若脱离社会实践交往的经验而“感情用事”，则很可能对法律制度作出非正确性的评价。因此，人们对法律的认同必须建立在对实践经验和理性逻辑综合判断的基础上。只有基于这种评判，人们才可能真正建立起对法律持久的认可、尊重和信任，并把法律作为最高的行为规则和内在的情感归属。“认同是外在要求借由实践过程不断‘内化’为行动者行为习惯的过程，是行为者对制度规范的认知性期待与规范性期待实现统一基础之上的实践证成过程。”①

最后，法律认同的主体是有限的理性人。法律认同是个体基于实践经验和理性逻辑的个人主观性评判而生成的正面内在情感，这就暗含了法律认同的重要特征——认同主体必须是具有理性判断能力的社会理性人。② 正是这种社会性和理性相结合的身份，让人们成为“社会性的合作共存者，且为了这个社会不会解体，必须遵循某种共同的行为规则，而

---

① 王结发：《制度认同与政治合法性》，载《行政与法》2014 年第 5 期。

② 所谓社会理性人，核心在于 3 个方面。首先，个人所从事的目的行为受社会关系网络影响甚或制约，社会关系网络为人的行为铺设了具体的场景；其次，个人可能主动选择某种非最大效益结果的行为方式，一种时时处处唯利是图的“经济人”在现实生活中并不存在；最后，个人尊重和宽容符合法律游戏规则的一切行为结果，即便是合法但不利的后果，他也应该理性地接受。参见杨清望：《论法律权威》，吉林大学 2008 年博士学位论文，第 147 页。

且要从情感上和内心里认同这种社会性或公民身份”①。当然，由于个体的心灵并非一块“白板”，前述的社会理性人并不完全理性化的知识背景、实践经验以及心理结构等因素会渗透到其主体结构之中，形成制约信息选择、意义阐释等的内在阻碍。作为有意识地活动于特定历史情境中的感性具体的人，个体心灵中诸如情感、意志、信念、好奇、兴趣、习惯、潜意识、本能的欲望和反应等，② 组成了一定的非理性的心理状态，导致了社会理性人可能展现出并非全知全能和有限理性的一面。正是这种“有限理性”，使得人们在不断变化的社会生活面前“必然无知”③，而由他们所制定的法律必然自诞生之时起就无法摆脱不可能完全涵盖社会方方面面的天然偏狭和滞后的缺陷。从这个意义上说，民众能够采取一种理性的审视态度去宽容法律的先天性痼疾，即便他们在法律协调利益关系和解决利益冲突时受到一定损害，也不会做出法律违背“利我”标准的判断，依然能树立起对法律的尊重和认可。

二、动态层面的法律认同

法律认同所具有的“从意愿到思维，从思维到行动，再从行动到意愿，就完成了一次认同循环”④ 的特点，决定了人们对于现行法律制度是否能够体现社会多元品质的主观判断并非一蹴而就，而是一个面向多元力量之间的博弈和权衡的动态塑型过程。在这个过程中，认同主体基于法律实施的事实，按照特定的结构组合方式将法律认知、法律情感和法律评价进行有机综合，从而实现将法律制度内化为法律认同的转变。“只

---

① 李安、王家国：《法律移植的社会文化心理认同》，载《法制与社会发展》2018 年第 1 期。

② 参见叶立周：《当代中国法律接受研究》，吉林大学 2008 年博士学位论文，第 10 页。

③ ［英］哈耶克：《自由秩序原理》（上），邓正来译，生活 · 读书 · 新知三联书店 1997 年版，第 25 ~ 82 页。

④ 刘辉：《认同理论》，知识产权出版社 2017 年版，第 17 页。

有在社会行动者将之内在化，并围绕这种内在化过程构建其意义的时候，才能够成为一种全民性的认同。”①

（一）法律认同的内生机制

1. 法律知识的获取

按照认知心理学的理论，认知（或称知识的获取）是个体通过思维对信号进行接收、检测判断、意识形成、编码存储以及提取使用等信息处理加工的心理过程。将此理论带到法律认同的内生过程中，当人们把法律实施视为法律认同客体的“输出行为”时，认同主体获得的法律认知就演化为认同主体对于法律实施的“接受行为”，而对于法律的评价，就建立在“输出行为”和“接受行为”的互动之中，即法律认同主体通过对法律的学习、宣传与教育，或是通过法律活动以及法律实践等途径，产生“对法律的内容、形式、运行、法律的性质作用等法律事实以及法与其他社会现象的区别和联系的感知和认识”②，并演化为法律评价形成所需要的知识基础。这种法律知识的获得，或者说法律认知，需要经过图式、顺应、同化和平衡化等 4 个步骤。

基于生活经验和社会条件的影响，人们通常习惯于将日常生活中对于社会法律事实和现象的直观感性印象通过转换和编码，完成从法律知识信息到法律知识图式的转换。当然，这一过程并不会随着法律知识图式的形成而终止。人们只要发现具有刺激性的新的法律知识信息生成但其不融于现成图式或是不存在与之相适应的现成图式，一般便会再次启动法律知识信息整合的程序，通过顺应的两个方式，即对原有的图式进

---

① ［美］曼纽尔·卡斯特：《认同的力量》，曹荣湘译，社会科学文献出版社 2006 年版，第 5 页。

② ［美］E. 博登海默：《法理学：法律哲学与法律方法》，邓正来译，中国政法大学出版社 2004 年版，第 228 页。

行改造或者重建一个能够兼容新信息的新图式完成最终的融合，最为典型的就是法律移植。通过顺应的方式，个体改变已有的信念、习惯以达到自己的知识结构与外来规则的一致性，为接下来的同化，即“外界元素整合于一个机体的正在形成或已完全形成的结构内”① 做了准备。因此，同化和顺应的相互配合促成了法律知识发展和提高，其中，“同化导致法律知识的增长（量的变化），而顺应则导致法律知识的发展（质的变化）……在同化过程中，使刺激信息适合既有的图式，而在顺应过程中，则改变图式以适合刺激信息”②。需要指出的是，从同化到顺应的过程，从量到质的变化，并不是以新的法律知识图式取代先前的图式为特征。相反，“在法律知识信息发展成为法律知识图式的连续过程，每个结构以及相应的变化都自成逻辑而又必然地来自前一结构……它只是把先前的图式整合起来，从而产生一种质的变化，这样人的法律知识就不断地在数量上增加，在质量上提高”③，而维持这种均衡关系的，便是平衡化。

2. 内心评价的形成

通过图式、顺应、同化和平衡化等法律认知的 4 个步骤，人们理解和掌握了一定的社会法律现实所蕴含的法律关系以及相应法律理念和制度，并将这些理解理论塑造成了法的理性基础。一旦人们获得了这些法律认知，他们就会将这种认知与特定的标准相对标，对法律规范及其运行过程的效果进行价值判断，形成对于法律行为的内心评价，即“社会成员对法律规范、法律制度、法律活动、法律作用等法律现实所作的价值判断和在此基础上进行的价值设定与选择，反映主体需要与法律之间

① 李安、王家国：《法律移植的社会文化心理认同》，载《法制与社会发展》2018 年第 1 期。

② 王维林：《法律意识的心理学分析》，吉林大学 2004 年硕士学位论文，第 14 ~ 15 页。

③ 王维林：《法律意识的心理学分析》，吉林大学 2004 年硕士学位论文，第 15 页。

的某种肯定或否定关系”[①]。作为一种观念性的反映活动，对于法律行为的内心评价是社会主体对法律现象的认识形式，也是沟通法律及法律意义世界与社会主体认识之间的桥梁，还是社会主体把握法律世界的实践方式之一，直接反映了民众以各种形式和途径接触到法律及法律事件获得了法律认知后，经由这种法律认知判断法律对于自身物质和精神需要的满足程度的高低，民众从而产生喜好和厌恶的情感体验和心理态度。[②]

当然，评价主体的多元化和差异性导致了评价主体自身需求的多元化和差异性，再加上评价主体在评价过程中的价值取向和选择参照标准的不同，[③] 直接导致内心评价成为一种反映不同心理倾向的价值判断，具有明显的主观色彩。然而，“在法律认同的链条中，情感是形成认同成果的最后一个环节……而情感的产生，又是从评价判断中剥离出来，固定地反映对待事物的亲疏远近的状态……认同的关联主体的表示，直接决定着法律是否能够得到情感的寄托、信赖乃至于认同”[④]。因此，引导民众克服主体分散化和标准多样化，建立法治思维之中的司法职业思维，而非顺从个人的价值偏好思维，形成相对稳定且理性的内心评价，就成

---

① 张文显：《法学基本范畴研究》，中国政法大学出版社 1993 年版，第 230 页。

② 态度作为态度对象和这些对象评价之间的关联，对于评价本身具有十分重要的作用，以致有学者直接将态度与贮存在记忆中的对各种事物的评价画上了等号。从这个意义上说，法律态度因几乎包括了与法有关的所有决定因素而成为社会主体对法这一对象的相对稳定、内部制约化的心理反应倾向。当一个法律态度形成时，其中也就包含着主体对法律及法律现象的所有评价成分。

③ 参见刘佩韦：《论法律评价》，广西师范大学 2003 年硕士学位论文，第 7 页。

④ 郑鹏程、陈力：《法律认同内在意蕴的生成逻辑》，载《沈阳师范大学学报（社会科学版）》2018 年第 4 期。

为国家在实施法律的过程中强调普法的一个重要理由。[①]

3. 法律情感的培养

在现代心理学的学者看来，法律认知、法律评价与法律情感彼此交融的过程构成了人的法律心理过程，而连接这 3 个阶段的要素就是“需要”。“需要是人对延续和发展其生命和社会关系所必需的各种条件的需求反映，也是动机产生的基础和源泉。”[②] 可以说，认同主体法律情感培养取决于正向内心评价的产生，而这种评价又来源于法律需要能被满足，法的利益得到维护以及法的价值得以体现的法律认知。因此，立法者和司法者若要民众对于法律产生情感，就必须让法律承载两方面的使命。在实体方面，法律只有能够对个人的行为提供利益引导，满足个人的某种利益和需要的现实物质性，并在对非法利益进行打击和惩处的基础上维护各个社会主体之间的平等关系，才可能激发起个人对于法律的正面情感。在程序方面，法律作为人类智慧的结晶，也是调整民众之间关系的重要手段，在民众的日常生活中扮演着很重要的角色，法律所含有的诸如公平、正义、自由等价值属性体现了人类的美好追求，而上述价值要得到充分的体现，就必须从立法、执法、司法等各个环节着手，从而塑造民众良好的法律情感。

需要注意的是，与法律认知构成法的理性基础不同，个体法律情感是通过对现实法律规范的自觉体验而形成的主观态度，这种态度以“法

---

① 社会公众习惯性将自身置于规范与程序之外，以世俗功利为原则来看待司法，他们不是用法治标准来理解法律意义上的司法判断，而是以自身的利益得失或个人的价值偏好来评价司法判断。如此，司法者与社会公众之间就形成了相互对立甚至冲突的思维模式，再精密的司法于社会公众而言都可能不被认知，本意为以案释法、讲法说理的法律解释与法律论证可能演绎为尴尬的闹剧。参见梁鸿飞：《中国语境：关于司法公信问题的法理省察》，载《长白学刊》2017 年第 1 期。

② 车文博：《人本主义心理学》，浙江教育出版社 2003 年版，第 118 页。

律现象对个人意义的重要性为基础对客观刺激信息进行加工”①，从而构成法律的感性基础。感性层次性的不明确，导致若用数字化的方式去度量这种感性的情感，显然不符合人文主义科学的精神，即便以“好”与“恶”为标准进行描述，依然会遇到“好”与“恶”都可能划分出不同的层级的困境。因此，我们应该用一种发展和变化的观点来看待法律感情的培养，放弃一蹴而就的思维方式。

4. 法律认同的产生

正向法律情感从“量”到“质”的转变，带来了法律认同的出现，抑或说法律规则成为个人行为的动因。在法律认同生成过程中，社会生活既作为个人形成法律意识的起点，也是整合各种法律信息并最终生成法律认同的平台。在社会生活中，一旦某个法律现象被个体所察觉，个体便会通过法律认知和法律需求两个方面培养出法律情感，并在法律知识的引导下作出综合主体的法律认知、法律情感和法律态度等因素的评价和判断。当这种对法律本身以及与法律密切相关的法律现象的较低层次的评价过渡到对法律在价值、理想和道德层面较高层次的评价时，个人的法律认同也孕育而生。个体不但会对法律产生出强烈的信服感，还可能在体验法律价值和法律作用的同时将法律当作认同对象，从而在精神文化层面逐步改良法律心理，更新法律观念，提升法律意识，最终将法律制度内化为一种比较稳定的内心体验。此时，人们会表现出对社会各种法律规范坚信不疑的态度，并心甘情愿地以这些法律规范为行为指南，把自己的行为活动限制在法律规范所允许的范围内，最终形成情感

① 王维林：《法律意识的心理学分析》，吉林大学2004年硕士学位论文，第16页。

认同→价值认同→行为认同的路径。[①]

不过，法律认同的产生并不是终点。由于人们法律需求的延展性、法律自身的天然局限性，追求精致的法律必然一直处于替代、修改之中，人们对于法律的认知、评价、情感和认同也自然持续经历着循环和变化，从法律认同走向法律的再认同。“从情感心理学而言，伴随着个体吸纳不同的外界信息，经历接受新的法律信息过程，会与原有的因法律认同固定下来的法律储备相冲突。冲突是逐渐地改造、融合、妥协，当达到一个不可调和的高度，主体就会对原有的认同加以否定，随之重建新的法律认同。”[②]

（二）法律认同的实践价值

有学者认为，“根据认知不协调理论，如果个人的法律认知已经形成，那么一旦出现与法律规定不一致的认识与观念，个人就可能会出现心理不和谐，这种违反规则的信念就可能得到抑制”[③]。此时，法律自然内化成为人们的内在观点和生存样式。在这种认知约束心理态度的影响

---

① 有学者指出，个体对群体行为规范的认同，除内化外，还包括群体规则的规范性社会影响力。规范性社会影响的影响力来源于集体思维下的行为主体追求和谐，行为主体有服从集体的愿望和得到社会认同的心理需求，也就是个体为了追求群体的身份认同，为了让他人能够喜欢和接受自己，让自己的行为尽量与他们保持一致，顺从群体习惯性行为标准（规范）。当身处群体内的行为个体能够（在心理层面上）对自己的身份有一种社会认同感，感觉自己被群体所接纳和认同时，则会有一种属群偏好或集体荣誉感，并努力维护这个集体及其规范。因此，这种归属感或属群意识的培育，除了要从主体自身的心理、认知等进行引导之外，也需要从群体性规则的构建环节入手。参见李安、王家国：《法律移植的社会文化心理认同》，载《法制与社会发展》2018 年第 1 期。

② 郑鹏程、陈力：《法律认同内在意蕴的生成逻辑》，载《沈阳师范大学学报（社会科学版）》2018 年第 4 期。

③ 李安、王家国：《法律移植的社会文化心理认同》，载《法制与社会发展》2018 年第 1 期。

下，人们逐渐弥合由于彼此间旧有的法律意识的差异所形成的裂痕，在保障法律制度良好运行的同时，树立起法律的权威，为最终实现法治打下了坚实的基础。

1. 法律正常运行的首要条件

由于法律调整对象的有限性，“国家法在任何社会里都不是唯一的和全部的法律，无论其作用多么重要，它们只能是整个法律秩序的一个部分”①。在国家法律之外，还有着各种各样其他类型的行为规范和纠纷解决方式，它们有效地填补国家法律遗留的空隙。一旦法律因为无法有效整合和协调多元价值冲突而无法获得民众的认同，“法律就会被人们以机会主义的方式来对待”②，甚至人们将会选择无视或者规避法律而采用私力救济来解决纠纷，从而导致正常的社会秩序出现危机或是出现所谓“无须法律的秩序”，信“访”而不信“法”就是这其中较为典型的表现。此外，在大众法律文化与精英法律文化存在差距的前提下，仅仅启动法律制度而忽视人们对于法律制度本身的参与，并不能保证法律效果能够付诸实践，因为如果人们只将自己看作法律调整的客体而消极应对法律，法律制度在运行过程中就无法正常地发挥功能。

卢梭曾言，“一切法律之中最重要的法律，既不是刻在大理石上，也不是刻在铜表上，而是铭刻在公民的内心里”。③ 从这个意义上说，作为社会公力救济系统的法律一旦被民众所认同，则他们“其实只是通过联想而起作用……人们在遵守这些规则时，是不需要深思熟虑的”④。这种“自动化”的心理动因，带来了人们对于法律理解视角由“外部观点”

① 梁治平：《清代习惯法：社会与国家》，中国政法大学出版社 1996 年版，第 35 页。

② 伍德志：《论法律认知的信任逻辑》，载《中国法学》2023 年第 2 期。

③ ［法］卢梭：《社会契约论》，何兆武译，商务印书馆 2003 年版，第 73 页。

④ Engen Ehrlich, *Fundamental Principles of the Sociology of Law*, trans. by W. L. Moll, Mass, 1936, p. 78.

到“内在观点”的转变，实现了法律从外部被动强制向内部自觉遵守的转变，拉近了法律与人们之间的亲近感而使人们能够积极地在法律制度框架内参与法律运作。此时，法律制度“能够被个体以无意识的方式自动化地提取出来作为个体行为的心理动因”① 的特性，就保证了个体行为决策将受到法律规则的调控，法律得以顺利、理性和有序地运行。“制定的良好的法律并不必然会导致人们对它的服从，近代化的法律要得到遵守，就必须要求公民具有相应的守法精神。”② 当然，民众对于法律的认同并不意味着对于其他纠纷解决方式的排斥，而是意味着更加理性地看待法律与其他纠纷解决方式的关系，构建法律为主，其他纠纷解决方式共同发挥作用的科学、有效的治理模式。

2. 法律权威确立的先决条件

诚如学者所言，“从方式上看，权威的确立就变成一种自我证明、自我确立甚至自我辩护；从过程上看，权威的确立又变成一个只有通过不断的成功、不断的证明才能确立的进程”③，就法律而言，法律权威的确立也是经历了法律制度不断被民众认同、再认同，从而证明其是成功和正确的过程。而法律能够被人们所认同，成为一个成功的法律，关键就在于人们对于法律有无价值以及价值大小的判断，这种判断既取决于这种法律制度本身的性能，又取决于这种法律制度能否实际满足主体的需要以及满足的程度。那么，作为一种建构性的认同，而不是一种单纯的事实性认同的法律认同，这种判断就具体表现为人们对法律运行全过程，包括对立法、执法和司法认同的判断，抑或说对法律效果和民众需要之

① 李安、王家国：《法律移植的社会文化心理认同》，载《法制与社会发展》2018 年第 1 期。

② ［日］川岛武宜：《现代化与法》，王志安等译，中国政法大学出版社 1994 年版，第 53 页。

③ 路杰：《转型社会的权威认同》，国家行政学院出版社 2015 年版，“前言”第 1 ~2 页。

间契合度的判断。

立法的认同是一个正当性的价值判断，认同与否的关键在于立法是否已经表达了民意，只有表达了人们利益的立法才能具有内在说服力，才能使人们内心自愿接受并认可法律，才不会仅因法律通过立法程序，取得了强制性或排他性地位而使人们被迫接受。而执法和司法的认同首先要解决的是当事人是否满意的问题，它是一种以法律实效为基础的事实判断，强调法律所具有的外部强制力，即有效地对遵守法律者进行保护和对违反法律者进行惩罚，人们不会认同无法或较少在社会生活实践中为法律所调整的对象所适用、执行和遵守的法律。若人们没有形成对于法律的认同，即便是公平的处理方式也可能被民众所诟病和怀疑；[①] 而一旦民众形成对于法律的认同，他们也就建立起了一套认同法律所具有的内在说服力和外在强制力的思维方式，而法律的内在说服力和外在强制力得到普遍的认同和接受，就带来了法律权威的最终确立。“法律应在任何方面受到尊重而保持至上的权威，执法人员和公民团体只应在法律通则所不及的‘个别’事例上有所抉择，两者都不应该侵犯法律。”[②]

3. 法制走向法治的必要条件

在过往西方的法治发展模式中，存在着自上而下和自下而上两种不同的模式。第一种模式虽然是近代以来法治后进国家的一种主要选择，但是国家自上而下的助力在快速地推动法律的制度化的同时，存在着国家仅从统治方式或治国策略的角度上来解读法治，忽视法治所内含的“以人为本”的精神内核，忽视人们的主体性与自我意识，拒绝人们对法

① 江西省高级人民法院课题组曾做过一份调查，在2011年可上诉的一审案件中，上诉率超过25%，全国当事人拒绝主动履行生效裁判的比例高达60%，同样高达60%的还有涉诉上访等不相信司法的重复信访比例。相反，在50个重点案例中，质疑公权力滥用或揭露维权之难的负面舆论却占82%。

② ［古希腊］亚里士多德：《政治学》，吴寿彭译，商务印书馆1997年版，第192页。

律的积极参与以国家的需要和意志代替人们的需要和意志的情况，从而使本应该限制国家权力，确立人们主体地位的法律逐渐异化，从法治（rule of law）蜕化为法制（rule by law）。“在经验层面上，法律还可能因国家强制力作为后盾而具有权威，但是由于缺乏认同的内化功能，使得这种权威只能停留在制度层面上。”[①] 一旦如此，走样的法治“也可能会以另一种方式强化国家的权力，而不是有效地规制国家的权力”[②]，或是陷入法律工具主义与法律虚无主义的深渊，以致“对于全体社会公众而言，这样的‘法治’不过是一个完全异化的‘他者’，一个彻头彻尾的怪物。对这样的一个怪物，社会公众心存畏惧而不会认同，结果可能便是法治的意义尽失而徒具形式”[③]。

为了防止和消除自上而下的法治发展模式的弊端，实现真正意义上的良法善治并使法治成为人们生活的一部分，就必须意识到自下而上的法治发展模式的重要性，明确真正的法治应当是建立于人们内心认同的基础之上，法治的动力和源泉也应该存在和来源于人们之中。“正是在受到信任因此而不要求强力制裁的时候，法律才是有效的……每个人都知道，没有任何警察可以实施的力量能够阻止城市的犯罪，真正能阻止犯罪的乃是守法的传统，这种传统又根植于一种深切而热烈的信念之中，那就是法律不只是世俗政策的工具，它也是终极目的和生活意义的一部分。”[④] 因此，若想构建一条科学的法制到法治的发展之路，首先就必须建立起民众对于法律独立、自觉的认同，促成意念认同向行为认同的持续且有效的转变，将内心信念外化，最终推动法治实现和发展。

---

① 冯军、孙学军：《通过刑事司法的社会治理》，人民出版社 2016 年版，第 259 页。

② 苏力：《二十世纪中国的现代化和法治》，载《法学研究》1998 年第 1 期。

③ 姚建宗：《信仰：法治的精神意蕴》，载《吉林大学社会科学学报》1997 年第 2 期。

④ ［美］伯尔曼：《法律与宗教》，梁治平译，中国政法大学出版社 2003 年版，第 17～18 页。

第二章

法律认同的历史缘起

早期的文化将变成一堆瓦砾，最后变成一堆灰土，但精神将萦绕着灰土。

——路德维希·维特根斯坦

如果说“法律是一种文化”[①]，那么对于世界上一切文明的民族而言，民族变迁历程中所出现的任何一部“法律”都摆脱不了所依托的社会共同体的共同历史经验的影响，民族的每一位成员对于所处时代“法律”的认同也必然是基于对于法律内在理念与共同历史经验之间契合性与亲和力的肯定。“对法律的认可与信任，一方面基于法律本身是否为善法，另一方面源于本民族的文化是否认同法律的地位，本民族是否具有法治的本土资源。人们对法律的信仰或认同，是坚定、自觉与理性的心理状态，与文化环境密切相关，体现本民族的精神文化。”[②] 立足于历史大视野的维度，贯穿于各民族不同样态法律之中的思维路径，或许就成为我们探寻各民族成员法律认同传统的必然选择。而以“中国中心观”[③] 为视角，将中国法律发展史自身的“剧情主线”[④] 作为蓝本，力图在“中国

---

① 刘作翔：《法律文化理论》，商务印书馆 1999 年版，第 81 页。

② 于语和、吕姝洁：《中国传统法律文化与当今的法治认同》，载《北京理工大学学报（社会科学版）》2016 年第 4 期。

③ ［美］柯文：《在中国发现历史——中国中心观在美国的兴起》（增订本），林同奇译，中华书局 2002 年版，第 168 页。

④ 纵观中国数千年的历史，中国法律所具有的独特传统自夏商西周宗法社会时起，中经春秋战国，后自秦大一统以迄清朝末叶，数千年一脉相承，这期间所有盈千累百的成文法典，支配法律内容全体的基本精神总之是同样的。对此，程树德先生在总结中国法律传统的基础上将中国法律的特征概括为以下 3 个方面：（1）建国之基础，以道德、礼教、伦常，而不以法律；故法律仅立于补助地位，为手段不为目的。……（2）立法之根据，以道德、礼教、伦常，而不以权利。各国宪法所以保障人权，民法则以物权，债权为先，而亲族继承次之，此法律建筑于权利之上也，我国则反是。……（3）法律既立于辅助道德、礼教、伦常之地位，故其法常简，常历久不变……参见杨鸿烈：《中国法律思想史》，中国政法大学出版社 2004 年版，第 2 页。当然，一脉相承并不是一成不变，在数千年的法律发展史中，只有极少数的规定可称为万古不变，其余大多数法律受到了时势环境和人类意志的影响，呈现出不同的形态。如马小红教授从传统法演变的历史角度出发，将中国传统法分为 5 个阶段，即传

语境”下解析不同的事件和现象的过程中勾画出属于中国人独有的共同历史经验和集体回忆，正是这种思维路径的中国式尝试。诚如伯尔曼所言，“传统，是指所体悟到的过去和未来之间不间断发展的历史连续性，在法律上，就是法律制度在一代人、几个世纪的时间里有机发展，其中每一代人都有意识地在他们前人的工作的基础上再进一步”①。

一、律法与情感的互融

在中国古代文献之中，“法”最初主要是“刑”②，如《尔雅·释诂》中所言：“刑，常也，法也。”“刑”字在《说文解字》中也有两个：一个是在“刀”部，从刀，“刑，刭也”③；另一个在“井”部，“刑”，“罚罪也。从刀井。易曰井者法也”④。“刑”既从“井”，具有“井者法也”的意思，又从“刀”，是针对犯罪行为的肉体惩罚，“刑”既是刑罚又是刑法。当然，无论是刑罚还是刑法，中国意义上的“刑”（“法”）自创设以来便具有明显的暴力性，这是与“刑”最初仅仅是在社会部族

统时代（黄帝—夏）传统法的起源时期、商与西周传统法的礼治时期、春秋战国至秦汉传统法的法学法治时期、汉至清（1840 年前）传统法的发展时期、近代传统法的演变时期。参见马小红：《礼与法：法的历史连接》，北京大学出版社 2004 年版，第 93 ~ 94 页。杨鸿烈先生从中国法律思想史的视角，宏观地将中国法律发展分为 4 个阶段，即殷周萌芽时代、儒墨道法诸家对立时代、儒家独霸时代和欧美法系侵入时代。参见杨鸿烈：《中国法律思想史》，中国政法大学出版社 2004 年版，第 5 ~ 11 页。张国华先生以社会类型为划分标准，将“五四”之前中国法律发展概括为 4 个阶段：夏商西周时期、春秋战国时期、秦汉到鸦片战争时期、鸦片战争到“五四”时期。参见张国华：《中国法律思想史新编》，北京大学出版社 1998 年版，第 3 ~ 10 页。

① ［美］哈罗德·J. 伯尔曼：《法律与革命——新教改革对西方法律传统的影响》，袁瑜琤、苗文龙译，法律出版社 2012 年版，第 3 页。

② 中国古代法的起源并不是只通过征战这一条途径出现的，还有着刑起源于天定说，刑起源于苗民说，刑以定分止争说，刑起源于“性恶”说等。

③ “刭”是致人死亡的暴力行为，就是断头。

④ （汉）许慎撰，（清）段玉裁注：《说文解字注》，浙江古籍出版社 1998 年版，第216 页。

征战或与征战相关的特殊环境中出现和使用密切相关的——“刑”最初只用以对待异族，与战争（“兵”）相联系，如《汉书·刑法志》中便有“黄帝以兵定天下，此刑之大者”之说，而《辽史·刑法志》则将刑的出现概括为，“刑也者，始于兵……蚩尤惟始作乱，斯民鸱义，奸宄并作，刑之用岂能已乎?”因此，“按兵与刑乃一事之内外异用，其为暴力则同……兵之与刑，二而一也”[①] 成为先民对于法律起源的最初观念，而“刑”（“法”）所蕴含的斩杀、砍礫之意以及明显的肉体惩罚特点，则促使先民对于“刑”（“法”）怀有明显敌意的普遍心态。[②] 随着社会的发展，针对肉体暴力惩罚的“刑”也逐渐从对外的“兵”转向对内的“法”，逐渐发展为维护部族联盟体内部平时秩序的一种手段，“刑”所针对的对象也由对外征战时的异族人变为本部族和氏族内部违反部落、氏族习俗，涉及侵犯人身和财产安全，妨害社会秩序的成员，“凡民自得罪，寇攘奸宄，杀越人于货，暋不畏死，罔弗憝”[③]。然而，即便“刑”的性质发生了变化，人们对于“刑”的先天偏见也依然存在，“刑”只能依靠家长式的强制方式得以实施。

既然“一切违背人的自然感情的法律的命运，就同一座直接横断河流的堤坝一样，或者被立即冲垮和淹没，或者被自己造成的旋涡所侵蚀，

---

① 钱钟书:《管锥篇》，中华书局 1979 年版，第 285 页。

② 这并非一个主观的臆断，《尚书·吕刑》中关于“苗民之法”的故事便可为这一论断提供极为鲜活生动的例证。在那个故事中，“刑”出现并不是由于贤明君主，也不是由于先进文明部族的功绩，而是由野蛮部落的苗人发明的。他们利用“刑”不仅杀戮了许多无辜百姓，还第一次实施了劓、刵、椓、黥等残酷的刑罚。正是因为“苗人之刑”不仅是对道德的背叛，而且也是对宇宙秩序的破坏，造成了人间的极大混乱，皇帝（古代中国人心目中的至上神）最终为了消灭这种“刑”，采取了消灭苗民，并根绝他们的后代的方式。参见［美］德克·布迪、［美］克拉伦斯·莫里斯:《中华帝国的法律》，朱勇译，江苏人民出版社 2008 年版，第 13 页。

③ 《尚书·康诰》。

并逐渐地溃灭”①，那么要想改变人们对于“刑”（“法”）为一种“不祥之物”的理解，并将“刑”（“法”）塑造成人们自主形成和自愿认受的对象，统治者就必须给“刑”（“法”）注入一种与人们的物质生活和精神生活相吻合的力量，使人们相信“法”代表了他们对于神圣事物的情感以及对生活终极价值的向往，从而赋予“法”以正当性和普遍适用的效力。因此，广受先民所敬畏和信仰的神灵以及体现人们自然情感的伦理先后与“法”相结合，② 国家法律也呈现出不同的样态。

（一）法自“天”出

1. 神权政治下的法律

由于社会文化和生产力发展水平的限制，在人类历史的最初阶段，人们对于许多自然现象并不能进行合理的解释，反而将其归结为“天地神鬼”的指示。于是，认同世间万物的命运都在冥冥之中受到神明和天命的支配，从而对“天地神鬼”怀有莫名的敬畏成为世界不同文明民族成员存在的普遍内心感受，而通过祭祀的活动，向“神灵”贡献最好的礼品，以求得神灵的欢心与保佑成为先民生活中的头等大事，如在《左传·成公十三年》中，便有“国之大事，在祀与戎”一说。早期的统治者正是利用了人们的这种心理，通过“绝地天通”的方式，将“民神杂糅”的远古宗教净化为“天人相分”的国家宗教，并通过“礼”的形式把自身与神灵的精神力量联系起来，把宗教迷信和政治统治糅合在一起，

---

① ［意］贝卡利亚：《论犯罪与刑罚》，黄风译，中国大百科全书出版社 1993 年版，第 30 页。

② 虽然在国家法律的创设初期，宗教与法律有着十分密切的联系，但是在中国历史整个的发展过程中，宗教并未对中国政治统治起决定性的作用。传统中国的各种宗教可以起到“以教辅政”的作用，但很难形成类似于西方人对基督教的那种宗教信仰，不可能像西方世界那样用宗教信仰来影响并带动对法律的信仰。因此，中国传统社会无法在宗教中寻找法律认同的精神支柱。

从而塑造了在精神上控制人们的神权政治。“礼”也成为中国传统法的源头，[①]“在比较强盛的初民部落，甚至除了神权政治外，不可能有别的统治形式”[②]。

在神权政治的影响下，具有主宰一切的无上权威的“万能之神”（“帝”）被构造出来，为人们所信仰和敬畏。“服天命”的世间君王因“致孝乎鬼神”[③]而得到“天”的眷顾，必然被有意志的、至高无上的“帝”差遣来管理世间，授予统治管理天下百姓和一切事物的权力，从而成为地上的管理者。于是，“王厥有成命治民”[④]的合法性使得统治者垄断了与神沟通——传达神的旨意，执行神的命令的资格，“一个民族选择了守护神后，这个神便有了祭司。这些祭司在精神上支配着该民族。他们只能以神的名义进行统治，因此他们总是让这个神来说话，而他们则传达神谕。这样，一切所作所为便都是执行神的命令了。”[⑤]此时，统治者通过将治国方略与“帝”的天启和赏赐连接起来，将人间的秩序转换成神的意志，实现了对思想信仰和氏族部落的控制，取得了天命的神圣合法性，而他们以神的名义所颁布的“刑”（“法”）也就自然具备了神圣性，成为神定之物。因此，执行法律实际上就是执行神意，不容臣民怀疑、否认和抗拒，任何触犯现存政权和法律的行为，都被视作悖逆神灵的大罪，而统治者作为上天在世间的代理人，自然也有权力对违反神意的异族和对被统治阶级进行执行“天”的意志的征伐和镇压。正如

---

① 这里的“礼”就是指祭祀的仪式和程序，就是“礼”的规范。统治者通过“礼”（祭祀规定）的形式把自身与神灵的精神力量联系起来，把宗教迷信和政治统治糅合在一起，从而塑造了在精神上控制人们的神权政治，而以神权为后盾的“礼”也自然具有了法的属性。

② ［法］伏尔泰：《风俗论》（上册），梁守锵译，商务印书馆 1994 年版，第 40 页。

③ 《论语·泰伯》。

④ 《尚书·周书·召诏》。

⑤ ［法］伏尔泰：《风俗论》（上册），梁守锵译，商务印书馆 1994 年版，第 40 页。

《尚书·皋陶谟》中记载的那样，“天叙有典，敕我五典五惇哉！天秩有礼，自我五礼有庸哉！天命有德，五服五章哉！天讨有罪，五刑五用哉！”

2. 神灵的悄然隐身

西周灭商带来了人们对于“有夏服天命”“有殷受天命”① 的深深怀疑。西周统治者开始逐渐意识到即便将神权与社会生活的联系发展到极致，重复商人那种“殷人尊神，率民以事神，先鬼而后礼”② 的做法，也不能保障统治的合法性和持久性。因此，从西周开始，统治者在宣扬“君权神授”，维持人们对“上天”的敬畏和信仰的同时，也开始利用“天命转移论”以及“以德配天”来证成其统治的合法性。在他们看来，“惟德是辅”的“天”已不再是专属于某一家族的保护神，除了有“德”者之外，没有任何人能够无条件地垄断着与神灵的沟通。要想得到并非固定不变的“天命”的庇佑，统治者就必须重视“德”的媒介作用，将统治权的取得和巩固放在“德”之上，不断修养自己的德性，正所谓“王其德之用，祈天永命”③。“德”的提出，摆脱了过往对神的血缘关系的依赖，中国社会和中国传统法律也走上了非宗教化的路径而与伦理道德结下不解之缘。在强调“以德配天”的同时，西周统治者还从夏商两代“得天命”与“失天命”的历史教训中反思过度依靠神权的统治方式而忽视“天”与“人”关系所带来的隐患。在他们看来，顺“天意”是统治的关键，而“天的意志经常是通过民情表现出来的，民心的向背往往表达的就是天的意志”④。因此，若要维系统治，就必须要“保民”，注意从“民意”中发现“天意”，以“民”为鉴将政权和神权联系起来，

---

① 《尚书·周书·召诏》。

② 《礼记·表记》。

③ 《尚书·召浩》。

④ 于逸生：《夏、商、周三代神权法思想嬗变》，载《求是学刊》1997 年第 1 期。

从而实现“天人合一”，正如《尚书·泰誓》中所记载，“天矜于民，民之所欲，天必从之”。

随着西周末年中央政权的不断衰落，逐渐强大的诸侯国纷纷“挟天子以令诸侯”，并为了现实利益，肆意僭越周礼。礼崩乐坏、诸侯异政、百家异说的状况加剧了人们对周王室存在的合法依据“天命”的怀疑，动摇了人们对建构于神灵意志基础上的法律的认同。神灵观念和旧有宗教思想在世俗行为和世俗思想的冲击下支离破碎，“何于辜天，我罪伊何”① 的质问声已然出现。与此同时，西周以来对于“人”的解放和价值的认同已成为时代的主潮流，“德”“人本”等意识不断渗透到人们的思想观念。在“人”的主体性地位于与“天”的比较中被凸显出来的同时，“天”的神性的渐趋淡化并逐渐被视为一种道德理念的最高实体而悄然隐身，如《左传》中便有“国将兴，听于民；将亡，听于神。神，聪明正直而壹者也，依人而行”②，“夫民，神之主也，是以圣王先成民而后致力于神”③ 的记载。经过春秋时期的兼并战争，时至战国，周天子的权威和影响力已丧失殆尽，并在“七雄争霸”的诸侯的征战中为秦所灭。此时，自夏王朝建立以来一直为统治者所标榜的“天命观”和“神灵论”受到了前所未有的挑战，④ 以此为基础的宗教思想和法律制度也在世

① 《诗经·小雅》。

② 《左传·庄公三十二年》。

③ 《左传·桓公六年》。

④ 当然，在春秋战国时期，虽然出现了对于“天”“神灵”的怀疑，但在普通民众心目中，“天”仍然保有崇高的地位，是人们崇拜、祈求的对象。需要指出的是，在春秋战国，民众所信仰的“天”并不同于夏商西周时期“天”所指代的有意志的至高无上的人格神，而是更加偏向一种不可抗拒的自然变化和规律。直到汉朝，在世俗思想和宗教思想相互融合的背景下，两种“天”的观念才开始逐渐兼用，相互补充、并存，最终演化为一种抽象的哲学上的价值、一种崇高而神圣的原则，即“天理”。商、周以来的神权法思想也开始被封建统治者所袭用，并与儒家思想、封建伦理道德、阴阳五行等观念相结合，成为封建正统法律思想的有机组成部分，长期起着维持封建专制主义重要精神支柱的作用。

俗思想的冲击下逐渐衰微，在社会中甚至出现了“制天命而用之”① 的呼声。

（二）“礼法合一”与法的认同

当人们渐渐从对于神灵和巫术的迷恋中走出之后，体现“神灵”意志的国家法律失去了掩盖其原始暴力本质的外衣，统治者以“神义”之名颁布的“刑”失去了合法性的基础，以“代天刑罚”为借口的刑罚杀戮也无法继续下去。此时，对于“刑”（“法”）的恐怖回忆，再一次萦绕在人们的脑海中，而秦统治者对于法家“法治”主张的过度发挥导致秦统治者采取了诸事“皆有法式”② 而自得的做法，进一步刺激了人们刻意选择逃避回忆的敏感神经。于是，对于“以法为教”③、“专任刑罚”④ 的秦法，人们很难产生认同感和亲近感，而“置天下于法令刑罚，德泽亡一有，而怨毒盈于世，下憎恶之如仇雠，祸几及身，子孙诛绝”⑤ 的秦帝国也自然在人们的怨恨中迅速灭亡。对此，伯尔曼曾言，“中国的传统文化中，法律与宗教的联姻在历史长河中只是短暂的一瞬。法律缺乏宗教的辅佐，失去了宗教支撑的法律只能依靠统治者的强权加以推行，这种靠强权运作的法律在公众心中便是治己之法，异己之物”⑥。

---

① 《荀子·天论》。

② 《史记·秦始皇纪》。

③ 《韩非子·五蠹》。

④ 《汉书·刑法志》。

⑤ 《汉书·贾谊传》。

⑥ ［美］伯尔曼：《法律与宗教》，梁治平译，中国政法大学出版社 2003 年版，第 136 页。

然而，承秦制的汉律不但没有重走秦律的老路，[①] 反而减轻人们对于“苗民之法”的痛苦回忆，唤起了人们对于法律的认同感，成为后世律法不断模仿的蓝本，拉开了中国法律发展史上新的一页。究其原因，便在于汉律将“礼”转化为法的精神内核，“人本”思想和“德”的内涵将神灵隐退之后留下的空白填充丰满，法律在从神权束缚下解放出来之后，逐渐走上了与伦理道德（“礼”）相结合的道路，以礼率法，礼法结合，从而实现了“神意法”到“人意法”的转型。“‘刑’源于‘兵’而产生，法以‘刑’为核心，这固然是中国古代法律发展的特殊路径与形态，实行这种法律的社会并不因此一定是暴虐无道的……三代的制度和礼，皆是道德之器械……这种结合礼、刑，纳法律于道德的传统，同样产生于三代，流衍于后世。”[②]

1. “天”“德”“礼”的转化

西周统治者将“德”的概念引入神权政治思想，在“以德配天”“敬天保民”之中找到了“天”与“人”的结合点，实现了“天”“德”“人”的有效衔接，拉近了“天”与“人”之间的距离。随着西周王权的旁落和失坠、神权观念和宗法思想的衰微，百家争鸣局面得以出现。在这场思想解放的浪潮中，虽然诸子学说各异，观点不同，但他们都将更多的注意力投向了“人”，尤其是儒家创始人孔子，在继承和发挥“礼治”和“以德配天”思想的基础上，将之转化为“纳仁于礼”和“德治”，从而实现了“天”“德”“礼”的转化以及天人关系的重大突破，

---

① 汉武帝时期确立封建正统法律思想，在中国封建社会占统治地位的法律思想，以儒家法律思想为主，兼采阴阳家、法家、道家等各家之说。这一时期的思想家大多在主张礼治的同时，不否认法律的作用。董仲舒主张礼治，只是反对“专任刑罚”，君主要“正法度之宜”，进而“别上下之序”，强调要发挥法律维护社会秩序的作用。参见于语和、吕姝洁：《中国传统法律文化与当今的法治认同》，载《北京理工大学学报（社会科学版）》2016 年第 4 期。

② 梁治平：《法意与人情》，中国法制出版社 2004 年版，第 3 页。

完成了价值观的根本转向和中国古代法律思想的第一次大飞跃，正所谓“西方之路开于基督，而中国之路开于周孔”①。

孔子在继承西周“礼治”以及“以德配天”等思想的基础上，又对其进行了重大发展，形成了一整套重“人”的“仁学”思想体系，并与维护“礼”直接相关，将维护或恢复以血缘为基础，以等级为特征的氏族统治体系的“礼”作为“仁”的根本目标，即“纳仁入礼”。其中，“仁者爱人”“克己复礼为仁”充分体现出了“仁学”与“天人关系”以及“礼治”之间的转承。《论语》中记载了孔子众多的“爱人”言论，如“节用而爱人，使民以时”，“泛爱众，而亲仁”。② 在孔子看来，“爱人”就是对于“人”的肯定和关注，是西周“以德配天”“敬天保民”中“重人”思想的延续。同时，孔子认为，“仁”是“爱人”的本义，如“樊迟问仁，子曰爱人”③。为了实现真正的“仁”，就必须在强调“民本”的基础上，用“亲亲”“尊尊”等“礼”的原则正确处理好人与人之间的关系。其中，用于处理父兄子弟关系的，就是“父慈、子孝、兄友、弟恭”；用于处理君臣关系的，就是“君使臣以礼，臣事君以忠”④；用于处理同辈之间关系的，就是“己所不欲，勿施于人”⑤ 的“忠恕之道”。因此，“礼”实际上就成为实现“仁”的关键，也是“仁”的表现，一个人如果是“仁”者，他的言行就必然会合乎“礼”的要求。在此基础上，孔子认为人们，尤其是统治者在“爱人”的同时，为了真正实现“为仁”，还必须克制自己的欲望，使言行都符合“礼”的要求，从而给混乱之世带来道德、和谐与秩序，“一日克己复礼，天下归

---

① 李向平：《信仰、革命与权力秩序——中国宗教社会学研究》，上海人民出版社 2006 年版，第 25 页。

② 参见《论语·学而》。

③ 《论语·颜渊》。

④ 《论语·八佾》。

⑤ 《论语·颜渊》。

仁焉”[①]。这样，孔子就将儒学演化为一种独特的道德理想主义文化，形成了中国文化大传统之中颇为重要的“道德价值一元论”。

孔子从“礼”与“仁”相结合的思想出发，针对当时社会大震荡的历史背景，将“义以为上”[②] 作为价值观的第一原理，极力提倡“为政以德”的“德治”，力求发挥道德感化作用来缓和各种社会矛盾，使人们心悦诚服地接受统治，“为政以德，譬如北辰，居其所而众星共之”[③]。因此，孔子的“德治”思想主要包括了“宽则得众……惠则足以使人”[④]，“有教无类”，“宽猛相济”等3个方面。首先，孔子认为“苛政猛于虎”[⑤]，因此他要求统治者在“正己”，发挥自身表率作用的前提下，也必须做到“宽”和“惠”，从而获得人们的拥护。“宽”即“宽以待人”，只有为政以宽，才能顺乎民心，因乎民情，从而“得众”。“惠”指“惠民于利”，强调统治者应“欲而不贪”，“惠而不费”,[⑥] 为了实现“其养民也惠，其使民也义”[⑦] 而减轻压迫和剥削，使人们富裕而不会衣食无着。其次，孔子认为统治者应重视道德教化的作用，将“德化”“礼教”作为治国的根本，因此他提倡“有教无类”[⑧]，主张不分贫贱富贵和族类都进行礼教，从而实现“其为人也孝弟，而好犯上者，鲜矣；不好犯上，而好作乱者，未之有也”[⑨] 的教化目标。最后，孔子虽然主张“不教而杀谓之虐”[⑩]，但他从不否定刑罚等暴力工具的作用，只是在诉诸暴力的时

---

① 《论语 · 颜渊》。

② 《论语 · 阳货》。

③ 《论语 · 为政》。

④ 《论语 · 阳货》。

⑤ 《礼记 · 檀弓下》。

⑥ 《论语 · 尧曰》。

⑦ 《论语 · 公冶长》。

⑧ 《论语 · 卫灵公》。

⑨ 《论语 · 学而》。

⑩ 《论语 · 尧曰》。

候，孔子强调应该突出“德”“礼”的优越性，正所谓“名不正，则言不顺；言不顺，则事不成；事不成，则礼乐不兴；礼乐不兴，则刑罚不中；刑罚不中，则民无所措手足”①，必须“宽以济猛，猛以济宽，政是以和”②。孔子把“仁”与“礼”集合起来，强调“德治”的作用，利用道德的力量来鞭策和约束“礼”，借助道义对一切破坏“礼治”的行为加以谴责，其根本目的就在于要求人们，尤其是统治者要以“礼”为标准，通过加强内心的修养，达到圣人的境界并形之于外，最终实现“其身正，则天下归之”③ 的目标。在这一点上，儒家的“礼”④ 就成为神权思想下的“德”的一种延续，从而实现了“将‘礼’以及‘仪’从外在的规范约束解说为人心的内在要求，把原来的僵硬的强制规定提升为生活的自觉理念，把一种宗教性神秘性的东西变为人情日用之常，从而使伦理规范与心理欲求融为一体”⑤。此时，人们基于遵守“礼”而形成的存心、养性的道德自觉产生了对于“天”的崇拜和信仰，将“天命”内在化、心性化，进而以人的道德心性为转移。人们对于神的准绳命令的遵守变为对人的内在欲求和自觉意识的承认，把自己本性中属于“天”的那一部分完整地显露出来，由服从于神变为服从于人，最终“人道”贯通了“天道”，实现了“天”“德”“礼”的转换。

2. “情”“理”“法”的三位一体

“毁先王之法，灭礼谊之官，专任刑罚，躬操文墨”⑥ 的秦帝国的殒

① 《论语·子路》。

② 《左传·昭公二十年》。

③ 《孟子·离娄上》。

④ 孔子的礼是经过他修正过的新礼，而非完全是周礼。孔子对于周礼的修正主要有两项：一是他主张对民众也要道之以德，齐之以刑，改变了过去一味强调“齐之以刑”的做法；二是修正了“亲亲”的原则，改变了过去“笃于亲”的原则，在选任人才时做到“近不失亲”，“远不失举”，让非贵族出身的人才可以进入国家的管理层。

⑤ 李泽厚：《中国古代思想史论》，人民出版社 1985 年版，第 21 页。

⑥ 《汉书·刑法志》。

灭给了当时的人们以极大的震撼，人们开始从“秦任刑法不变，卒灭嬴氏”的历史教训中重新反思“礼”与“法”之间的关系，① 重新审视那个被孔子从有意志、能发号施令的“天”转换而来的“礼”。此时，“礼”所具有的“固国家，定社稷，使君无失其民也”② 的作用逐渐被人们所认同，自孔孟以来对于“德”“礼”“刑”的论述③也成为全社会的共识。于是，“天之经也，地之义也，民之行也”④ 的“礼”被确立为封建

---

① 自夏以来的青铜三代，在从氏族向国家过渡的过程中，都将宗法关系和国家组织相结合，家族组织成为国家得以成立的基础，从而实现了家、国合一。此时，维持氏族宗法关系之“礼”就成为国与家的纽带，也成为国家法律所需要遵循的标准和原则。因此，“礼”与“法”之间并不存在天然的鸿沟，即便儒法两家在通过何种方式维护君主专制的统治秩序这一问题上有着严重的分歧。具体而言，儒家之“礼治”和法家之“法治”虽然出发点不同，但两家学说在为现存政权服务的政治目的上是相通的，区别只是在于它们对于社会秩序的看法和达到这种理想的方法。法家虽很重视严刑重法，但也不是刻薄寡恩、以杀为快者，它只是以严刑为止奸息暴的工具，不得已而用之，正所谓“法之为道，前苦而长；仁之为道，偷乐而后穷。圣人权其轻重，出其大利，故用法之相忍，而弃仁人之相怜也”。因此，法家在坚持“以刑去刑”的基础上，反对“刑过”，“用赏过者失民，用刑过者民不畏”。反观儒家，虽然也反对“法治”“任刑”，主张道德教化，但始终没有摒弃法律之意，反而在强调“法”是由“礼”而生的基础上，不断吸收法家的大量内容，实现了“礼”与“法”的结合，以礼教为主，以刑为辅，如“治之经，礼与刑”，“国之命在礼，人君者隆礼尊贤而王，重法爱民而霸”之说便是这方面的极好体现。于是，儒家主张“治人”，讲求道德教化，以德化人，法家主张“治法”，法、术、势并重，以力取胜，其实都是以君主为国家权力的来源和象征，都属于“人治”的范畴，甚至法家之主张“人治”并不亚于儒家。诚如梁治平先生所言，“就先秦儒法之争而言，儒家务德；只是极度轻视法律政令的人治；法家务法，乃是只信奉权谋威势而不屑于说教的人治。……二者只涉及施政宽、猛的程度问题，于‘人治’实质并无触动”。因此，“礼”与“法”之间并非完全地相斥，而是相互包容在一起。从这个意义上说，陈寅恪先生所提出的“秦之法制实儒家一派学说之所附系”的观点也是具有合理性的。

② 《新书·礼》。

③ 作为孔孟之后儒家代表人物的荀子，其所讲的“礼”已不完全同于孔孟之礼，他提出“至法”的思想，开始重视法律的作用。荀子认为礼治尽管十分重要，但不是万能的，只有“礼”与“法”并重，国家才得以治理，提出“法者，治之端也”。

④ 《左传·昭公二十五年》。

立法的指导精神，“礼者，法之大分，类之纲纪也”[①] 的观点也成为现实。此时，法律不再只是需要智者才能发现的“天”意志的产物，而变为了人们所接受的“礼”的一种具体体现，正所谓“恭行天理”“执法原情”。

在中国人的观念中，人间秩序和道德价值最早都归源于“天”或“帝”，所谓“不识不知，顺帝之则”[②]，“天生烝民，有物有则”[③]。自夏以来，历代统治者都有意识地强调法律是“承天之道”的产物，人们在对“天”充满敬畏的同时，应当对法充满敬畏和认同。然而，自西周末年始，社会精英阶层出现了对于“天”“神”的怀疑，如荀子便言，“天行有常，不为尧存，不为桀亡”[④]。当对于代表人格之神的“天”的信仰出现动摇之时，法律也就不再只是“天命”和“神意”之产物，“化性起伪”“定分止争”等法律起源论相继出现。[⑤] 汉代秦而立国，在最初选择“无为而治”而逐渐恢复国力的过程中，“大一统”的局面也随之形成。然而，宗室豪党的壮大、农民起义的爆发、各派学说的流行和彼此对立，深深地威胁到了帝国统治的稳定和国家法律的权威，出现了“师异道，人异论，百家殊方，指（旨）意不同，是以上亡以持一统，法制数变，下不知所守”[⑥] 的局面。如何在适应“大一统”的形势下选择一种统一的学说作为国家的指导思想，并在与“一断于法”“君主独治”

---

① 《荀子·劝学》。

② 《诗经·大雅·文王之什》。

③ 《诗经·大雅·烝民》。

④ 《荀子·天论》。

⑤ 当然，他们对于法律来源的表述，依然与“天”相关，如法家就认为人为法是天道的体现，“因道全法，君子乐而大奸止，淡然闲静，因天命，持大体。故使人无离法之罪，鱼无失水之祸”，“道者，万物之始，是非之纪也”。只不过，法家所依仗的“天道”已非人格神的“天”，而是来源于老子的“自然之天”。与此同时，在平民阶层中，“天”“神”仍然是人们崇拜和祈求的对象，以致在之后相当长的一段时期内，平民阶层一直充当着“天”“神”观念的载体，延续着宗教观念——在他们看来，法律依旧源自上天的旨意。

⑥ 《举贤良对策》。

“术势并重”的法家思想相融合的过程中巩固和维持专制皇权的意识形态，整合社会精英与平民阶层的两种不同思维，实现“纳全国民众的思想行为于一轨”的目标成为汉初统治者所要考虑的重大问题。此时，实现了“天”“德”“礼”转化的儒家学说就成为弥合社会精英与平民阶层在“天人”关系上的裂痕，实现彼此之间沟通的可行性路径。

为了实现社会精英与平民阶层在“天人”关系上的和解，以董仲舒为代表的汉代儒学思想家，将儒家学说作为根本，结合黄老之术、阴阳五行、法治主义等观念创造了“天人合一”“天人感应”的正统儒家神学理论体系。[①] 在此体系之中，“人”被视为“天”的模本，两者之间具有相似性和同构性，并且相互感应，“以类合之，天人一也”。[②] 于是，“人”的道德就成为对于“天”的道德的模仿，将“人”的道德映射到“天”之中就可以得到“天”的道德。此时，从“君君，臣臣，父父，子子”以及“忠孝仁义”发展而来的“三纲五常”就可以被演绎为“天”的意志，“天”也被伦理纲常化为最完善的道德体现者，正所谓“仁之美者在于天”[③]，“王道之三纲，可求于天”[④]。当然，正统儒家神学理论体系也实现了对不同阶层之间意识形态的统一和对政权及其法律合法性的论证，被神圣化的“天”（纲常伦理思想）成为指导臣民行为的最高权威和最高准则，以此为基础的法律也就具有了如“天意”般不容触动的权威性。自汉以后，以伦理纲常为内容的“天”逐渐向抽象的哲

---

① 董仲舒吸收了阴阳五行学说，作为构筑天人感应的神学目的论和循环历史观的重要思想资料；吸收了法家法治主义理论，作为构筑他阳德阴刑思想的重要资料；吸收了墨家关于“尚同而不比”的理论，作为构筑专制主义中央集权的思想资料。参见孟祥才、胡新生：《齐鲁思想文化史——从地域文化到主流文化》（先秦秦汉卷），山东大学出版社 2002 年版，第 495 页。

② 《春秋繁露·阴阳义》。

③ 《春秋繁露·王道通三》。

④ 《白虎通义·三纲六纪》。

学化的“天理”转化，并在此过程中继续“以礼入法”[①] 的进程，“天理”不仅指导着封建的立法建制，而且不断演化为复杂的法律规范。于是，“礼”“法”“理”三者之间形成了统一的关系，正所谓“礼字、法字，实理字”[②]。此时，礼法制度的本质不再是君主的意志或命令，而变为了宇宙间早已先验存在的“天理”，诚如朱熹所言，“法者，天下之理”[③]。当然，这里的“天理”，也不再是人格化的“天”“神”，而是人们所遵循的道德义理，即“礼”——“礼者，天理之节文，人事之仪则”[④]，而人们对于天理化身的国法的服从和认同就是主动的、理性的而不是盲目的、迷信的，判断的标准就在于法律是否“恭行天理”。

孔子有言，“父为子隐，子为父隐，直在其中矣”[⑤]。在这句话中，孔子强调了按照“情”处事的重要性，认为法之所以能为人们所接受，体现公平、正直的特性，全因为遵循和体现了人情。那么，何为“人情”？是否“人情”就仅指《礼记·礼运》之中所提及的“喜”“怒”“哀”“惧”“爱”“恶”“欲”等7种人类天然和自发的感情呢？众所周知，中国古代社会是以血缘伦理关系为纽带建立和运作的，“血缘伦理首先安排和统治家内关系，然后以家为圆点，相应调整后扩散移用于家族、乡里、社会和国家，成为构造和调整传统中国的家、族、乡、社会和国家各种关系与秩序的基本原理”[⑥]。在这样的一个发展顺序之中，血缘伦理与宗

① 经过神化论证，董仲舒将许多伦理纲常融入法律的制定和实施，如“大德小刑”的治国方略，纲常伦理的立法总原则，“春秋决狱”的司法政策，“原心论罪”的犯罪构成主张，“赏以春夏，刑以秋冬”的司法制度等。参见俞荣根主编：《中国法律思想史》，法律出版社2000年版，第142～146页。

② 《朱子大全·答吕子约》。

③ 《朱子大全·学校贡举私议》。

④ 《朱子大全·答曾择之》。

⑤ 《论语·子路》。

⑥ 张中秋：《家礼与国法的关系、原理、意义》，载《法学》2005年第5期。

法政治高度结合的产物“礼”成为联结家国于一的唯一价值和规范体系，从而造就了中国古代社会家国合一的大一统局面，从此“家国一体，亲贵合一，家是国的微缩，国是家的放大”①。因此，个人的情感必然具有社会属性的一面，尤其是随着儒家对宗法伦理的重视，人情的内涵从心理学的层面全面向社会学的层面转化，人情已不囿于一家一族之内的“私情”，而是演化为一种人们普遍具有，社会群体一致认同的正当情感与诉求，即“世情”、“民情”或“民心”。随着儒家思想被确立为国家的统治思想，以“孝”为核心的儒家伦理道德思想成为人们意识形态的标准，“人情”也就演化为“体天地、法四时、则阴阳、顺人情”② 的“礼”。

此时，“礼”成为检验一切的标准，封建法律自然也成为“礼”的检验对象，正所谓“法，非从天下，非从地出。发于人间，合乎人心而已”③，“法不察民之情而立之，则不成；治宜于时而行之，则不于”④，“常至于沮（阻）而不行者何也？是其立法非人情之故也”⑤。于是，统治者为了使法律获得合法性的基础，取得人们的认同，不仅会遵行“其为法也，合于人情而后行之”的精神，为缓和法的强制性与暴力性，使法具有“人情味”，还会选择将符合“人情”“民心”或符合统治者价值观的“民情”明文规定或者隐含于立法之中，而且在将“凡听五刑之讼，必原父子之亲、立君臣之义以权之，意论轻重之序，慎测深浅之量以别之”⑥

① 张晋藩：《中国法律的传统与近代转型》，法律出版社 1999 年版，第 113 页。

② 《礼记·丧服四制》。

③ 《慎子·逸文》。

④ 《商君书·壹言》。

⑤ 《张右史文集·悯刑论下》。

⑥ 《礼记·王制》。

作为司法运作原则的基础上，强调司法官吏审判不仅要依据法规，[1] 更要考察人性之善恶，把“人心”而非作为法理确定为判案推演的逻辑前提，正所谓“罪同异论，其本殊也”[2]。那么，无论是从“服制入律”到“不孝为罪”，还是从“亲亲相隐”到“存留养亲”，无不体现了封建礼法对“人情”的肯定和保护，而法律行道德（人情）之职能的特性，也使得司法过程成为宣教的活动，使法庭演化为教化的场所，“隋唐以后，尤其是明清两代，情与法基本上是水乳交融”[3] 情形的出现也便是顺理成章之事了。[4]

薛瑄曾言，“法者，因天理，顺人情”[5]，“法”源自“天”，以赋予“法”不可抗拒的神秘性的“天理”为最高依据，“法”又取自“情”，将增加“法”伦理色彩的“人情”视为核心。“法”作为协调三者关系的中枢，以道德伦理为主线贯穿三者，获得了政权、神权、族权和社会舆论的支撑，从而在具有更强的强制力的同时，实现了“情”“理”“法”之间的“三位一体”，“情、理、法三者合起来，作通盘考虑，消除相互冲突的方面，才是最理想的、真正的法律……但是三者中的任何一者，是不可以作为完整意义上的法的”[6]。在这个意义上，在以儒家伦

---

① “援法断罪”由来已久，是中国古代社会制定成文法的重要动力之一，目的在于约束司法官权力的滥用，提高法律的权威，维持法律的秩序。历代法典，大多也都确定了“援法断罪”的断案准则。如隋文帝下令“诸曹决事，皆令具写律文断之”，而《唐律疏议》也有“诸断罪皆须具引律、令、格、式正文，违者笞三十”的规定。

② 《春秋繁露·精华》。

③ 马小红：《礼与法：法的历史连接》，北京大学出版社 2004 年版，第 244 页。

④ 当然，社会的复杂性使得竭力维持人情的法律还是不可避免地会与人情之间产生抵牾，出现情法无法两全的情形。一旦遇到这种情况，即便在官方表达中作为一切法律的唯一合法来源，拥有“法外施仁”和“法外用刑”权力的封建统治者也必须认真对待法律，除非真的“情有可原”，否则“屈法而伸情”的情况并不会时常出现，汉时缇萦救父的故事、赵娥为父报仇杀人案例都是这方面很好的例证。

⑤ 《要语》。

⑥ 范忠信、郑定、詹学农：《情理法与中国人》（修订版），北京大学出版社 2011 年版，第 24 页。

理道德为思想为主导的中国封建社会之中，法律之所以能够被人们所认同，很大一部分的原因是封建礼法是滋贺秀三先生口中那“漂浮在情理之海上的一座冰山”①。

二、国法与家规的混同

自西汉起，儒家以其伦理价值重塑法律，系统地完成了儒家伦理的制度化与法律化，逐渐将“礼崩乐坏”之后破碎的法律经验补缀成一幅完整的图景，中国法律进入了长达两千余年的“以礼入法”“礼法合流”的历史轨迹，② 人们对于礼法的认同也逐渐成为中华民族属性的重要特

---

① 关于“情”“理”“法”三者的关系，学术界存在着一些争议。如日本学者滋贺秀三先生就强调“情理”二字在中国法律诉讼程序中占据了主导地位，法官乐于以整体的衡平思维以及关注人与人的相互关系判定案情。林端教授也认为，“王法”与“情理”并行，正是中国传统法律文化多元逻辑特色具体呈现的一个方面。对此，黄宗智教授持有不同的意见。他以清代的司法实践为蓝本进行分析，认为清代县官为了自己的官僚前途，在堂讯办案之时一般都会选择按律例规章断案的方式，极少以情来调解和断案，即使衙门在实际运作中倾向于“斟情酌理”，这里的“情”和“理”也不会解释为儒家所倡导的“人情”和“天理”，而是“情实”和“道理”。张伟仁教授通过对清代内阁大库档案的历史研究，认为基于便利的考量，司法者在有法条或成例可循的情况下，极少弃置可以遵循的规则不用而任意而为。参见［日］滋贺秀三：《中国法文化的考察——以诉讼的形态为素材》，载［日］滋贺秀三等著，王亚新、梁治平编：《明清时期的民事审判与民间契约》，法律出版社 1998 年版，第 13 ~ 14 页；林端：《中国传统法律文化：“卡迪审判”或“第三领域”——韦伯与黄宗智的比较》，载中南财经政法大学法律文化研究院主编：《中西法律传统》第 6 卷，北京大学出版社 2008 年版，第 437 页；［美］黄宗智：《清代的法律、社会与文化：民法的表达与实践》，上海书店出版社 2007 年版，第 5 ~ 84 页；张伟仁：《中国传统的司法和法学》，载《现代法学》2006 年第 5 期。

② 需要指出的是，青铜时代以来的“礼仪”已不能满足时代发展的需要，因此，“以礼入法”“礼法合流”主要是指礼的精神进入国家制定法，而不是规范层面的礼进入国家制定法，即“礼义”而非“礼仪”，是经后来的儒家改造之后在一定程度上迎合了统治者需要的“官礼”，而不是来自社会的习惯法，成为“以礼入法”“礼法合流”中与法相结合的对象。参见张洪涛：《从“以礼入法”看中国古代习惯法的制度命运》，载《法商研究》2010 年第 6 期。

征。诚如梁治平所言，“可以说汉魏以来，明刑弼教，修刑以复礼的原则一直被信守不渝。它不但是见之于外的法律制度，而且是藏之于内的民族信仰，真正构成民族文化的重要特质之一”①。然而，鸦片战争的隆隆炮声，不仅带来了西方的坚船利炮，也带来了西方的文化和制度。儒学受到了西方舶来思想强有力的冲击，以致横亘两千多年的“礼法合一”的局面被慢慢打破，强调“法合人情则兴，法逆人情则竭”② 的封建法律也随之走下神坛，③ 中国进入了一个数千年未有的大变革的时代。在这个以西方社会为学习模式，逐步走向深入的清末大变革时代，④ 当时的人们面对陌生理念的“中西合璧”的法律，很自然地陷入了与两千多年前的春秋战国大变革时代的人们同样的困惑——法律因何而可信？

有学者曾言，“在一个社会由传统社会向现代社会转变的过程之中，往往会伴随形成政权合法性基础的转换。但由于旧的合法性基础往往很快瓦解，而新的合法性基础却形成缓慢，便会出现合法性基础的断裂，或权威真空和权威危机”⑤。面对这种危机，唤起人们对于国家的认同就成为重塑法律认同的出路所在，而以“家国同构”“政教一体”“臣民意识”为主要内容的国家学说便是凝聚人们对于国家的认同的一条可能性路径。于是，无论是强调儒家传统，还是依靠社会主义信仰，通过社会

① 梁治平：《法意与人情》，中国法制出版社2004年版，第64页。

② 张晋藩：《中国法律的传统与近代转型》，法律出版社1999年版，第53页。

③ 当然自清末以来，在中国广大的农村地区，作为传统政治赖以存在的社会基础的自然经济仍然占据主导地位，传统的封建伦理纲常依然是大多数中国人的行为准则，带有浓厚封建礼教性质的传统的法律观念和习惯仍然占据主导地位，具有相当的活力。因此，在立法、司法、执法等环节保留传统因素也成为一种必然的选择。

④ 梁启超先生用3期来总结中国近代变革的过程。“第一期，先从器物上感觉不足”，“于是，福建船政学堂，上海制造局等渐次设立起来”；“第二期，是从制度上感觉不足，所以拿‘变法维新’作一面大旗，在社会上开始运动”；“第三期，便从文化根本上感觉不足”。参见马小红：《礼与法：法的历史连接》，北京大学出版社2004年版，第177页。

⑤ 许纪霖、陈达凯：《中国现代化史》（第1卷），上海三联书店1995年版，第274页。

政治化完成党的“政策法律化”，都充分地运用了政治化的方法改造了人们的思想，走出了一条由“国家认同”“政党认同”过渡到“法律认同”的道路。当然，这条路径的机理并非近年来的首创，它早已嵌入中国数千年以来的传统政治文化中。

（一）“家国同构”

1. “家国合一”

马克思在《德意志意识形态》（节选本）中曾指出，“家庭是人类最初出现的社会关系”①。在中国青铜时代之前，自然农耕的经济基础就使得血缘宗族开始作为社会内部分层得以展开的依据而成为中国远古社会最主要的微观基础——源于同一血缘的自然亲密性提供了保持一个共同体所必需的先天同一性，而存在于其中的自然差等关系又为建立共同体所必需的内部差序关系提供了现成基础。② 随着氏族之间的不断征伐，原先由血缘宗族而来的社会分层之间出现了国家组织的印记。夏的建立，更是开启了“家天下”的历史进程。氏族制非但没有被清算，相反还得到了很大程度的保留——氏族制的残余氏族首领变成了奴隶主贵族，他们所掌握的氏族统治权也转化为国家统治权，家族的家长则成为国王。到西周时，各级宗子的血族大家庭组成了一个姬姓的家族统治集团，而“礼治”的提出，更是把个人立身处世的“礼”从治家治人演化为政治生活领域的治国治民，形成了以“礼制”为核心的政治伦理化和伦理政治化。宗法制的“国”与血缘的“家”紧密地糅合在一起，“家”依附于“宗族”这个纯粹由血缘纽带联结起来的，包含经济、政治、军事等

---

① ［德］马克思、［德］恩格斯著，中共中央马克思恩格斯列宁斯大林著作编译局编译：《德意志意识形态》（节选本），人民出版社 2003 年版，第 23 页。

② 参见申波：《整体论进路与乡土共同体——论“儒法合流”的成立基础》，载《中山大学学报（社会科学版）》2005 年第 3 期。

综合功能的生产、生活共同体，“国”就成为“城邑式的宗族统治机构”①，政治关系网络也随之呈现出以宗族式管理为核心的血缘关系网络的特征，最终出现了“溥天之下，莫非王土；率土之滨，莫非王臣”②的“家国一体”的局面。

“殷周社会的成立，是在保持血缘秩序不变的前提下形成的政治秩序”③，而自西周晚期起，随着同姓血缘的宗法制的解体和“忠孝观”的变革，传统的“家国一体”的关系被打破，宗法家族与政治国家出现了严重的分离倾向，血缘国家逐渐转变为拟血缘的地域性国家，濒临崩溃的宗法社会中的“家国一体”的格局逐渐演化为家庭社会中间接相通的“家国同构”体系。④尤其是《孝经·广扬名》中“移孝于君”“孝忠一体”观点的提出，⑤更是将血缘宗族关系中晚辈对长辈的单向度责任——“孝”移到了政治关系中来。于是，对于父权的“孝”成为对于君权的“忠”的基础，“孝”的载体“家”则变成了“忠”的载体“国”的细

---

① 张光直:《中国青铜时代》，生活·读书·新知三联书店1999年版，第73页。

② 《诗经·小雅》。

③ ［日］谷川道雄：《中国中世社会与共同体》，马彪译，中华书局2002年版，第68页。

④ 所谓家族社会，是指以家族为主体的家庭成为社会基本组织形式和经济形式，家族关系成为人们最重要的生活关系，家庭生活成为人们生活方式的基本内容的社会形态。参见王邦虎、梁德阔:《我国阶级社会中宗族与国家间的结构关系》，载《求索》2005年第3期。在西汉之后，宗法家族不仅使依据儒家伦理组织起来的家庭和国家存在同构对应，而且正是依靠缙绅这一中介与官僚机构连成一体，使家族可以作为政府管理职能放大而存在，宗法家族组织在相当程度上执行着基层政府的功能。参见金观涛、刘青峰：《中国现代思想的起源——超稳定结构与中国政治文化的演变》，法律出版社2011年版，第11页。当然，也有学者认为“家国同构”只是一种仿照意义上的同构，即国家的组织及设置仿照家庭而立，至于在社会治理结构上，不但未能实现家国同构，而且家国分立明显，这从国家的刑罚权与家庭的家父权之分立、国家强控与农民不堪重负而揭竿反抗的对立史中均可见一斑。参见谢晖：《大、小传统的沟通理性》，中国政法大学出版社2011年版，第3页。

⑤ “君子之事亲孝，故忠可移于君；事兄悌，故顺可移于长；居家理，故治可移于官。”

胞，而“忠”则演化为“孝”的延伸，君权也随之演化为放大化的父权，正所谓“迩之事父，远之事君”[①]。此时，在君臣父子的关系形态中实现了将宗法血缘精神融入社会政治结构的目标，确立了新的非同姓血缘的“君父一体制”。正如金观涛、刘青峰所言，“中国的封建社会，由子孝、妇从、父慈伦理观念所建立的家庭关系，正是民顺、臣忠、君仁的国家社会关系的一个缩影。家庭成了组织国家的基本单元，是国家的一个同构体”[②]。

2. “政”与“教”的混同

“家国合一”国家管理形态的存在，决定了在家庭中父亲具有绝对权威的“父家长制度”，在国家的建构过程中被改造成了“君父专制体制”，统治者以家的模式、家的观念和家的法则来维系秩序，治理国家，君主和臣民之间也以父子的形式出现。“国”作为被放大化的“家”，自然也具备了家所具有的维系、传递政治权力，培养家人的权威观念和服从习惯的政治功能。于是，家父在家庭之中所扮演着三位一体的角色——第一扮演着严父或者慈父的角色，第二是主宰家庭生活的“家君”，第三必须是德行和技艺的教师，也自然可以在君主的身上得到体现。此时，君主不但拥有着对于人们的管理职能，即“政”，还肩负着使人们“安身”“安心”的教化功能，即“教”，在“安上治民，莫善于礼”[③] 的大原则下，“政”与“教”形成了一个复杂的混同体，相互促进，“道统借助于政统的势来弘道，政统以道统作为学理基础”[④]。当然，

---

① 《论语·阳货》。

② 金观涛、刘青峰：《兴盛与危机——论中国社会超稳定结构》，法律出版社 2011 年版，第 52 页。

③ 《孝经·广要道》。

④ 徐庆文：《儒家传承中的道统与政统——兼论儒学形成的地域性特征》，载《东岳论丛》2011 年第 11 期。

希望每个君主都能够成为“仁君”和“教皇”的综合体只是一个理想。在现实之中，统治者时常偏离“礼治”的方向，或佞道佞佛，或宠信奸佞，或贪财好色，而人们对于法律的评价又与立法之人的品行和才能直接挂钩。于是，以维护和传承传统中国社会发展进程中的基本价值理念与意识形态——“道”为己任的士大夫阶层就会以“道统”守护者的身份对拥有操控和运作政权机构职权的君主的失当行为进行劝诫，造成代表君主具有世俗权力的合法性的“治（政）统”与“道统”之间的紧张和分离。尽管如此，在没有受过行政专业训练，完全依靠“圣人之道”作为治理国家本钱的士大夫官僚看来，“道统”与“治统”虽然贵为中国传统文化中的两极，但两相比较而言，“道统”依然高于“治统”，正所谓“天下所极重而不可窃者二：天子之位也，是谓治统；圣人之教也，是谓道统”①，“道统者，治统之所在也”②。

然而，这些饱读儒家经典诗书，信奉儒家思想的士大夫们却缺乏治理国家的必备技能和物质条件。虽然他们在内心深处始终将“道”置于君王之上，坚守着“从道不从君”的为政原则，把“入仕行道”作为最高的价值取向，但在可以给他们提供物质庇护与精神安慰的君权面前，他们不得不面对“从道”还是“从君”的选择。他们之中也不乏其人选择了后者，屈于压迫而背叛了操守落入名利场。士大夫们两难的境地就导致了他们虽然手捧经书，拥有担当道德标准和精神价值的“道统”的代表权和评判权，但士大夫们所维护和标榜的“道”却无法制约君权，也不能惩治官僚，反而越来越依附于君权。随着宋代最高统治者宣称自己是“道统”和“治统”的代表，士大夫们所自命的“道统”维护者的主体地位和话语权随即被剥夺。君主除了下诏书之外，还常常颁布“圣

① 《读通鉴论》卷十三《成帝七》。

② 《三史正统辨》。

训”，将臣民当作教化的对象，“道统”和“治统”真正走向了“政教合一”[①]，中国式的专制主义得以形成。

（二）“家国一体”与法的认同

1. 臣民意识

中国式专制主义的确立，使君权在社会各个领域不断延伸，君父家长制也开始笼罩并支配整个国家，“政”和“教”的混同体在发挥管理作用的同时，进行着对视为“子民”的人们“儿童化”的教化进程。在这个“弱民之术”的实施过程之中，民众的个性和自由完全消弭在整体之中，任凭君父随意差遣。与此同时，中国传统文化关于“身”与“心”的认识，置“个人”于一个没有合法性和精神性的肉体的位置上，甚至将“身”视为一个必须受到人伦、社群、集体关系约束的“不道德主体”。[②] 那么，由个体自己决定而不使由他人制约的“心”就很容易演化为“私心”从而招致批判。因此，若要“安身”，就必须克服人我界限的“由吾之身，及人之身”的心意感通，将希望寄托于他人之“心”的组织。而要获得他人之“心”，就先要能够照顾他人之“身”，如此才可以得人心。在这个意义上，个人要实现对于“身”的安放，就必须由人伦、社群、集体关系的“心”去组织，个人的存在就是以履行国家这个“大家庭”所规定的义务为前提，即便是在中国传统政治结构中，国家的政治权力只能到达县一级，这种义务在广大的乡村也为人们所自觉认可和承担。此外，在中国古代传统的农业社会中，生产力的不发达和生产资料的匮乏，导致了对维持生存的有限资源的配置权基本掌握在国家权力所有者的手上，如果没有国家权力，就会导致人与人之间的厮杀。

---

① 在中国传统社会，自汉武帝“独尊儒术”之后，儒家意识形态和皇权专制联盟就已形成“政教合一”的社会结构。

② 参见孙隆基：《中国文化的深层结构》，广西师范大学出版社 2011 年版，第 39 页。

这就产生了中央高度专制集权与个体的人单力薄的极大反差，“对于农民来说，自上而下的单向性的权力具有巨大的力量，在缺乏替代性选择的情况下，就不可避免地自内心对其产生一种崇拜与依附感”[①]。当内外两种因素综合在一起并逐渐开始发酵之后，人们对国家权力的强烈依附就会积淀成为一种能够在相似的社会境况中代代相传的稳定的政治情感，君主的意志也演化成为每个人最高的价值取向和终极信仰归宿。此时，人们心里最终产生出臣民意识和奴性心理。对此，梁启超就曾在《中国积弱溯源论》中精辟地指出，“数千年民贼之以奴隶视吾民，夫即言之矣。虽然彼之以奴隶视吾民，犹可言也，吾民之以奴隶自居，不可言也……其拥高官、籍厚禄盘踞要津者，皆秉奴性独优之人也。苟不有此性，则不能一日立于名场利薮间也。一国中最有权势者，既在于此辈，故举国之人，他无所学，而惟以学为奴隶为事”[②]。

中国封建社会长期以来“人治”的氛围，使得臣民意识和奴性心理的文化积淀不断加深人们对于“天子作民父母，以为天下王”[③] 的集体记忆。在这种记忆的传承之中，人们从价值的角度对于君臣父子关系予以接受，并在政治意识和政治行为及价值的选择上，亲自践行忠于君主的基本原则。正所谓“君者，民之心也；民者，君之体也。心之所好，体必安之；君之所好，民必从之”[④]。于是，人们自觉成为国家政权统治下的“顺民”，将君王视为“天子”，即便是在“官逼民反”的情况下，人们对于国家政治权力的依附依然如故——他们“反”的只是已经丧失合法性的旧的政治权力，而“反”的目标无非就是希望重塑一个比较照顾

① 钟诚：《传统中国农民的政治情感及其现代转化》，载《济南大学学报（社会科学版）》2008 年第 1 期。

② 参见沙莲香主编：《中华民族性》（一），中国人民大学出版社 1989 年版，第 29 页。

③ 《尚书·洪范》。

④ 《春秋繁露·为人者天》。

他们利益的“新主子”。人们并没有建立独立的权利意识，从而改变“臣民意识”，摆脱“子民”的角色。此时，深藏于人们心中的“臣民意识”就必然带来对于具有神圣权力的“天”以及“天”和“家族长”代表的“天子”“君父”的自发和自愿的服从和认同，而法律作为君权、政权的产物，自然也被人们所认同，荀子便言，“法者，治之端也，君主者，法之原也”①。

值得注意的是，“臣民意识”以及由此而来的“人治”思想并没有因为封建王朝的终结和以家族和血缘关系为纽带建立起来社会秩序的瓦解而被拦腰斩断。相反，在20世纪的某些时间段内被重新演绎。

2. “父母官”与乡绅

在“家国同构”的传统中国社会之中，封建统治者依靠儒家学说建构意识形态的统一体来维持社会秩序。那么，要维持儒家学说在意识形态建构中的核心地位，被视为上天派到人间的唯一代表，拥有天下事物的所有权和管理权的君主就必须行使与人们“臣民意识”相对应的“政”与“教”的两大职能，毕竟“天降下民，作之君，作之师”②，“天下父母事天而子育万民”③，从而君主就具有治理天下的最高主宰（“君”）、天下万民的共同父亲（“父”）、天下万民的道德和学问的最高教师（“师”）的三重分身。④ 然而，君主毕竟只是名义上的天下之主，要管理偌大的国家，君主必须通过选取认同统一意识形态的儒生进入官僚机构，成为“父母官”来执行管理国家和教化人们的职能，因为这是一种代价远低于使用暴力镇压的整合手段，正如韩非子所言，“明主治吏

① 《荀子·君道》。

② 《孟子·梁惠王下》。

③ 《春秋繁露·郊祭》。

④ 参见范忠信：《中国法律传统的基本精神》，山东人民出版社2001年版，第211页。

不治民"①。因此，作为君权再分配以及延伸产物的各级官僚，在辖区内行使君主之"政"时，自然也扮演着与君主"三位一体"身份相似的角色，并借助社会共同体的血缘性基础，建立以儒学为核心的维系社会政治秩序②的意识形态。与此同时，作为"道统"的坚定守护者，儒生化的各级官僚在管理和教化人们的过程中一直强调自身所具有的一种传播道德的使命感。他们在自我实现与社会建构的关系上始终遵循孔子"上好礼，则民莫敢不敬，上好义，则民莫敢不服，上好信，则民莫敢不用情。夫如是，则四方之民襁负其子而至"③ 的教诲，笃行者将"内圣"这种发于内心的，作为道德修为理想境界的德性自觉，与"外王"这种以德性修为展开的"德治"的最高境界相结合，最终实现"修身齐家治国平天下"目标的信条。当然，儒生官僚如此做，目的并不只是提高人们的道德素养，还有着让在"德治主义"之下国家法律能够被人们所认同和贯彻实施的愿望，正如孔子所言，"上好礼，则民易使也"④，"其身正，不令而行；其身不正，虽令不从"⑤。那么，要实现这些目标，第一步便是为政者通过"修身"做出风范表率作用，以儒家伦理道德来约束自己，即先"修己以敬"，之后才能"修己以安人"，最终实现"修己以安百姓"。于是，儒生官僚的"明明德"，使得他们在人们心目中树立起道德

① 《韩非子·外储说右下》。

② 儒家化的社会政治秩序表现在治国理政上。儒家信奉仁政，《荀子·大略》认为"天之立君，以为民也"，得民心者可得天下，失民心者必失天下，人民的意志和需求是统治者政权得以维系的根据，统治者一定要"重民""爱民"。在儒家所憧憬的理想"大同"世界里，民生无忧，人民生活幸福。"大道之行也，天下为公，选贤与能，讲信修睦。故人不独亲其亲，不独子其子，使老有所终，壮有所用，幼有所长，矜、寡、孤、独、废、疾者皆有所养。"历代统治者在治国理政上，大多主张行"仁政"，力图建立一个近乎自我管理的道德社会。

③ 《论语·子路》。

④ 《论语·宪问》。

⑤ 《论语·子路》。

楷模的形象，而儒家官僚在“亲民”的过程中所表现出的对于“子民”的“关爱”，更是被人们作为将儒生官僚视为“父母官”① 的依据。随着以认同个人道德修养为基础的政治领导成为建立合理政治和社会生活的恰当途径，人们在对国家法律认知的过程中，逐渐伴生出具有明显人格信任特征的“青天”情节——将执法的儒生官僚是否具备清正廉洁、刚正不阿、忧国爱民等道德品质，而不只是用法的准确与否，作为司法裁决是否公正的标准，如司马迁就曾言：“奉职循理，亦可以为治，何必威严哉？”②

不可否认的是，在古代中国，组成国家官僚机构主干的官员人数有限，如梅谷在《十九世纪中国的国家与社会》一文中就曾认为，清朝与明朝一样，设立不到 4 万个官职来处理中央和地方政府最重要的工作，然而却要管理一个幅员辽阔的国家——“西汉全盛时就有 1587 个县或县一级的封地，而清代全盛时，包括台湾共设 1380 个县”③。官员数量与国土面积比例的巨大反差就导致了“在清代，每个县平均只有不到五名政府官员，却要管理平均人口 25 万人的地区”④ 这种极端情况的出现，从而使得国家政权的末端只能到达县一级，即“皇（国）权不下县”。于是，在广大的乡村地区，国家更多地被人们理解为一种象征或是符号，很少能被真切地感受到存在。梁漱溟就曾说，“老百姓与官府之间的交

---

① 汉代以前，“为民父母”，“如保赤子”的对象既包括君主，有时也指代执政大臣，如《诗经·小雅》中便有“乐只君子，民之父母”之说。而从汉代开始，“父母官”才专门用来称颂地方长官。

② 《史记·循吏列传》。

③ 汪兵、汪丹：《皇权·绅权·族权——兼论划清中西文化传统的界限》，载《天津师范大学学报（社会科学版）》2004 年第 1 期。

④ 金观涛、刘青峰：《中国现代思想的起源——超稳定结构与中国政治文化的演变》，法律出版社 2011 年版，第 9 页。

涉，亦只有纳粮，涉讼两端”①。那么，由于国家权力技术条件不足的缺陷，在君权、政权失位的广大乡村地区，“市民社会”的天然缺席以及“第三领域”② 的存在，使得君主就需要寻找一个中介来沟通国家与乡民，实现人们对于国家权力的认同。此时，与信奉儒学的君主，践行儒家“道统”的儒生化官僚具有意识形态统一体，并且大量存在于现行官僚体系之外的“居乡之士”就成为最优的候选者，正如秦晖所言，“国权不下县，县下惟宗族，宗族皆自治，自治靠伦理，伦理造乡绅”③。

之所以说乡绅具有与君主和儒生化官僚同样的意识形态认同，是因为自唐宋举行科举制度以来，随着士族势力的彻底衰落，下层知识分子通过接受被视为国家正统思想的儒家意识形态的教育，从而考取功名而入仕的可能性大增，官僚系统中很大一部分的官员是接受儒家意识形态的知识分子，而非来自名门望族。随着科举考试的制度化，通过科举考试考取功名的知识分子的人数不断增加，然而稳定的官僚体制内新增官员的数量却没有明显的变化——如汉代人口最高时约 5000 万，全国大约设 1500 县；清代人口最高达到 4 亿，相当于汉代 8 倍，但是县数也是 1000 多个，县衙门的机构与官员人数也和汉代差不多。④ 两者之间的矛盾就必然导致出现了一个获有功名，却没有担任官职或由于致仕制度卸任官职回到原籍地居住而游离于现行官僚体制之外的知识分子社会集团，即“乡绅”。于是，“乡绅”实质上就是“绅于乡”的儒生，与“朝于

① 中国文化书院学术委员会编：《梁漱溟全集》（第 3 卷），山东人民出版社 1990 年版，第 158 页。

② 参见黄宗智主编：《中国研究的范式问题讨论》，社会科学文献出版社 2003 年版，第 260 ~ 285 页。

③ 秦晖：《传统十论——本土社会的制度文化与其变革》，复旦大学出版社 2003 年版，第 3 页。

④ 参见张星久：《对传统社会宗族、乡绅历史地位的再认识》，载《湖北行政学院学报》2002 年第 4 期。

官”的儒家化官僚在对于儒家意识形态的认同上并没有区别。正因如此，儒生化的乡绅在自觉自愿地按照儒家伦理道德来指导和约束自己的行为的同时，担负着如汉代三老、孝悌、力田等一样，向乡民灌输“忠君爱国”理念，并使该理念成为规范乡村的意识和行为的正统思想的教化职责。在此过程中，乡绅逐渐演化为地方领袖和家庭组织的核心，形成了一种“长老权威”，并被人们视为知书达理的君子和道德精英分子，自愿接受他们的管理和教化。“正常情况下，乡民一般不会反抗乡绅之治，原因即在于心理认同，而不是乡绅拥有多少财富和特权所产生的优越地位。最为关键的是，乡绅‘读书人’的身份暗合了中国传统社会最基本的价值取向——礼”①。与此同时，意识形态的统一也使得“虽不是朝廷命官，但由于掌握着知识和文化霸权，集宗族的伦理、教化、祭祀、法规等一切社会责任和权力为一体而成为乡土共同体中实际权威”② 的儒生化乡绅选择主动与政府合作，从事地方公共事业，逐渐成为“在野之官”——国家权力在乡村地区的延伸，与国家官僚机器实现有机的协调。

那么，乡绅“进则是官，退则为民。或之于官，他们是民；之于民，他们又相当于官”③ 的特性使得他们的存在就成为沟通官僚机构与基层宗法家庭之间关系的中介和防御国家权力过度膨胀进而侵犯乡村社会自治的屏障。正如克明在《绅士问题的分析》中所言，“县政府如果没有绅士阶级，便成为‘没爪蜂蟆’，一步不能行了”④。因此，人们对于既是皇

① 徐祖澜：《乡绅之治与国家权力——以明清时期中国乡村社会为背景》，载《法学家》2010 年第 6 期。

② 申波：《整体论进路与乡土共同体——论“儒法合流”的成立基础》，载《中山大学学报（社会科学版）》2005 年第 3 期。

③ 汪兵、汪丹：《皇权 · 绅权 · 族权——兼论划清中西文化传统的界限》，载《天津师范大学学报（社会科学版）》2004 年第 1 期。

④ 王先明：《乡绅权势消退的历史轨迹——20 世纪前期的制度变迁、革命话语与乡绅权力》，载《南开学报（哲学社会科学版）》2009 年第 1 期。

权的延伸，又是族权的放大的“绅权”的认同，最终促成他们将皇权、绅权和族权，视为一张自上而下的有机统一大网，“准官员村长的设置，部分正规化、部分半正规化的‘劝学所’的成立和由地方精英和新式商会承担的公共职务职能，都是这些维度的例证”①。与此同时，国家对于乡绅依靠家法、习惯和各种村规民约调处各类乡村具体事务所具有的纠纷裁决权的态度——“政权机构对民间组织及士绅运用习惯调整一般性私权纠葛，多持放任态度”②，也可以被视为官方对于这种有机的、整体的联系的默认和支持，因为乡绅所运用而乡民多认同的家法、村规民约实质上就是以儒家伦理为内核的国家法律的一种乡村形态，“家之有规犹国之有典也，国有典，则赏罚以饬臣民；家有规，寓劝惩以训子弟。其事殊，其理一也”③。

两千多年来“家国同构”的国家政治结构体系所带来的人们对于君权、政权的自觉认同，国法与家规的混同，即便在始于清末的大变革时代背景下依然发挥着影响。“伴随着中华民国的建立，中国在观念与意识层面的现代国家观念战胜了传统中国的‘天下’与‘王朝’观念，确立了主权意义上的现代国家观念……但在此之后，中国现代国家建构中的国家认同发生了一系列的嬗变：北洋政府时期，在法律上‘贿选宪法’的通过以及‘严苛刑法’的恢复，在实践中军阀混战，政治动荡，‘王朝观念’出现了复辟；南京国民政府时期为中国国民党训政时期，该时期中国国民党‘一党专政’‘政党观念’吞噬了‘国家观念’。”④ 这种影响诱使清末之后的国家掌权者在批判儒家思想的同时，与儒家思想藕断丝

---

① ［美］黄宗智：《清代以来民事法律的表达与实践：历史、理论与现实》，法律出版社 2014 年版，第 73 页。

② 眭鸿明：《清末民初民俗习惯的社会角色及法律地位》，载《法律科学（西北政法大学学报）》2011 年第 4 期。

③ 《仙原本溪项氏族谱》卷一《祠规引》。

④ 孟融：《论中国国家认同的法律维度》，载《公法研究》2016 年第 2 期。

连，在高呼民主、自由口号的同时，用不同的方式不断强化而非削弱“臣民意识”“青天情节”，从而在人们对于国家、政治认同的基础上实现对于法律的认同。中华人民共和国成立后，虽然国家政权在革命思想的影响下对传统的以家族和血缘关系为纽带建立起来的乡村生活共同体以及依附于乡土社会的乡绅集团进行了重新的改造，但是通过人们的国家认同、政治认同从而实现法律认同的路径并没有发生根本性的改变。因为，取代以家族血缘或地缘认同为基础建立起来的自然或自发形成的社会生活共同体的，是由国家权力深度干预和控制而形成的以集体产权或经济为基础的政治经济共同体。“党和国家得以借助严密的组织体系将权力延伸到农村基层，并可能对农民的思想和行为进行深度的干预”①，而“国家权力象征有效地嵌入‘强关系群体’内生的社会信任网络中。这个时候，如果对社会信任网络存在依存关系的个体继续表现出对国家权力的质疑，就会将自己置于孤立无援的境地”②。

三、法律与实效的亲和

在传统中国这样一个礼教化的专制社会之中谈论人们对于“法”的认同，必然会与构成法律内在合理性的“礼法结合”“家国合一”等抽象的概念联系在一起。然而，作为中华民族精神和民族性格外化形态的中国传统法律制度在表现伦理性的同时，暗含着实用性的特征，“中国传统法律不是出于纯抽象的概念，而是把抽象概念与具体事例紧密连接起来”③。毕竟这种对于实用性的承认和重视并不是立法者的主观想象，而

① 项继权：《中国农村社区及共同体的转型与重建》，载《华中师范大学学报（人文社会科学版）》2009 年第 3 期。

② 陈洪杰：《论公正司法的治理逻辑与信任机制》，载《中山大学法律评论》第 18 卷，中国政法大学出版社 2022 年版，第 214 页。

③ ［美］黄宗智：《过去和现在：中国民事法律实践的探索》，法律出版社 2009 年版，第 9 页。

是对于已经渗透进中国人的内心深处并成为人们行为举止、思维方式和情感状态中特别“务实”的理性逻辑——实用理性[①]的认同和遵行。从这个意义上说，法律只有采取了“立足于解决实际问题的常识性立场”[②]，才能让人们不会因人、因事、因时的差异而改变对于法律所保有的认同态度。

（一）实用理性

恩格斯曾说过，“在一切实际事务中……中国人远胜过一切东方民族……”[③]，之所以如此，关键就在于古已有之的“实用理性”在中国历史长河中逐渐内化为中国人的思维和行为的发生机制与逻辑。那么，被学者称为“中国智慧基本特征”的实用理性从何而来?

1. “报应”文化

对于上古先民而言，宗教之所以能够存在，最为重要和直接的原因就是人类趋利避害的本性。正因如此，对于大自然的力量的敬畏带来了

---

① 实用理性是以儒家文化为主体的中国传统文化的基本精神，并已积淀和内化为中国人的心理结构和思维方式。实用理性的第一个特征就是具有非常鲜明的有用性和实效性，即强调在处理各种事务时，重要的不是在理论上去讨论和争辩，而是如何在现实生活中妥善进行处理，实现“实用”、“实际”和“实行”，“重要的不是言论，不是思辨，而是行动本身”。当然，实用理性能够构成中国人独特的性格和思维模式，仅依靠其所具有的有用性和实效性是不够的，还需要一种“以理节情”的理性精神或是理性态度，正如李泽厚先生所言，“不是用某种神秘的狂热而是用冷静的、现实的、合理的态度来解说和对待事物和传统；不是禁欲或纵欲式地扼杀或放任情感欲望，而是用理智来引导、满足、节制情欲……不需要外在的上帝的命令，不盲目服从非理性的权威，却仍然可以拯救世界和自我完成……一切都放在实用的理性天平上加以衡量和处理”。参见李泽厚：《中国古代思想史论》，人民出版社1985年版，第29~31页。

② ［美］黄宗智：《过去和现在：中国民事法律实践的探索》，法律出版社2009年版，第189页。

③ 参见《马克思恩格斯全集》（第12卷），人民出版社1962年版，第190页。

“神灵是一种既能赐福又可以降祸的力量”的认识。于是，为了取得人们的认同，为了论证“王者受禄于天”的王权合法性，西周统治者在中国青铜时代的天人关系之中，提出了一个可以沟通宗教、信仰、权力的变量，即“以德事天”中的“德”。在“德”的影响下，深植于中国古代宗教传统的天人关系呈现出“好行善者，天助以福；好行恶者，天报以祸”[①] 的相对的“道德报应”关系。此时，基于“报应”所具有的确定的功能性因果关系，对于“神”“天”的崇拜和信仰必须通过“德”这个中介来体现，“民不易物，惟德繄物”[②]，而“德”的取得却是“爱人”“保民”的结果，即在“身”“心”分离的中国文化中妥善地安置天下苍生之“身”，使普天之下“皆有所养”。从这个意义上说，中国文化中“为腹不为目”[③] 的特性以及中国人“身体化”的生活意向使得形而上的天人关系实质演化为了“一种以信仰表达出来的相对化的人际关系”[④]，并具有了明显的世俗性和实用性。

尤其是在“礼崩乐坏”的春秋战国时期之后，人们对于天人关系的认识逐渐发生倒置。在“重人轻鬼”思想的影响下，国家祭祀和民间祭祀所追求的“报”[⑤] 已经主要不是为了解决人们的终极关怀问题，不是去

---

① 《盐铁论·论灾》。

② 《左传·僖公五年》。

③ 《老子·检欲第十二》。

④ 根据强互惠理论（strong reciprocity），人类社会之所以能保持稳定的合作秩序，是因为有一批强互惠者存在。他们对遵守规则的人或者合作者进行奖励，而对破坏规则的人或者不合作者进行惩罚，哪怕这种惩罚对强互惠者来说没有任何收益，甚至可能会付出代价，也就是所谓的“利他惩罚”。See Joshua Buckholtz & Rene Marois, *The Roots of Modern Justice: Cognitive and Neural Foundations of Social Normsand Their Enforcement*, Nature Neuroscience, Vol. 15：5, p. 656（2012）.

⑤ “报”即可理解为一种祭祀，如《礼记·曲礼》所言，“太上贵德，其次务施报”，也可引申为祭祀的目的。参见李向平：《信仰、革命与权力秩序——中国宗教社会学研究》，上海人民出版社2006年版。第30页。

追求“来世拯救”或是“灵魂不朽”，而仅仅只是满足祈福消灾，追求利益世俗的需要，不仅将“福”“禄”“寿”都变成神祇，对财神、灶神、门神和送子娘娘等进行膜拜，而且还通过诅咒（赌咒）[①] 等形式将报应文化与功利主义直接相连。当然，人们对于多个偶像的崇拜，并非如《礼记·曲礼》中“非其所祭而祭之，名曰淫祀，淫祀无福”[②] 所言是一种非理性的选择。相反，为了祈福消灾而滥行祭祀的行为所反映出的强烈的功利态度，正是实用原则影响下的一种理性的表现。

2. 农耕经济

从先民对于鬼神的信仰以及天人互惠报应的关系中萌芽的实用理性，在“天人关系”逐渐倒置的春秋战国时期开始通过诸子百家的授徒立说从商周巫史文化中解放出来。不过这种解放出来的理性并没有走向如古希腊的纯粹抽象思辨之路，也没有遁入古印度那种厌弃人世而追求解脱的道路，而是继续执着于“经世致用”的实用探索。之所以如此，便是由中国传统的自给自足的农耕经济所决定的。

任何一种思想想要成为一个国家或民族的文化传统，都需要有与之相配合的现实根基，即必须与当时的社会经济紧密联系，实用理性也不例外。作为中国人的文化潜意识中的一种思维逻辑和表达方式的实用理性，能够被历史地陶冶成整个中华民族的民族性，自然与中国地理环境、气候条件、经济基础等因素有着密不可分的联系。这其中，中国传统的自给自足的农耕经济起到了决定性的作用。农民作为中国人口的主体构成，长期以来一直遵循着以种植业为生存之源，以家庭为单位的小规模经营方式，在以血缘氏族为社会纽带的同村而居的共同生活中利用稀缺

---

① 诅咒是人们通过某种约定或认同的仪式，就其确定的纠纷内容是否属实而为自己或他人进行的报应设定过程。参见张永和：《信仰与权威：诅咒（赌咒）、发誓与法律之比较研究》，法律出版社2006年版，第122页。

② 《礼记·曲礼》。

自然资源维持着自给自足的农耕自然经济。在这种中国传统的精耕细作的农耕中，民众要取得好的收成，就必须在年复一年、反复细致的生产实践的基础上，对种子、肥料、土地、气候等因素进行仔细的观察和总结，将积累的经验与具体实际情况相结合。艰苦单调、周而复始的农耕劳动使得民众体验到“一分耕耘，一分收获”的艰辛，也养成了“重实际而黜玄想”的务实理性精神。① 在他们看来，他们所追求的“本体性安全”② 并非需要绝对的崇高与神圣，但至少是一个可以实实在在地把握和触及的东西，“在乡土社会中生长的人似乎不太追求这笼罩万有的真理”③。这种心态最终使从事农业劳作的农业小生产的经验论中形成的重视实践，注意经验观察和直觉体会的实用理性演化为整个中国文化传统的精髓和中华民族的民族性。对此，章太炎在《驳建立孔教议》中曾说，“国民常性，所察在政事日用，所务在工商耕稼，志尽于有生，语绝于无验”④。

（二）实用理性与法的认同

中国民众在农业劳作中所逐渐形成的务实作风也感染了知识分子们，

---

① 必须指出的是，这种奠基于农业经验主义的实用理性较窄，从一开始其就对考究经验背后的根本原因不甚有兴趣。此外，中国的求是务实精神主要还是在伦理政治领域的运用，是求善的方法论原则，更重追问“人之所以为人”和如何“成人”的“德性之知”，而忽视认识与改造自然的“见闻之知”和科学（尤其是基础科学）技术的发展研究。这种以善摄真，用一种道德主义的直觉体验的模糊思维，辩证而笼统地观照自然物理世界，轻视形式逻辑，不关心理论体系的逻辑论证的习惯和做法使得科技发展得不到深刻而持久的动力支持，很大程度上阻滞了中国的生产力与经济的发展。参见王国炎、汤忠钢：《论中国传统文化的基本精神》，载《江西师范大学学报》2006 年第 2 期。

② 本体性安全这一概念来自英国著名社会学家安东尼·吉登斯。它主要是指大多数人对自我认同之连续性以及对他们行动的社会与物质环境之恒常性所具有的信心。

③ 费孝通：《乡土中国 生育制度》，北京大学出版社 1998 年版，第 11 页。

④ 《太炎文集·驳建立孔教议》。

以致即便春秋战国时期“百家争鸣”局面的出现，也没有影响实用理性在先秦诸家学说中以理论形态的出现，各家各派将“大人不华，君子务实”① 的价值观念作为一以贯之的精神，甚至连提倡“法自然”且与实用理性思想大相径庭的道家，研究的重点依然是颇具实用主义色彩的“君人南面之术”以及“黄老刑名之学”，更不用说强调实行和实践，推崇以刑罚和庆赏“二柄”引导人们去生活的法家以及推崇“半部《论语》治天下”② 的儒家了。正是这种思想上的相同性以及实用理性所具有“为维护民族生存而适应环境，吸取外物的开放特征”③，使儒学在占据中国传统思想主要统治地位的过程中，不断从各家学派中吸收实用理性的精神，并将之运用到国家治理与法律运行方面，从而让中国传统的封建法律因兼具伦理道德色彩和实用理性特征为人们所认同，“儒家生命力远不仅在它有高度自觉的道德理性，而且还在于它能面向现实改造环境的外在性格”④。

1. “崇实”与“尚行”

李泽厚曾将中国先秦哲学概括为一种“以‘闻道’为特征，要求理论联系实际，服务于实际，解决现实社会、人生问题，从而实现‘救民于水火’和‘治国平天下’的目标的社会政治哲学”。⑤ 这些哲学有着一个共同性的特色，即尊重人们生活经验和“务实”的精神取向，这是其

---

① 《潜夫论·叙录》。

② 《鹤林玉露》卷七。

③ 李泽厚：《中国现代思想史论》，东方出版社 1987 年版，第 322 ~ 323 页。

④ 态度作为态度对象和这些对象评价之间的关联，对于评价本身具有十分重要的作用，以致有学者直接将态度与贮存在记忆中的对各种事物的评价画上了等号。从这个意义上说，法律态度因几乎包括了与法有关的所有决定因素而成为社会主体对法这一对象的相对稳定、内部制约化的心理反应倾向。当一个法律态度形成时，其中也就包含着主体对法律及法律现象的所有评价成分。

⑤ 《礼记·丧服四制》。

智慧所在。以宗法血缘关系为人际关系纽带，以自给自足的小农自然经济为社会存在基础的先秦儒家哲学，自然也践行着将对于“实”的追求作为基本关怀的理念，如在儒家经典的《论语》中就大量存在着诸如“知之为知之，不知为不知”，“每事问”，“学而时习之”等体现经验主义哲学家孔子“求是”思想的内容。而所谓“以《禹贡》治河，以《洪范》察变，以《春秋》决狱，以《诗》三百五篇当谏书”，也正是儒学“崇实”趋向的集中体现。在儒家对于“实”的践行中，儒家文化也将“实”作为构建自身理性思维模式的重要元素，并不断“如实”地根据现实生活的新变化修正和充实着理论的内容，如“君子而时中，时中便是权。天地之常经是经，古今之通义是权”[①] 的“中庸”和“权变”理论就是“实”在儒家文化中所衍生出的新内容。正因如此，有学者指出，“纵观儒学思想发展史，‘实’学作为一以贯之的思想脉络或基本线索始终伴随自己历史的原因就在于此”[②]。

此外，中国哲学所具有的“动词思维”的共性[③]让儒家学说的众多信众崇尚神灵，也不主张修“来世”，较少去空想地追求精神的“天国”，而将注意力建立在行动准则之上，追求此生此世的幸福和快乐，致力于以经学服务于现实社会和政治，最终实现“治国平天下”的政治抱负。于是，实用理性的特质使得儒家在强调“崇实”的同时，更加关注以理

---

① 陈淳：《北溪字义》（卷下），中华书局 1983 年版，第 51 页。

② 潘畅和：《对中国实学的哲学诠释》，载《延边大学学报（社会科学版）》2009 年第 2 期。

③ 赵汀阳认为，中国哲学有着“动词思维”的倾向，即把思考的重心放在动词上的思维。因此，中国哲学的思想问题都围绕着做，哲学研究就是对事情的处理而不是对思想对象的表达，于是，支配我们的行动的观念并不表达某个事物或整个世界，它们表达的是我们想做的事情和价值判断。参见王利红、宋浩：《实用主义的基本精神与中国传统文化的实用理性》，载《安徽农业大学学报（社会科学版）》2003 年第 2 期。

克情的“尚行”和“入世”，正如荀子所言，“知之，不如行之”①。

2. 实用理性的法律

儒家文化中的实用理性作为一种偏重以问题为中心的思维方式，它的存在使民众始终关注此岸世界，将解决现世具体问题而非追求论证抽象作为“三观”的核心。因此，强调所思、所做事情的有用性与实效性的实用理性基本精神被中国传统社会中的立法者内化于法律条文之中，中国传统法律自然被烙刻上了轻抽象形式论证，重实质问题解决的印记。“在法律的实施过程中，统治者普遍认为保证法律的实施，必须做到有法必依，提高法律的权威，在法律的执行过程中公正而严苛。明朝张居正在《请稽查章奏随事考成以修实政疏》中提到：‘天下之事，不难于立法，而难于法之必行。’”② 而以法律为研究对象的律学也呈现出明显的实用主义倾向，诚如张中秋所言，“‘律学’在涉及‘礼’与‘刑’的关系时，并没有在精神向度上摆脱具体的人的世俗关系的限制，也没有抽象出或者未能上升到人的‘类’本质。因此，传统中国的‘礼’与‘刑’专注于人的伦理，成为一种宗法伦理型的法律文化。虽然这种文化中也含有平等和权利的规定，但它所含有的平等与权利都是具体的、世俗的、因人而异的，与西方自然法意义上的‘正义’‘权利’有着很大的区别”③。

纵观中国古代传统法律，其中确实也有诸如“三奏而后决”的死刑复核、复奏制度，鞫谳分司和翻异别勘等强调形式主义的“程序”性规定，但这些规定仅仅只是儒生化的立法者站在维护伦理道德和封建王权

① 《荀子·儒效》。

② 于语和、吕姝洁：《中国传统法律文化与当今的法治认同》，载《北京理工大学学报（社会科学版）》2016 年第 4 期。

③ 张中秋：《中西法律文化比较研究》，中国政法大学出版社 2006 年版，第 256 ~ 257 页。

的立场上，为了限制官员的恣意和防止错案的发生而设置的实用主义的“审判监督”和“审级”程序。于是，不根据抽象的理论论证，而依赖于人们日常生活之中的准则成为中国传统法律合理性的来源，而不苛求事先的精密构思和运作中的平顺，并包容与世俗变化不适的瑕疵成为中国传统法律发展的模式。在近代中国西学东渐风潮中，由于异国理念与本土文化之间过大的差异性的存在，西方精神并未普遍渗透到社会各阶层的心理深处。清政府以及辛亥革命后产生的中华民国历任政府不得不面对传统政治赖以存在的自然经济仍然占据主导地位，传统的封建伦理纲常依然是大多数中国人的行为准则，以宗法血缘为核心的村落社会仍然是人们交往的主要载体的复杂局面。为了维持社会常态，他们只能采取理智而审慎的态度对待蕴含了人们大部分情感、习惯和观念的旧法规范，从而使当时的法律整体上呈现出新旧法并行，城市和农村二元，重在表达而不在于实践的特殊样态。即便是在逐渐实现法律现代化的当下，法律在赡养义务与继承权的对接、无过错原则的适用等诸多方面，都表明了一种立足于解决实际问题的常识性立场的采用，一种重视经验与实践的思维方式的延续。不过这种重结果而非规则的行动逻辑，也导致了部分民众虽然接受了多轮普法教育，但是“还是缺少实施法治所需要的那种建立在形式逻辑基础之上的法治思维……他们的思维，在整体上看可以说是不讲逻辑的。在具体问题具体分析的语境论中，对任何问题包括法律都辩证地看待”。①

当然，执着于历史与伦理道德色彩的实用理性不仅在立法上影响着法律的内容，也使得古代司法官以“和谐”为价值取向。他们将实现“社会井然有序”作为依据“情理”进行司法实践的深层次行动逻辑和终极价值，从而在法律和生活之间灵活寻求“中庸”和“权变”的司法

---

① 陈金钊：《法治方式所需要的姿态》，载《法制与社会发展》2013 年第 5 期。

精神，实现了对于传统上层文化的理想与社会生活实际发生偏离的修复。“因为在中国的法律推理中，儒家理想表达的实现是一种应然世界的图景，而法典中的实用条款和法官的判决行为，则回应的是这些理想难以鞭及的现实生活情境。”① 此外，基于清末民初时期，法律现代化的改革虽然猛烈地冲击着中国的传统法统，但真正被理解掌握并用于改造中国社会的成分并不是很多，传统的礼制和习俗，依然作为一种排斥外来文化的力量，抵御着现代法律观念的影响以及司法组织建设依旧严重滞后于立法的现状，② 在司法过程中司法官员适用国家法律时采取对于民俗习惯尊重和援用的态度，也是实用理性在司法上得以运用的另一种表现形式。③

需要特别指出的是，法律在制定和运行环节中所具有的实用理性特

---

① ［美］黄宗智：《过去和现在：中国民事法律实践的探索》，法律出版社 2009 年版，第 157 页。

② 以新式法院的建设为例，在北洋政府时期，1926 年地方厅庭只有百余所，占当时县市数的 5%；10 年之后，这一数字仅仅上升为 292 所，仅占当时县市数的 16.3%；直到 1949 年，全国法院最高纪录为 778 所，“约占全国总县数三分之一强”。此外，日本学者三宅正太郎在 1922 年秋天统计，当时中国仅仅是地方审判厅，按照计划应当设立数为 2072 所，而实际建成者仅为 70 所，实际建成数只占应当设立数的 3.5%。参见王健主编：《西法东渐——外国人与中国法的近代变革》，中国政法大学出版社 2001 年版，第 352 页。

③ 在新式法院无法覆盖到的广大基层地区和农村，充斥着大量传统型兼理司法衙门以及由民间组织、士绅享有纠纷裁决权的中间性过渡机构。在这些非新式法院的纠纷解决机构，尤其是传统型的衙门中，囿于现实条件，行政兼理司法制度仍然存续，现代司法的审判、检察和律师制度并不被运用，基层大多数的民刑案件由县知事因陋就简地进行讯问处断，忽视了现代司法所必需的正当程序和正义诉求。不过，当时政府发布的正式法所代表的是一套农民所不熟悉的知识和规则，在很多情况下，他们与乡土社会的生活逻辑不相一致，导致了在新式法院中的法官也时常主动援用传统的民间习俗进行断案，或者是在司法实践中继续保留旧的习俗。当然，司法机关对民俗习惯的尊重和援用，并非无原则性的适用，而是要满足一定条件。参见眭鸿明：《清末民初民俗习惯的社会角色及法律地位》，载《法律科学（西北政法大学学报）》2011 年第 4 期；吴永明：《理念、制度与实践——中国司法现代化变革研究（1912—1928）》，法律出版社 2005 年版，第 102 页。

质在引发人们对于法律认同的同时，可能使人们在认同法律过程中对于法律价值与法律事实进行权衡和判断。一旦两者出现矛盾，极易导致一部分人从狭隘工具性和单一性的角度来看待法律，将法律视为世俗的和功利的制度，“因为一旦提起诉讼，或只是威胁要提起诉讼，官方法律就为妥协设定了谈判的底线”①。于是，在一些历史传统和现实条件的限制下，就很可能出现人们在对法律的奉行或是违反的成本计算之后，因为不满意遵守法律所带来的好处而转寻其他办法来获得自己的利益，从而将法律置于虚化位置的情况。诚如日本学者谷口安平所言，“单纯的法律工具主义取向……使法律丧失了权威性，从而弱化了人们对法的信任”②。这种异变，便是接下来需要讨论的问题之一。

---

① ［美］黄宗智：《清代的法律、社会与文化：民法的表达与实践》，上海书店出版社 2007 年版，第 56 ~ 57 页。

② ［日］谷口安平：《程序的正义与诉讼》，王亚新、刘荣军译，中国政法大学出版社 1996 年版，第 4 ~ 5 页。

第三章

法律认同的现实困惑

历史进程中真正关键性的还是“社会思想”而不是“典籍思想”。

——秦晖

费孝通曾说，“从基层上看去，中国社会是乡土性的”[①]。在这样的一个乡土社会中，血缘伦理、宗法制度、务实精神等中国传统乡土社会的社会结构及其价值观念不断综合和发酵，逐渐衍生出了建构在“礼法结合”“家国合一”“实用理性”“中道精神”等中国传统法律内外合理性基础之上的封建法律。在这种“将传统的生活世界转化为了传统中国法律的合理性根据”[②]的法律建构过程中，传统法律获得了人们的认同，以致“事实上，中国历史上敢于抨击苛政，反对滥杀的人代皆有之，但是对于传统的法律观质疑者却始终不能有一人”[③]。从这个意义上说，中国传统乡土社会的特质决定了人们对于法律认同传统的形成。然而，自清末闭关锁国政策被打破时起，中国传统的乡土社会赖以存在的传统自然经济、家族血缘宗法关系受到了商品经济发展与民主观念传播等因素的冲击而逐渐瓦解，[④]“皇权国家”与“宗法社会”两分的局面也随之被总揽全局的“政治国家”的政治结构体系所取代。中华人民共和国成立之后，为了推行所确立的新的社会政治和经济制度，国家的力量向乡土社区不断渗透。传统的自然经济和家族宗法血缘组织被重组，留下的空位也被农村集体化经济和人民公社制度取而代之。改革开放以来，商品经济取代计划经济，外来文化冲击传统文化的趋势更加明显，“职业的多样

① 费孝通：《乡土中国生育制度》，北京大学出版社 1998 年版，第 6 页。

② 武建敏：《论传统中国法律的内外合理性》，载《吉林公安高等专科学校学报》2004 年第 2 期。

③ 梁治平：《寻求自然秩序中的和谐》，中国政法大学出版社 2002 年版，第 60 页。

④ 需要指出的是，中华人民共和国成立前我国的乡土社会所具有的在经济上、社会上和政治上的单向性和封闭性仍没有完全改变，自然经济、家族血缘宗法关系及政治上的封闭性仍在相当程度上存在。

化、人口迁徙的活跃以及泥土观念的渐缺"[①] 使独具"不流动"和"差序格局"特质的乡土社会开始呈现出裂变和瓦解的转型态势，个人与社会统一于"家"的格局逐渐消失。特别是近年来，对于与互联网时代不期而遇之时尚未完成治理模式转型的中国社会而言，面对由"压缩的现代化"所带来的叠加效应产生的不可预测性、不确定性、突发性和必然性的风险社会的挑战，选择什么样的社会治理模式才能缔造一种将冲突变得可预期、可控制和有秩序的防范和解决机制，避免在数字化催化下的"知沟"现象的负向作用愈演愈烈，而非片面追求将社会改造成同质化的整体，从而解决"控制无所不在，失控又经常发生"的问题，成为风险社会语境下各阶层的共同追问。[②] 遗憾的是，将"礼"作为宗族治理核心的传统乡土社会所固守的规则与社会秩序被现代文明所撕裂，人们对于本应该被寄予厚望的法律的认同，却在与转型期法律对接的过程中，由于主流意识形态的论争、多元法律文化的博弈以及传统实用理性的异化，开始出现裂变与式微。

一、主流意识形态的论争

由于意识形态不是人脑中固有的，而是源于社会而存在，因此有关"意识形态"（ideology）一词，自法国哲学家特拉西[③]提出以来便是众所纷纭。如恩格斯就曾认为，"意识形态是由所谓的思想家通过意识，但是

① 喻名峰：《后乡土社会法治秩序的构建》，载《甘肃社会科学》2007 年第 1 期。

② 参见林坤：《论"互联网 +"时代司法公开模型的核心要素》，载《广东行政学院学报》2019 年第 6 期。

③ 特拉西创制了"意识形态"这一新概念，试图为一切观念的产生提供一个真正科学的哲学基础。意识形态是指一种观念的集合，也可以理解为对事物的理解、认知，它是一种对事物的感观思想，它是观念、观点、概念、思想、价值观等要素的总和。

通过虚假的意识完成的过程"[①]。在形式上，意识形态"赋予自己的思想以普遍性的形式，把它们描绘成唯一合乎理性的、有普遍意义的思想"[②]。近年来，西方学者虽然在"意识形态是那些可以成为政治、社会组织合法性根据和运作基础的观念系统"[③]的观点上达成了暂时的共识，但对此的争论并没有完全停止。与西方的理论争议相比，中国人对于意识形态的认识更加具有务实性。自汉代起中国先贤们便已经在社会中实践意识形态对于政权合法性和社会稳定性的积极作用，系统地利用儒家学说的社会功能为皇权的合法性提供合理的论证，缓解和消除位居社会中低层组织的乡绅集团和家庭组织对于国家权力的对抗，从而通过建立儒家意识形态共同体实现社会的整合和法律的认同。然而近 40 年来，多样化社会思潮不断涌现，并与马克思主义意识形态产生了激烈的论争，"当前中国意识形态领域斗争依然复杂，国家安全面临新情况，历史虚无主义、新自由主义、民族主义、民粹主义等社会思潮暗流涌动，与马克思主义意识形态话语形成对抗，对社会主义话语权建设构成威胁"[④]，从而可能诱发民众对于建构于主流意识形态之上的法律认同感的下降。

（一）儒家意识形态共同体的演化

1. 儒家意识形态共同体的形成与发展

当人们对于"神""天"的崇拜退潮之后，法律已经渐渐不再被看

---

① 参见中共中央马克思恩格斯列宁斯大林著作编译局编：《马克思恩格斯选集》（第 4 卷），人民出版社 1995 年版，第 726 页。

② ［德］马克思、［德］恩格斯著，中共中央马克思恩格斯列宁斯大林著作编译局编译：《德意志意识形态》（节选本），人民出版社 2003 年版，第 44 页。

③ 金观涛、刘青峰：《中国现代思想的起源——超稳定结构与中国政治文化的演变》，法律出版社 2011 年版，第 14 页。

④ 孙熙国、陈绍辉：《意识形态安全视域下社会思潮的新发展态势及其批判》，载《北京行政学院学报》2021 年第 2 期。

成永恒的“天”的旨意；相反，越来越被视为是权宜的人造之物，并可随人的意志而更改。此时，对于旧制度的失望与怀疑，对现实动荡的不安，使得人们倾向于选定对于传统更有批判精神的法家思想作为社会的主流思想。然而，法家思想“重实”的特质使法家思想忽视了对于权威合法化和调节君民利益关系的关注，从而导致法家理念只能被构建成短时期内“富国强邦”的意识形态，而无法成为维持传统社会长久稳定的意识形态，秦至二世即由盛而衰最终灭亡便是明证。汉代统治者吸取了“秦王朝的悲剧性崩溃所显示的法家用暴力强制手段来维持一个安定的、正在发挥作用的政治社会方面具有局限性这个历史教训”①，认为避免过度使用暴力的唯一做法就是建立人们对于政权合法性的认同，有效地遏制使用暴力而引起的民怨沸腾、群起反抗的不利局面。基于这个考虑，在选择以“无为而治”的黄老思想作为适应休养生息需要的汉初国家意识形态之后，汉代统治者又将发端于先秦，同法家的“重实”、道家的“务虚”相比，具有天然的意识形态品格，② 并能够有效地论证君主权威的合法性和等级制度的合理性的儒家学说选择为主流意识形态，并使用

① ［韩］黄秉泰：《儒学与现代化：中韩日儒学比较研究》，刘李胜译，社会科学文献出版社 1995 年版，第 63 ~ 64 页。

② 从孔子开始，儒学就从“人”的存在这一根本问题入手，逐步建构出一套以“人”的本质为轴心的价值观念系统和具体行动方案。这个系统不仅有一整套相对独立的对尘世和人生的看法（特定的世界观和价值观体系），而且它在事实上承担着维护和整合中国传统社会政治与经济秩序的功能，并将现实宗法政治社会的价值规则提升到人的本质高度，虚悬于现实社会和政治之上，从而具有对现实政治的超越意义，为整个社会提供形而上层面的信仰支撑力量。此外，儒学“务实”的特性，也使其成为一种世俗性意识形态。参见申波：《整体论进路与乡土共同体——论“儒法合流”的成立基础》，载《中山大学学报（社会科学版）》2005 年第 3 期；柳新元：《意识形态与中国渐进式改革方式的选择》，载《理论探讨》2010 年第 4 期。

统治权在上层建筑和具体制度两个领域对儒家理论进行的全面的强化,[①]正式开启了贯穿两汉的儒家学说意识形态化的进程,[②] 并经魏晋南北朝的巩固,最终建立起儒家意识形态共同体。

在这种儒家意识形态共同体的影响下,统治者利用“家国同构”的政治体系建立了一个大一统的帝国。在这个人口众多,幅员辽阔的帝国中,由于以皇权为中心的高度中央集权的官僚体系的存在,传统的小农经济并没有因为其所具有的分散性而阻碍农业社会中出现稳定持久的跨地域政治组织。而接受或信奉儒家思想,甚至是退休的官僚机构成员的乡绅则有效地弥补了“一个由数万名官员组成的统一政府只实现了社会

---

① 在上层建筑领域,汉武帝及其后任统治者不仅推行“废黜百家,独尊儒术”的政策,而且还利用“贤良文学运动”,制定《白虎通德论》等大肆宣扬、整理儒学理论,并逐渐确立儒学的官方正统理论地位和儒家经典著作在思想、理论领域内的统治地位。此外,在具体制度方面,汉代统治者通过以“春秋决狱”为核心的制度体系,一方面使中国古代的成文法在两汉时期的建设中,逐步地运用儒学的资源补充了自身规范的内容;另一方面通过司法活动与社会直接接触,将儒家的思想逐步地渗透到社会基层,使儒学通过司法的强制力量获得社会基层民众的“认同”,使儒学获得了“社会化”,从而以国家强制力的手段促进了儒学意识形态化的进程。参见董长春:《儒学的意识形态化及其对中国传统法律的影响》,载《广西社会科学》2008 年第 10 期。

② 虽然说严格意义上儒学的意识形态化发生在汉武帝以后,但在汉高祖时期儒学已经表现出在确立君主权威方面的能力,如叔孙通针对汉初群臣奢靡,宫廷混乱的局面,为维护“皇帝之贵”而制定的规定朝拜、奏对和庆贺等各种礼仪的《傍章》实际上开启了儒学意识形态化的进程,叔孙通也因此被司马迁称为“汉家儒宗”。参见董长春:《儒学的意识形态化及其对中国传统法律的影响》,载《广西社会科学》2008 年第 10 期。此外,汉武帝为实现儒家意识形态化而推行“独尊儒术”只是意味着儒学在政治权力的支持下成为社会整体结构中的一种合法地干预社会生活的因素和文化力量,并不意味着它是一种唯一合法的意识形态因素,更不意味着国家对儒学的崇奉已经成为定局。事实上,汉武帝外儒内法的政治模式决定了在当时的意识形态领域中,法家的理念还是作为儒家强有力的对立面而存在,二者共同构造着汉代权力运作的思想基础。参见李国娟:《盐铁会议与儒学意识形态有效性》,载《探讨与争鸣》2011 年第 12 期。

上层的整合”[①] 的问题，他们在承担着一定的国家管理职责[②]的同时，将大一统官僚组织机构向国家管理能力所无法触及的县以下地区进行延伸，扮演着上层政府和下层民众之间的中间人的角色，正如姚莹所言，“绅士信官，民信绅士，如此则上下通而政令可行”[③]，当然，要实现上层官僚机构与基层家族真正的链接，仅依靠占总人口数量不足2%的乡绅是不行的，[④] 还需要更为基层和大量的社会组织作为支撑。此时，将儒家伦理视为内核而建立起来的宗法家族和家庭就有效地填补了空白。在宗法家族和家庭中居于核心地位的族长和家长在完成对每一个人的组织和控制的同时，能够与官僚机构衔接。乡绅自治组织与宗法家族家庭这种渗透到基层的非官僚社会化组织，为上层的国家官僚机构提供了稳定而又广泛的根基，最终将中国这个传统的小农经济社会整合起来。因此，从某种角度上来说，梅谷等在《十九世纪中国的国家与社会》一文中所认为的“不仅国家，连社会本身也是官僚化的”[⑤] 确实是有根据的，进一步说，官僚化的中国传统社会可以展现出上、中、下 3 个层次的形态，即能够

---

① 金观涛、刘青峰：《开放中的变迁——再论中国社会超稳定结构》，法律出版社 2011 年版，第 9 页。

② 根据张仲礼先生的研究可以发现，将农村社会和上层官僚机构整合起来主要依靠居住在乡和小镇的下层绅士，而非上层绅士。即便是在王朝末年，由于商品经济繁荣，许多上层绅士迁居城市时，相当多的下层绅士依然居住在乡村和小镇，行使着农村的管理职能。参见金观涛、刘青峰：《开放中的变迁——再论中国社会超稳定结构》，法律出版社 2011 年版，第 30 页。

③ 冯尔康、韦建华：《清人社会生活》，天津人民出版社 1990 年版，第 121 页。

④ 根据张仲礼先生的研究，19 世纪中国传统社会中的总人口大约为 3 亿人，而乡绅阶层的总人数（包括生员和监生）在 110 万—140 万人，这个数目虽然是同期全国官僚机构人数的数十倍，但也仅占总人口的 0.3%，加上家属也不过 550 万—700 万人，占总人口的 1.3% 至 1.9%。参见张仲礼：《中国绅士：关于其在十九世纪中国社会中作用的研究》，上海社会科学院出版社 1991 年版，第 109 ~ 111、166 页。

⑤ 金观涛、刘青峰：《兴盛与危机——论中国社会超稳定结构》，法律出版社 2011 年版，第 33 页。

到达县一级的上层的国家官僚机构，作为官民中介的乡绅自治组织以及能够到达每一个家庭，实现对每一个人控制的宗法家族家庭。之所以社会中3个层级能够协调统一，整合成一个“官僚化”的整体，除了外在的需要之外，必然还存在着内部的根源。这便是三者拥有着相同的合法性来源，即儒家意识形态。诚如金观涛、刘青峰所言，“下层组织规范是家庭伦理，其背后的理念基础是道德价值，中层组织表现为缙绅自治，其依据的理念为士大夫的道德精英主义，上层组织由政府行为来体现，其合法性基础是儒家的国家学说，而凌驾于官僚机构之上的王权合法性基础则源于天道或宇宙组织”①。因此，无论是支持皇权至上、君臣关系的天道哲学观，还是保证乡绅地方领袖地位的道德精英主义社会观以及维持族长、家父权威的伦理价值观，实质上都是以“仁”“礼”观念为核心的儒家意识形态在不同层面的投射，都是以儒家意识形态作为自身合法性来源的依据。正是对于这种合法性来源统一性的认同，使得君、臣、民三者能够和谐地统一于儒家的伦理道德意识形态之中，乡绅和宗法家族家庭对于乡村的统治和管理能够演化为大一统官僚机构的有效延伸，并相互协调成为中国封建社会组织机制的内在特征。

需要特别指出的是，儒家意识形态成为社会三大层次的合法性来源为实现儒家意识形态共同体奠定了理论的基础，而要最终实现儒家意识形态共同体的建构还必须依赖于儒生的力量，毕竟“认同的建构所运用的材料来自历史、地理、生物，来自生产和再生产的制度，来自集体记忆和个人幻觉，也来自权力机器和宗教启示。但正是个人、社会团体和各个社会，才根据扎根于他们的社会结构和时空框架中的社会要素和文

---

① 金观涛、刘青峰：《中国现代思想的起源——超稳定结构与中国政治文化的演变》，法律出版社2011年版，第19页。

化规划，处理了所有这些材料，并重新安排了它们的意义”[①]。儒生的最初起源，可以追溯至春秋战国时期所出现的一群“惟以读书为专业，以揣摩为手腕，以取尊荣为目标……其事在口舌”[②] 的，被称为“士”的人。他们不以身份等级为标志，而将通过所受教育来服务社会并相对游离于土地之外作为自己与他者区别的特征。也正是这种对于旧秩序的游离，使得作为中国历史上第一批真正的、成熟的知识分子群体的士，可以通过游说，设私学，重身教等方式释放出巨大的社会活力和文化创造能量。从这个意义上说，西周末年井田制的破坏和宗法制的瓦解正好为士的发展壮大提供了契机。随着士人阶层之中部分人信奉的儒家学说通过“罢黜百家、独尊儒术”的方式逐渐成为国家主流意识形态，士人也开始从对先秦诸子百家学说的信奉中逐渐蜕变为儒家知识分子——儒生。尤其是通过意识形态标准进行官员选择的科举制度的实施，更使得在总人口的比重中所占比例并不大但具有学问的儒生相对摆脱了土地的束缚，被制度化地组织进入封建王朝的官僚机构，成为官僚体系中最为重要的部分和最主要的来源。儒生“入仕为国家政府官员，赋闲在家耕读即为地方精英，实行乡村自治，同时又充当宗族族长和家长”[③] 的分布特征，使得具有统一意识形态的他们在不同的层次行使管理职能的同时，还能够自觉地扮演着“道”的传播者和教化者的角色，将社会 3 个层次有效地组织起来，黏合为一个牢固的整体，从而在国家权力与乡土民众之间构建起沟通的桥梁，进而形成“六合同风，九州共贯”的儒家意识形态共同体以及臣民服从皇权的中央向心力。从这个意义上讲，中国传统政

① ［美］曼纽尔·卡斯特：《认同的力量》，曹荣湘译，社会科学文献出版社 2006 年版，第 6 页。

② 顾颉刚：《史林杂识初编》，中华书局 1963 年版，第 88 页。

③ 金观涛、刘青峰：《中国现代思想的起源——超稳定结构与中国政治文化的演变》，法律出版社 2011 年版，第 16 页。

府实际上是一个“士人政府”。[①] 儒家意识形态共同体的形成，标志着具有统一意识的儒生完成了社会整合，在他们所认同的文化观念成为中国文化大传统的基础上，实现了包括法律制度在内的中国传统社会制度与意识形态的一致。[②] 于是，儒家意识形态共同体的存在自然使得人们将维持传统社会秩序的封建法律的合法性根据与儒家道德理想所追求的“仁”“礼”衔接，在“礼法结合，德主刑辅”的观念中实现对法律的认同。

2. 儒家意识形态共同体的解体和重构

既然意识形态作为社会制度合法性的根据，那么当社会危机出现时，外来的力量一般都会冲击社会合法性的根据。一旦这股外来力量强大到可以使意识形态一体化结构遭到质疑，甚至面临全面解体的危险，社会就开始进入一个全面吸收外来文化，重组意识形态的特殊时期。在中国的历史上，儒家意识形态一体化结构一共受到了两次外来文明的大冲击——第一次是在魏晋南北朝时期，少数民族的内迁与佛教的传播引起了思想与民族的大融合；第二次是在清末民初时期，西方文明的坚船利炮与廉价商品带来了西学东渐、欧风美雨。在前一次冲击中，虽然外来的佛教凭借价值取向上与道家的相似性以及借助玄学大肆泛滥征服了中国士大夫的心灵，但是中国传统社会的“超稳定性”以及中国传统文化强大的惯性、韧性和消化能力，使社会在“脱轨”300 年之后又能在少数民族政权一次又一次地试图重建一体化结构的努力中回到固有的轨道上来，在儒学自我改造与对佛学的同化与吸收中实现了历史与文化的大

---

① 参见钱穆：《国史新论》，生活·读书·新知三联书店 2001 年版，第 122 页。

② 尽管君主专制政体会周期性地崩溃，但实际遭到破坏的只是其正式制度框架，而且被破坏是由于这些制度与儒家道德理性的偏离，儒家思想的意识形态霸权地位依然维系不坠，而其对君主专制的合理性辩护及在社会中造就的散布性支持也就封闭了其他的制度选择。参见李斌：《“儒表法里”的新制度主义阐释——中国传统君主专制制度分析》，载《安庆师范学院学报（社会科学版）》2011 年第 9 期。从这个意义上说，中国传统社会制度其实上是一个千古不变的或有变化而无进化的“祖宗成法”。

融合、意识形态一体化的重构。而在后一次的冲击中，中国文化自身的传统格局无法完全消化和处理外来文化的冲击，导致儒家意识形态共同体遭到全面的肢解，直到今天依然余波犹存。

清末，面对内忧外患的局面，儒生们通过沿用“经世致用”强化儒家事功的能力以图挽救危局。然而，经世致用的特性①导致在具体实践中，儒生被分为了注重道德与注重社会现实问题两个派别。当内忧成为矛盾焦点时，道德派与务实派会在救亡图存的问题上达到一种默契，然而一旦内忧解除，道德派与务实派就将在如何面对外患的问题上形成尖锐的分歧——道德派主张当下之急应是推行教化，恢复伦理纲常，实行轻徭薄赋和休养生息的政策，试图恢复社会 3 个层次之间的良好整合；而务实派却认为应该趁着相对和平的环境尽快加强国防现代化的建设，要求政府对兴办实业加大扶持力度，重用精通西方文化的人才。双方的分歧无法得到有效的弥合，而“儒生在纯化道德意志和修身模式主导下，面临社会危机时反而会加深对原有意识形态的坚定信念”② 的特性使得道德派在博弈中逐渐占据了上风。道德派的得势导致清王朝力求自强的“洋务运动”从一开始就被设定了发展的限度，即洋务运动的核心任务在于维护以儒家道德为中心的意识形态一体化的完整和稳定，保护儒家伦理价值与纲常名教，一旦出现与儒家基本价值相违背或可能破坏一体化的内容，就必须进行严格的限制。因此，洋务运动就只能停留在对器物

① 经世致用思想作为儒学强化事功的实践，目的是将儒家伦理的基本价值落实到社会生活来解决种种现实问题，包括强调落实儒学伦理道德以及注意解决现实社会问题两个方面。参见金观涛、刘青峰：《中国现代思想的起源——超稳定结构与中国政治文化的演变》，法律出版社 2011 年版，第 235 页。

② 金观涛、刘青峰：《中国现代思想的起源——超稳定结构与中国政治文化的演变》，法律出版社 2011 年版，第 35 页。

的学习和模仿上，除此之外的制度文化的内容便是雷池，绝不可僭越。[①]“变器不变道”的洋务运动，注定只能带来“同治中兴”而不能带动整个传统社会向现代转型，只能是儒生为挽救儒家意识形态一体化所做的一次垂死挣扎。当甲午海战北洋水师惨败的消息传来时，在广大儒生的心目中美好的中国传统社会制度的价值定位发生了根本性的巨变，而与社会制度相统一的儒家意识形态一体化也被撤掉了救国、强国的最后一块遮羞布，“中学为体，西学为用”的中体西用观宣告彻底破产，中国传统社会中对于儒家意识形态的认同在越来越猛烈的西学东渐之风中开始出现裂痕，并最终走上了解体之路。从 1898 年的戊戌政变到 1906 年的预备立宪，再到 1911 年的清王朝被推翻，儒家学说逐渐从官方意识形态中淡出。不过由于清末以来“二元意识形态”的影响，[②] 共和政体的建立只是促使了一体化结构中的上层组织解体，并没有从根本上动摇植根深厚的小农传统，“被盲目崇拜的异国文化并未普遍渗透到社会各阶层的心理深处，且不论许多普通的民众仍然在封建残余中过着愚昧、盲从、迷信的生活，甚至在知识分子那里，西方学说仍表现为一种浮光掠影的游离状态”[③]，以致在乡间，“只是皇帝的龙牌被摘下来而已，农村社会秩序并

---

① 当时一些洋务派的代表人物也提出了具有由器物文化转向制度文化迹象的观点，如洋务派后期的代表人物张之洞在早期洋务派以“求强”“求富”为目的的洋务运动中在提倡变法的基础上，提出以“中学为体，西学为用”为变法原则，认为在不违反纲常伦理的前提下，在工艺、练兵、法制等问题上，可以“采西法以补中法之不足”，试图在“体”“用”的取舍之间融合中西两种文化的理论，将吸收的西方文化合法化，“不变其习，不能变法；不变其法，不能变器”。

② 所谓二元意识形态是指为了维护清朝统治和绅士参与改革的合法性，清廷和广大乡绅将公共领域和家庭领域分开，认为两个领域之间互不相干。这样可以在公领域引入西政西学，而在私领域维护儒家三纲五常的正统；结果是广大乡绅积极投身于新政改革和预备立宪等活动，乡村基层的革命观念的传播却受到了遏制。参见金观涛、刘青峰：《观念史研究：中国现代重要政治术语的形成》，法律出版社 2009 年版，第 458 页。

③ 庞虎：《近代中国法治启蒙受阻原因探析》，载《长白学刊》2005 年第 6 期。

没有发生变化"[①]，"传统的礼制与习俗，作为一种排斥异质文化的力量，继续发挥着保存自我，抵御外来文化的作用"[②]。人们依然保留着对于儒家伦理的认同和服从，袁世凯复辟帝制的闹剧就是一个证明。

随着"大一统"的皇权解体而来的军绅政权，对于社会整合的失败以及由此带来的军阀混战局面，开启了意识形态认同危机下意识形态更替的序幕，而代替儒生登上历史舞台的新式知识分子的出现及其对于伦理中心主义的突破，更加速了这种更替的进程。1915 年出现的"全盘反传统主义"[③] 的新文化运动，标志着中国知识分子开始改变以伦理价值系统为核心的儒家意识形态，并在"价值逆反心理"的支配下寻找新的意识形态。当然，他们所反对的仅仅只是导致中国社会迟滞、人性泯灭的儒家意识形态的具体内容，在"借思想文化以解决社会根本问题"[④] 的思维方式上并没有任何改变，"在传统深层结构（观念整合机制）尚未破坏的情况下，最容易被人们接受的是深层结构不变，但表面上却和旧意识形态内容相反的思想体系"[⑤]。于是，逆反价值与传统结合成为中国意识形态更替过程中选择新的意识形态共同体的必然路径。在以"打倒孔家

---

① 金观涛、刘青峰：《开放中的变迁——再论中国社会超稳定结构》，法律出版社 2011 年版，第 142 页。

② 吴永明：《理念、制度与实践——中国司法现代化变革研究（1912—1928）》，法律出版社 2005 年版，第 84 页。

③ 新文化运动所提出的"全盘反传统主义"所针对的主要不是宋明理学，也不是清代实学，而是中西二分的二元意识形态。于是，在新文化运动中就出现了一个思想结构与内容相互矛盾的现象：新文化运动虽然在思想内容上全盘反传统，进行启蒙，但其提倡一元论的思维模式实际上恢复了传统的道德价值一元论。因此，新文化运动并没有造成中国文化大传统的断裂，只是旧瓶装新酒而已。参见金观涛、刘青峰：《观念史研究：中国现代重要政治术语的形成》，法律出版社 2009 年版，第 21 页。

④ 林毓生：《中国意识的危机》。转引自昌切：《清末民初的思想主脉》，东方出版社 1999 年版，第 101 页。

⑤ 金观涛、刘青峰：《开放中的变迁——再论中国社会超稳定结构》，法律出版社 2011 年版，第 198 页。

店”和推翻“吃人的礼教”为口号的“五四”时期，中国新式知识分子日益边缘化的角色定位①以及民间社会慢慢消失的事实②催生出了具有反帝反封建内容，又暗合传统思维方式的三民主义、中国化的马列主义这两种新的意识形态，并使这两种意识形态从多元化思潮之中脱颖而出。

需要指出的是，解体过程的漫长性和反复性，使得在新的意识形态完全建立之前，不管是北洋政府还是国民政府，都在立法和司法的过程中保留了传统文化的因素。尤其是民国时期，国民党对于发动群众进行乡村意识形态改造的拒绝，使得农村地区儒家意识形态依然盛行，政府无法绕过绅权把乡长、保长、甲长和族长纳入自己的管理体制，国家呈现出“城乡二元化”的明显倾向。为了让处于城乡二元结构中的人们都能建立对于法律的认同，国民政府的立法者和执法者必须在西方文化与儒家意识形态之间寻求妥协。一方面受到自清末以来收回法外治权的民

---

① 首先，在对外开放、思想日益多元的条件下，以传授知识为目的的新型学校培养出来的新知识分子在意识形态认同上与儒生具有统一的意识形态信仰不同，出现了多元化的倾向，新知识分子虽依然是思想、文化和意识形态的传承者，但作为一个阶层，已做不到认同某一种意识形态；其次，新知识分子的组成成分主要是学生，这也决定了他们不可能成为通过传统的家庭功能和教化使民众的意识形态和社会正统意识形态相一致，从而实现3个社会层次的组织与整合。因此，让新型知识分子来实现新意识形态与政治结构的一体化已不可能，在列宁主义政党出现并成为社会整合的主要力量之后，新型知识分子日益处于边缘的角色。参见金观涛、刘青峰：《开放中的变迁——再论中国社会超稳定结构》，法律出版社2011年版，第239～241页。

② 在传统社会中，由于儒家意识形态以家庭伦理为本位，实现对儒家意识形态的认同可以依靠家庭、家族和社会教化，儒家意识形态的这种特性使得它和政治结构一体化的组织形态是半官僚化的，其上层是官僚机构，下层是民间社会。而现代社会实现一体化的新意识形态不再以家庭伦理为本位，只能通过意识形态认同组织团体的政党来实现3个层次的整合，因此官僚机构充斥了一切的组织层次。这一点从共产党将一批知识分子转为党的中上层干部的同时，将数目庞大的农村干部深入农村基层，实现干部队伍在社会上中下三层的统一可以看出。正是共产党干部队伍的极大扩张，使共产党的官僚机构比国民党大十倍，比传统一体化结构大百倍。参见金观涛、刘青峰：《开放中的变迁——再论中国社会超稳定结构》，法律出版社2011年版，第14～15页。

族自尊感的驱使而在立法和司法中引入大量西方法律理念，形成一套“高度洋化的法典”①；另一方面又在立法上保留了许多儒家意识形态下的传统因素，在司法上做出了大量与乡土社会相适应的变通或是在农村地区依然运行适用传统习俗，例如，民国法律对于“典”的保留；又如，在继承法的执行中充分地考虑乡村社会男女分家不平等的旧习惯，新旧法律并用。如黄宗智就曾指出，“财物继承上性别平等的新原则事实上只实行于小农经济不再流行的城镇地区”②。从某种意义上说，民国时期的立法，虽然“在表面上完成了对传统法律改造，却也存在着法律的本质和内在精神向传统法律文化回归的可能性”③。

（二）马克思主义意识形态受冲击

1. 马克思主义意识形态的构建

20世纪20年代，中国社会处于意识形态认同危机之中，新意识形态实现社会整合的潮流已经势不可当。在这个整体上要求告别封建并开始走向现代化的新民主主义革命时期，面对多种社会思潮交织叠加存在于中国社会的局面，如何“需要找到一种组织方式，以保证开放条件下人们对统一意识形态之认同，与此同时能顺利将其成员源源不断地转化为社会各层次组织者……这一组织还要能推动新意识形态自上而下的传播，引导基层群众观念大变革，使他们放弃传统意识形态从而转向接受新意

---

① ［美］黄宗智：《清代的法律、社会与文化：民法的表达与实践》，上海书店出版社2007年版，第5页。

② ［美］黄宗智：《过去和现在：中国民事法律实践的探索》，法律出版社2009年版，第160页。

③ 管伟：《法律文化的更新与近代中国传统法律的现代化》，载《政法论丛》2007年第4期。

识形态权威"[①]，成为革命家和社会精英需要重点考虑的政治问题。也是在这个时期，中国的列宁主义政党（或可称为"意识形态认同团体"）[②]——共产党成立了。自1921年创立以来，共产党就将意识形态工作放在重要的位置，清晰地意识到"意识形态工作是为国家立心，为民族立魂的工作"[③]，因此"必须把意识形态工作的领导权、管理权、话语权牢牢掌握在手中，任何时候都不能旁落，否则就要犯无可挽回的历史性错误"[④]。正是基于这个认识，即便在土地革命时期，共产党虽然掌握的革命根据地的面积并不大，[⑤]但共产党也充分利用有限的条件在革命根据地内部开展意识形态说理活动，与文化保守主义思潮、自由主义思潮等进行论争。"对于党政干部，党不仅编译出版了《共产党宣言》《国家与革命》等马克思主义经典著作，还积极创办了红军大学、抗日军政大学等干部培训学校；对于革命群众，党通过张贴布告散发传单，编写红色歌谣以及创办夜校、识字班、补习学校等方式，说服和教育党内外人士，在根据地初步建构起党的意识形态话语权。"[⑥]此外，在国民党右派发动了"四一二""七一五"反革命政变之后，共产党逐渐认清了国民

---

① 金观涛、刘青峰：《开放中的变迁——再论中国社会超稳定结构》，法律出版社2011年版，第241页。

② 参见金观涛、刘青峰：《开放中的变迁——再论中国社会超稳定结构》，法律出版社2011年版，第241~243页。

③ 《中共中央关于党的百年奋斗重大成就和历史经验的决议》，载《人民日报》2021年11月17日，第1版。

④ 习近平：《论党的宣传思想工作》，中央文献出版社2020年版，第21页。

⑤ 中共六大后，各地共产党组织抓住国民党新军阀混战的有利时机，发动农民开展游击战争，实行土地革命，建立革命政权，不断巩固和扩大革命根据地，壮大红军队伍。到1930年夏，全国已建立大小15块农村革命根据地，红军发展到约7万人，连同地方革命武装共约10万人，分布在湖南、湖北、江西、福建、广东、广西、河南、安徽、江苏、浙江、四川等十多个省的边界地区或远离中心城市的偏僻山区。

⑥ 郑丽丽、王天民：《论中国共产党意识形态说理及其话语权提升》，载《理论导刊》2024年第5期。

党右派故意扭曲三民主义的事实和原因，并在总结国共第一次合作经验和合作破裂教训的基础上，运用马克思主义理论将三民主义区分为新旧三民主义，“肯定了三民主义的价值合理性，否定了国民党的实践合法性，指出了三民主义对解决中国问题的局限性，以新民主主义的新理念和新方案做替代”①，丰富了马克思主义意识形态中国化的具体内容。

国民党的败退以及共产党全国性政权的建立，标志着共产党自大革命时期起所奉行的借助群众运动，尤其是农民运动，对旧有的基层社会和政权组织进行打击，构建起新的政权和社会秩序合法性标准，完成儒家意识形态向新的意识形态转化的整合模式的计划②的初步成功。随后，鉴于“力图现代化的政权要对社会组织和文化领域同时发动攻击的唯一办法，是在地方社会中建立强有力的组织基础”③ 的经验，共产党在中华人民共和国成立之后改变了民国时期没有一个政权能够建立强有力的组织的问题，在“革命国家的超强合法性”④ 的影响下，顺利建立了高度集中的社会政治及经济制度，彻底打破了传统一体化结构中乡土基层社会里乡绅和宗法家族组织存在的小农经济的基础。在乡土自治组织被迅速彻底解构的同时，农村党政组织普遍建立起来，农民成为一体化结构的

---

① 陈雨萌：《中国共产党引领社会思潮的百年历程与基本经验》，载《思想教育研究》2021 年第 3 期。

② 如毛泽东写于 1927 年 3 月的《湖南农民运动考察报告》指出，农民运动干了 14 件大事，包括打击农村基层社会中的绅权和确立新意识形态权威两个方面。总体来说，大革命高潮中的农民运动，不仅是对农村基层社会和政权组织的沉重打击，当农民接受了新意识形态的宣传以后，他们心目中政权和社会秩序合法性的标准，也无形中完成了由传统向新意识形态的转化。参见金观涛、刘青峰：《开放中的变迁——再论中国社会超稳定结构》，法律出版社 2011 年版，第 255 ~ 256 页。

③ 张颂仁、陈光兴、高士明主编：《历史意识与国族认同：杜赞奇读本》，上海人民出版社 2013 年版，第 26 页。

④ 吴毅：《村治变迁中的权威与秩序——20 世纪川东双村的表达》，中国社会科学出版社 2002 年版，第 336 页。

组织者，农民的经济、社会及政治生活也被纳入全国政治生活。随着土地改革和人民公社等制度的推行，巨大的国家官僚网络到达了社会的最底层，“旧日的国家政权、士绅或者地主、农民的三角关系，被新的国家政权与农民的双边关系取代了”①。明清以来就不断萎缩的民间社会终于完全消失，传统的家族认同和地方认同逐渐被单位认同和集体认同所消解，民间所固有的许多知识、信仰、观念被视为愚昧落后的封建残余而遭到批判和禁止，中国化的马列主义意识形态在计划经济、单位体制以及人民公社制度的支撑下建立起来。② 在红色的“权力的文化网络”③ 的影响下，对于共产主义的向往与对革命领袖的信服深深地改变了人们的“三观”和人生态度，执政党的意识形态顺利成为社会意识形态的主体，人们也形成了高度意识形态化的思维习惯。于是，人们对于代表了主流意识形态的国家法律表现出了极大的认同感。

2. 多样化社会思潮的冲击

有学者认为，“与新中国成立后的前 30 年相比，后 30 多年是民间各

---

① ［美］黄宗智：《长江三角洲小农家庭与乡村发展》，中华书局 1992 年版，第173 页。

② 值得注意的是，在构建马克思主义意识形态共同体的过程中，执政党由于受到了“整体性反传统主义”的影响，在一段时间内把儒家传统文化直接打上了地主阶级属性的烙印而予以武断地排斥。然而，这种对于儒家传统文化排斥的宣扬，并没有改变马列主义中国化实际上是儒家化和农民化的属性。“儒家化实现了由知识中心向道德中心之转化和破除反传统心态，农民化则是在儒家化的同时，把农民视为无产者，农民战争经验和农民文化系统纳入马列主义。”这种意识形态的特质使得传统道德观念和旧式社会价值观，虽然在新中国成立后的历次政治运动中遭到肢解和破坏，但散落的碎片却在相当的范围和领域内保留继续滋生的可能。参见金观涛、刘青峰：《开放中的变迁——再论中国社会超稳定结构》，法律出版社 2011 年版，第 339 页。

③ “权力的文化网络”这一概念为杜赞奇所提出，在他的论述中，这一概念既包括了各种组织，也包括了组织所依赖的象征和规范，本书在后一个意义上使用它，指国家权力控制社会时所根植的意识形态基础和文化资源。参见董磊明：《宋村的调解：巨变时代的权威与秩序》，法律出版社 2008 年版，第 172 页。

种社会思潮发育、发展最为活跃的时期”①。究其原因，就在于20世纪70代末80年代初，真理标准讨论开启了思想解放进程，社会上掀起了一股批判封建主义，主张留学和引进西方理念，呼吁进行“第三次”② 改革开放的浪潮。诚如马克思和恩格斯所言，“‘思想’一旦离开‘利益’，就一定会使自己出丑”③。随着自改革开放以来的经济领域所有制和分配体系的重大制度变革，计划经济时代强调的“政治上专制，思想上一元，经济模式上单一，文化上禁锢”④ 的“统一的”社会意识形态也发生了深刻的变化，改变了过往多聚焦于学术研究的样态，纷纷涌入中国社会而引发了社会思潮多元化。此时，多样化的社会思潮为了与马克思主义意识形态争夺生存空间，“从各自的立场出发，力求提出自己的理论阐释、思想判断和价值定位，并找出自己认为合理的解决路径”⑤。民众对于与计划经济体制血脉相连的马克思主义意识形态产生了片面化、机械化和教条化的错误理解，得出马克思主义意识形态无法对改革中形成的社会秩序进行合理化解释，也无法消解西方观念大规模传入以及民间旧有知识、信仰、观念在全国范围之内不同程度的恢复所带来的重大压力的错误结论。中国社会主流意识形态所面临的这种困局，在自20世纪90年代以来的现代化变革所引发的各种现代性问题凸显的大环境下，表

---

① 孙晓晖：《改革开放以来我国社会思潮的境遇、演变与走向》，载《江西社会科学》2012年第11期。

② 自清末“洋务运动”以降，中国已然有过3次“改革开放”，即“洋务运动”，清末民初至抗日战争为止的改良和革命，以及延续至今的自我更张。放开历史的视野，一个愈益显豁的事实是，这3个时段，递次接续，环环相扣，最为切近的这一次“改革开放”，接续的是前两次的未竟事业，三者终于在20世纪末年勾连一体。

③ 中共中央马克思恩格斯列宁斯大林著作编译局编译：《马克思恩格斯文集》（第1卷），人民出版社2009年版，第286页。

④ 张仁善：《法律社会史的视野》，法律出版社2007年版，第231～232页。

⑤ 孙晓晖：《改革开放以来我国社会思潮的境遇、演变与走向》，载《江西社会科学》2012年第11期。

现得更加突出和明显。当民众所希望看到的，“越来越多的知识分子在所谓后现代消解‘宏大叙事’的思想走向影响下趋向温和务实，社会主流意识在努力追求现代性的同时，奢谈‘主义’的少了，研究‘问题’的多了”[①] 并没有成为现实之时，少数人被部分社会思潮中主张的“按照西方制度模板来发展”，鼓吹“社会主义失败论”“历史终结论”等的错误思想所迷惑，对于源自新民主主义革命时期的马克思主义意识形态共同体的有效性与权威性，难免心生质疑。此时，西方势力基于不断西化、分化中国的图谋，又借助在网络信息化技术上的优势，打着“网络自由”“信息自由”等幌子，利用网络渗透的方式发布不实言论，故意扭曲我国社会意识形态领域中“一元指导和多样并存”之间的辩证关系，[②] 在攻击马克思主义意识形态的同时，竭力宣传西方意识形态和价值观念，试图推动“颜色革命”的发生。“近年来，西方敌对势力将传统的‘和平演变’的方式开始向网络空间延伸。例如，2011 年 5 月，美国首次公布《网络空间国际策略》，这说明网络成了美国对华意识形态战的主要平台。”[③]

---

① 孙晓晖：《改革开放以来我国社会思潮的境遇、演变与走向》，载《江西社会科学》2012 年第 11 期。

② 虽然主流意识形态一元主导，各种社会思潮多元并存是中国社会自古以来一直存在的状态，但一元与多元并非一成不变，而是会在一定的条件下相互转化。社会中的主导思想若难以与社会发展需要和社会心理的新变化相适应，则必然会逐渐滞后于时代发展，以至于逐步萎缩，难以再发挥影响，最终淹没于时代洪流之中。同时，更能反映社会发展状况，更具感召力和影响力的意识形态将取旧主流意识形态主导地位而代之，领航时代的发展。多元思潮的存在是人类社会发展的客观需要和历史必然，为社会中纷繁复杂的利益诉求提供了理论依据。作为主流意识形态的分支，这些思潮发挥的作用各有不同：或补充、完善、融入主流意识形态，作为同质性思潮发挥促进作用；或碰撞、竞争、冲击主流意识形态，作为异质性思潮发挥对抗作用，由此建立了与主流意识形态的密切互动关系。参见贾立政、王妍卓、张忠华：《重大社会思潮十年发展变革趋势研判》，载《人民论坛》2021 年第 3 期。

③ 伍志燕：《当前我国意识形态发展态势及应对策略》，载《广西社会科学》2017 年第 7 期。

当然，除了自身转型因素和外部干涉因素之外，多种社会思潮和新兴技术的融合，也带来了主流意识形态建设的巨大风险，呈现出“复杂多变、去中心化和技术异化的特点”①。特别是近年来，多元化的社会思潮在智能手机、平板电脑、微信微博等信息化技术的加持下，容易结合中国社会新的发展热点演变出多种形式，并以全域化、隐喻化、娱乐化的传播样态影响民众，导致人们在新时代的思想活动呈现出更加明显的多变性、选择性和差异性，诱发权威的解构和共识的撕裂。“在具有严肃性、政治性的话题以及公共卫生、法律、民生、教育等领域，容易发生舆情波动，反映了社会深刻变革时期不稳定、不确定性因素的动态变化。”② 此时，相比于其他社会思潮，部分民众对于主流意识形态缺乏足够倾向性的问题，在信息化所带来的“信息茧房”③ 的强化作用下，产生出“个体只能看到和自己相同或相近的言论乃至内容失真、观点极化的信息，导致主流价值、主流舆论、主流文化的声音传不进来，固化的偏见得不到反思，在不知不觉中窄化自己的眼界和认知判断，长此以往可能导致价值观偏激和极端”④ 的后果。于是，过往主流意识形态传播、运行所依赖的一元主体主导的模式受到冲击，社会精英阶层逐渐丧失对于社会真相和基本真理的垄断，多元化社会思潮交锋中自上而下的权威引导形式被杂言化、开放化的自下而上的形式所瓦解，出现明显的去中心

---

① 许宝健、郭彦林：《新技术条件下主流意识形态建设：机遇、挑战和应对》，载《中国井冈山干部学院学报》2024 年第 5 期。

② 贾立政、孙墨笛：《历史交汇点上的国内社会思潮观察》，载《人民论坛》2021 年第 3 期。

③ “信息茧房”概念是哈佛大学教授凯斯·桑斯坦于 2006 年提出的，源于互联网刻板认知导致的“回音室效应”，在网络空间内，公众只注意自己选择的东西和使自己愉悦的东西。久而久之，会将自己束缚于蚕茧一般的茧房中。参见［美］凯斯·R. 桑斯坦：《信息乌托邦：众人如何生产知识》，毕竟悦译，法律出版社 2008 年版，第 8 页。

④ 许宝健、郭彦林：《新技术条件下主流意识形态建设：机遇、挑战和应对》，载《中国井冈山干部学院学报》2024 年第 5 期。

化趋势。更令人担心的是，中立的信息化技术在资本的影响下可能会异化为一张影响意识形态的技术之网，在主流意识形态所追求的公益性和资本所追逐的获利性之间的冲突和对立中，通过“精心设置舆论议题、引导舆论议程、推送舆论内容、演变舆论话题等”① 方式不断冲击主流意识形态的正流向，肩负传播主流意识形态职责的执政阶层对此不得不深思。

遗憾的是，“万众一心，步调一致”的集体观念记忆的缺失所导致的精神和感情上的绝缘，在全社会之中爆发了深刻的意识形态认同危机。自 2011 年以来信息化时代独有的“民意病毒”② 时有发生，而构建于意识形态之上的法律认同也时常陷入社会思潮多样化与社会制度统一化的矛盾困局之中。

二、多元法律文化的博弈

当然，部分民众在多元化社会思潮的蛊惑下，对于中国化的马列主义意识形态的曲解和误读，并没有让热衷于“新启蒙运动”的知识分子

---

① 许宝健、郭彦林：《新技术条件下主流意识形态建设：机遇、挑战和应对》，载《中国井冈山干部学院学报》2024 年第 5 期。

② “民意病毒”是署名为陈家兴的作者在 2011 年 1 月 30 日《人民日报》上发表的一篇名为《谨防民意制造者利用网络推手误导舆论》的文章中首次提出的概念。在该文章中，作者在肯定了民众借助互联网这个民意表达的快速通道关注公共事务，加强政治参与，表达意见，维护权利的同时，指出民众可能会被那些隐身于普通网民之中，身披马甲的网络推手所利用，遭遇意想不到的误导甚至伤害。网络民意在越来越多的情况下因为网络推手的谣言惑众或火上浇油，被误导、蒙蔽了，成为侵蚀社会健康的“病毒”，这些“民意病毒”利用和裹挟健康民意，不仅伤害广大网民的感情，也损害网络民意表达的健康肌体。与此同时，公众情绪、社会舆论也存在被左右或误导的可能，一些社会矛盾问题就面临被激化或放大的危险。于是，“病毒”的侵蚀使健康的网络民意发生病变，“民意病毒”也成为一种网络时代民意的异化物。参见陈家兴：《谨防民意制造者利用网络推手误导舆论》，载《人民日报》2011 年 1 月 30 日，第 4 版。

占据意识形态的高地，也没有让“全盘西化”成为转型期的中国法律发展的唯一方向。“尤其是随着改革开放的深入，在新历史方位下，社会思潮从极端化趋于理性化，以往‘全盘西化’‘彻底回归’等观念在宏观社会发展道路上的激进主义主张逐渐失去市场”① ——虽然西方理念在被当作解决中国问题的“灵丹妙药”引进之后也有过“将西方与现代性等同”的蜜月期，但随后频频发生的“水土不服”的状况以及西方文化近些年来所遭遇的精神危机使人们不得不重新审视“全盘西化”的做法。此时，儒家文化适时地再次出现在人们的视野之中，成为人们在西方文化冲击下寻求文化认同的唯一选择。于是，梁漱溟口中“基督教实开之”的西方之路与“打从周孔教化来”的中国之路，自“五四”之后再一次呈现出双轨发展、相互博弈的态势。不过，中西文化之间业已存在的巨大差异以及应对这种差异的文化心理基础和相关社会条件的缺乏，使得社会精英很难实现在“西化”的过程中以花费较短时间的代价去磨合、消解中西方理论之间的差异，实现西方理念与具有深厚历史底蕴的中国传统的有效融合和汇通的目标，这也必然会出现与中国传统因素的脱节。

（一）“西化”精英的水土不服

1. 法律精英的“西化”

近百年来，中国传统法律精神和法律心理受到了西方法律理念的冲击，传统法制面临着现代西方法制的严峻挑战。在剧烈的对抗和碰撞之后，中国传统法律开始出现向现代化转型的迹象，走上了一条西化的“不归路”。此时，法律精英依然扮演着数千年来他们一直扮演的推动者的角色——在中国数千年来的法律发展史上，无论是从神意法向人意法

---

① 孙熙国、陈绍辉：《意识形态安全视域下社会思潮的新发展态势及其批判》，载《北京行政学院学报》2021 年第 2 期。

的过渡，还是从不成文法到成文法的转变，每一次法律的转型都与法律精英的推动不无关系。尤其是在“礼法合流”的过程中，法律精英借助儒家法律文化的外衣，将“法”或“刑”巧妙地融进儒家伦理，塑造了影响中国数千年的传统法律精神及法律心理。只不过这一次，他们自身的“西化”成为能够推动传统法律转型的必要前提，“全面意识形态认同危机引发儒家伦理的意识形态更替，也有赖于出现不属于传统绅士的新知识分子群体”①。

回看近百年来，清末对抗外敌战争的失利，使得中国知识精英所固守千年，引以为豪的儒家价值观在残酷的现实面前逐渐崩塌。一批批的士子学人在民族自救旗帜的感召下，在功利性心境的驱使下，将西方理念奉为“真理”，开启了持续百年，并延续至今的“西化”的历程。不过，“师以夷制夷”“中体西用”等权宜之计的破产，让包括法律精英在内的知识精英们清晰地意识到在儒家“经学致用”观念的影响下，采取利用边缘化的西方之“器”来补充和强化中国之“道”的路径已不能挽救危局，而若仅局限于通过“洋学堂”和出国留学来培养熟知西方器物和技术的人才并不可能真正实现“师夷长技以自强”的目标。作为“洋学堂”培养出的知识精英，被誉为“西学第一人”的严复就曾在对比中西后，深刻地指出近代以来之所以西强中弱，一个关键因素就是西方的思维方式“于学术则黜伪而崇真，于刑政则去私而为公”②，而中国“旧学之所以多无补者，其外籀非不为也，为之又未尝不如法也，第其所本者，大抵心成之说，持之似有故，言之似成理，媛姝者以古训而严之，初何尝取其公例，而一考其所推概者之诚妄乎？此学术之所以多诬，而

① 金观涛、刘青峰：《开放中的变迁——再论中国社会超稳定结构》，法律出版社 2011 年版，第 183 页。

② 王栻主编：《严复集》，中华书局 1986 年版，第 2 页。

国计民生之所以病也”[①]。因此，只有在学习技艺的同时引进西方哲学、经济学、政治学、法学等原理和方法，彻底在“好古”“好依傍”的中国传统精神文化层面进行改造，才有可能达到“开民智”[②] 的效果。然而，在“西化”浪潮中，知识精英中的大多数人认为可以引导自己走向新路的只有西方文化，从而过分放大西方文化中先进的元素而极力否认中国文化所具有的独特价值。“这种文化虚无主义对民族文化持一种根本的否定态度，连同对民族文化中的基本精神和基本价值（而这作为意义之网可能关涉一个社会的终极目的和生活意义）都作一种消极的理解。”[③] 这种偏执的态度成为中国百年来思想文化发展的基调，以致在很长的一段时间之内，知识精英非但没有采取“寻根”的方式，反而只能进行具有工具性意味的“他求”，即对西方思想文化一味奉行“拿来主义”做法，不考虑在中西文化之中进行会通的可能。“五四”期间新文化运动中出现的儒家理论被新知识精英彻底抛弃，就是这种基调的明显表现，诚如薛其林所言，“批判孔子和封建旧伦理，目的就是要彻底解除传统的束缚，把国民从传统的价值信仰、情感态度、观念意识和风俗习惯中解脱出来”[④]。对于传统文化的彻底抛弃，也开启了“西方中心论”阴影下近现代中国思想文化发展中进行自戮式贬抑的历程，从而导致了“几代中国人与自己民族传统思想文化的断裂，致使中国思想文化界长期处于西

---

① 王栻主编：《严复集》，中华书局 1986 年版，第 1028 页。

② “近代文明，得智力发达之结果；欲自强者，以开智力为第一义”。参见梁启超：《饮冰室文集点校》，云南教育出版社 2001 年版，第 50 页。

③ 刘小平、杨金丹：《中国法律信仰论的内在悖论及其超越》，载《法商研究》2014 年第 2 期。

④ 薛其林：《西学东渐与传统思维方式的变革》，载《湘潭师范学院学报（社会科学版）》2003 年第 1 期。

方话语霸权下的‘失语症’状态”① 的出现。只不过在这场中国儒家传统文化与西方理念的博弈中，虽然社会精英对于儒家传统文化的看法经历了从“祖宗之法不能变”到“中体西用”，再到“全盘西化”的变迁，但他们观念的改变没有实质引发儒家传统文化从人们思维方式之中的剔除。毕竟作为中华民族特有的属性，儒家传统文化已成为民族交流和演变的基础，正如鲁迅所言，“民族根性造成之后，无论好坏，改变都是不易的”②。

虽然在20世纪50年代中苏关系紧张之后的20多年的时间中，知识精英“西化”的进程曾被打断，中国传统文化中的许多元素也打着社会主义的旗号重新出现，但改革开放过程中所出现的全社会对于“文革”的反思以及对“蓝色海洋文明”的盲目崇拜，迅速成为当时社会文化发展的主旋律。大量留学人员的派遣与外国学者的受邀讲学引发了西方理念涌入中国的热潮，在中国与世界的逐渐接轨中，知识精英“西化”的步伐加速明显。尤其在法律领域，为数不少的法律精英认为儒家伦理道德、“礼法合一”的中国传统法律是一种执行道德的工具、一种附加了刑罚的礼，甚至认为“它们不是法律，反倒简直是压制法律的东西”③。因此，在他们主导构建的现代法律体系中，中国传统法律文化因“鲜有积极的价值”而不被重视。一些主张提倡“本土资源论”的学者，也只是将中国传统法律文化作为娴熟运用西方法学知识的辅助和参考而已。

2. 谁的法律？

在中国古代社会中，名列“四民”④ 之首的儒生在社会结构的上、

---

① 王树人：《关于西学东渐的经验教训——兼论话语霸权与“失语症”问题》，载《文史哲》2007年第4期。

② 《鲁迅全集》（第1卷），人民文学出版社1982年版，第313页。

③ ［德］黑格尔：《哲学史讲演录》（第1卷），贺麟、王太庆译，商务印书馆1996年版，第119页。

④ 《春秋谷梁传·成公元年》中有“古者有四民：有士民，有商民，有农民，有工民”之说。

中、下 3 个层次中扮演着很重要的角色，尤其是“绅于乡，朝于官”的特征以及传承“道统”的使命感让他们在行使管理职能的同时，承担着向人们进行儒家伦理道德思想教化的职责。在作为封建知识分子的儒生的串联下，无论封建王朝的国家组织如何更迭，宗法家族中“孝”的道德要素都能被推广到社会组织之中，演变为臣对于君的“忠”以及君对于民众实行的“仁政”，从而使得宗法家族成为社会的组织基础，德主刑辅成为社会的调控基础，纲常名教成为社会的主要价值观念。儒家意识形态的内在亲和力拉近了平民阶层与儒生集团的距离，造就了中国人对于自曹魏以来儒生所主导的，以伦理纲常为基础的，反映官方意志与民众情感融合的，虽经朝代变更但万变不离其宗的封建“礼法”的认同传统。然而，百余年前的社会巨变，导致了“四民社会”的解体。尤其是科举制度的废止，使得兼具地主、读书人和宗族族长身份的乡绅精英被迫将原来固有的扎根于土地，从世家大族和地方网络中获取力量的生活方式进行变更，大大加速了自明清以来便已出现的“离村现象”①。自此，城居的儒生逐渐与农村发生文化、心理乃至关系上的疏离，丧失了在串联国家官僚机器以及基层社会自治组织从而实现一体化结构中的作用。乡村自治明显衰落，宗法家族逐步瓦解，乡村成为一个被有文化有教养的精英“遗弃”，而被无文化的小地主占领且管理日益混乱的地区。此时，在城镇中通过新式学堂而培养出的新式知识分子以及海外学成归来的留洋知识分子，在不断推动社会“西化”的过程中虽然在一定程度上取代了儒生的位置，但占据主流精英层的新式知识分子多出身富贵人家

① 明清以来，许多乡间富有的士绅和地主开始向城市迁徙。到了清末，这种趋势急剧加强，以石棉的统计为例，1889 年乡居的绅士只占 1%，镇居的达 88%。参见金观涛、刘青峰：《开放中的变迁——再论中国社会超稳定结构》，法律出版社 2011 年版，第 126 页。

的背景，[①] 以及新式知识分子由于自身意识形态分裂而无力扮演社会组织者的天生缺陷，使得他们不可能成为普通民众情感的代表者。即便是那些为“洋学堂”召去的农村读书人，一旦离开农村走入城市也多半不会回来，而这些人恰恰可能就是在乡村地区有效地推广西方理念和制度的最好执行者。于是，当君主立宪、民主共和、社会革命、政治革命等西方知识理念在城市之中逐渐生根发芽并被市民所接受时，中国最大多数的人口所在的农村社会则依然对此漠漠然而且懵懵然，从而造成城乡彼此之间的联系日益减弱甚至断绝，两者的距离犹如两个世界。而自 1927 年开始的“新式农民革命”性质的中国革命中工农民众与知识分子在政治上和道德上地位的悬殊，更加深了这种疏离。对此，许纪霖曾言，“传统士绅与宗法乡村的文化一体化已经荡然无存，剩下的只是难以跨越的文化隔阂与城乡断层”[②]。

从 1949 年到 1979 年的 30 年间，在“破私立公”主旋律的引导下，知识分子与普通民众之间距离似乎有了“贴近”的迹象，但这种“贴近”实际上是国家政治权力运行的结果而非两者之间的天然走近——一方面把个人从传统的家族共同体和血缘纽带中分离了出来，另一方面又按照普遍的政治原理把个人组织到“单位”体制中去，改造成“组织人”并且力图使权力和思想都一元化。于是，当 20 世纪 80 年代，个人从“单位”体制中再次解放出来，具有“专业性”思考与“专业知识”的法律精英再次成为现代法律的制定者时，诚如有学者所言，“中国的司法制度和司法理念与西方是如此的不同，以至于任何带有西方特殊性印

① 竺可桢曾指出，今日高等教育，几全为中等阶级以上子弟所独享。中人之产，供给子弟高中毕业已甚艰辛，至于大学生，每年非三四百元，不敷应用。即如江苏富庶甲于全国而据该省统计，居民每年收入在 90 元以下者，占 66%，浙江尚不及此数。则因经济关系，不能享受高等教育之子弟，实占全数 90% 以上。参见竺可桢：《浙江大学设置公费生》，载《申报》1936 年 5 月 9 日，第 3 版。

② 许纪霖主编：《公共空间中的知识分子》，江苏人民出版社 2007 年版，第 24 页。

记的话语都有碍于我们理解那里的司法”①。尤其在前几十年，政府推进型占主导地位的法治建设过程中，虽然也出现了“本土资源论”的呼声，但当时法律人士对于西方法律的认识和理解还是主导了法治的方向，人们长期以来所认同的传统礼法观念遭到压抑，丧失了原先拥有的正统地位和话语资格。纵观自晚清始就将现代西方法治理念充斥于法律的框架结构和制度内容的现代法律制度，可以明晰地发现该制度所体现的更多是法律精英的“法治愿景”，却有意或无意地忽视了未受过专业法律教育和培训的人们，尤其是乡民们朴素的道德愿望。这种持续近百年的，将中国法律传统与现实隔绝的做法，导致了在过去几十年中，中国农村的法治发展路径在现代化、市场化和城市化的浪潮中，似乎只剩下西方模式一个选项。在中西法律文化二元对立的大背景下，“强硬”的现代法律的推行便必然遭遇民间习惯的抵牾，以现代都市、个人主义为背景的生活逻辑必然与以乡土农耕、特殊主义为内涵的生活逻辑发生冲突。“目前在中国乡土社会存在的大部分法律，基本是由立法者根据城市的法律需求制定，并在一定程度上强加于乡土社会，而没有考虑到适应于城市的法律不一定会被生活于乡土社会的农民所接受。”②

在民粹主义一次次情绪性表达的冲击下，包括法律精英在内的知识精英遭受到了广泛的道德质疑与挑战，而现代法律作为法律精英文化叙述的产物，因为某些特定案件而在人们面前越发显得不合时宜，近年来“抽象的愤怒”③ 的频繁闪现就是一个明显的例证。对此，英格尔斯指出，“如果一个国家的人民缺乏一种赋予这些制度以真实生命的广泛的现代心

① ［美］米尔伊安·R. 达玛什卡：《司法和国家权力的多种面孔——比较视野中的法律程序》，郑戈译，中国政法大学出版社2004年版，第3页。

② 姚梅娟、王永志：《农民权利缺失的理性思考——乡土社会中的法律缺位和法律恐惧》，载《兰州学刊》2005年第4期。

③ 张德森、高颖：《新媒体对中国公众法治认同的消解及其应对》，载《云南社会科学》2018年第3期。

理基础，如果执行和运用着这些现代制度的人，自身还没有从心理、思想、态度和行为方式上都经历一个向现代化的转变，失败和畸形发展的悲剧结局是不可避免的。再完美的制度和管理方式，再先进的技术工艺，也会在一群传统人的手中变成废纸一堆”①。于是，在改革开放到党的十八大之间的30多年的时间中，虽然法律精英凭借着对于“造法”运动的热衷建立起了一个较为清晰的法律体系和法律框架，② 但是那些属于社会弱势群体的人们，如城市劳动阶层或是相对落后的农村和中西部居民，在面对各种纠纷和矛盾时，依然很可能倾向于选择将问题诉诸政府，而非通过法律讨回公道，因为他们始终对于现代法律存在着一个疑问：这是谁的法律？

（二）“他者”眼光的乡土遭遇

1. 大小传统的现代疏离

黄宗智认为，“从历史实际的视野来看，中国今天的法律具有三大传统，即古代的，现代革命的和西方移植的三大传统。三者在中国近、现代史是实际存在的、不可分割的现实；三者一起在中国现、当代史中形

---

① 参见徐学初编：《世纪档案（1896—1996）——影响20世纪世界历史进程的100篇文献》，中国文史出版社1996年版，第435页。

② 2011年3月10日，吴邦国在十一届全国人大四次会议上郑重宣布：“一个立足中国国情和实际、适应改革开放和社会主义现代化建设需要、集中体现党和人民意志的，以宪法为统帅，以宪法相关法、民法商法等多个法律部门的法律为主干，由法律、行政法规、地方性法规等多个层次的法律规范构成的中国特色社会主义法律体系已经形成，国家经济建设、政治建设、文化建设、社会建设以及生态文明建设的各个方面实现有法可依，党的十五大提出到2010年形成中国特色社会主义法律体系的立法工作目标如期完成。”参见《吴邦国在十一届全国人大四次会议上作的常委会工作报告》，载《人民日报》2011年3月11日，第2版。

成了一个有机体，缺一便不可理解中国的现实”[①]。然而，在1919年的“五四运动”中，“反传统知识分子无法分辨他们所憎恨的传统社会规范和政治运作与传统文化符号和价值之间的差异”[②] 的思维缺陷，导致他们将“传统”等同于古代并完全与现实隔离，而20世纪80年代的思想启蒙运动中的学人们又将革命意识影响下的法律传统排除出“传统”与“现在”的范围。正是上述两种片面且非科学的分类，诱发法律精英在推动中国社会法治化的过程中，对中国法律传统有机体进行了简单割裂从而引起了理念与实践的脱节，造成了“有法律而无相应法治秩序”的假象——这不仅反映在西化精英与乡土布衣之间的距离感上，也表现在大传统与小传统[③]之间的摩擦中。诸如“中国式过马路”“信访而不信法”等现象的出现，就反映出少数民众有时会在国家法律之外选择对于自己有利的行为方式。“事实上，农村社会中许多逃避乃至违反国家政策和法律的行为，并不简单是农民的愚昧所致，同样，农民们所遵循的规范性

---

① ［美］黄宗智：《过去和现在：中国民事法律实践的探索》，法律出版社2009年版，序言第5页。

② 刘涛：《中国法律信仰的传统根基与建构路径》，载《法商研究》2016年第1期。

③ 美国人类学者罗伯特·芮德菲尔德（R. Redfield）在其1956年出版的《农民社会与文化》一书中指出，在较复杂的文明之中存在两个不同层次的文化传统，即“小传统”（little tradition）与“大传统”（great tradition）。相对于被定义为“一个复杂社会中具有地方社区或地域性特色的文化传统”的小传统而言，大传统就是“某种优势文明的文化形态表现于宗教、文学、艺术等的传承规模”。那么，作为都市文明的代表，大传统就是国家与权力的象征，是由城镇知识分子和社会精英所掌控和书写的主流文化传统，而小传统作为一种地方性的社区文化，则为依靠乡民或者俗民通过口传和其他非正式记载方式传承的大众文化传统。参见覃光广、冯利、陈朴主编：《文化学辞典》，中央民族学院出版社1988年版，第32、44页。梁治平在其著作《清代习惯法：社会与国家》中，首次对“大传统”和“小传统”这一组以“社会本体”为属性定位的舶来概念进行了转化使用，将“大传统”与来源于国家权力，体现国家官方和主流意识的国家法进行了勾连，而“小传统”自然就成为由“非官方的传统价值、规范以及习惯构成，反映社会下层、非正式的民间意识的”习惯法或是民间法的别称。参见梁治平：《清代习惯法：社会与国家》，中国政法大学出版社1996年版，第127～128页。

知识，也并不都是无益和不可理喻的……我们就必须承认……正式的法律所代表的是一套农民所不熟悉的知识和规则，在很多情况下，它们与乡土社会的生活逻辑并不一致……"[①]

中国传统宗法社会"家国同构"的组织体系，血缘为纽带的连接特质决定了城乡之间并不存在本质的差异，城只是乡的集中与放大。尤其自汉武帝"独尊儒术"以后，儒家伦理被历代统治者奉为正统意识形态，而信奉儒家伦理的儒生则成为串联社会3个层次的组织者，他们不遗余力地向民众提倡和教化这种以血缘宗法家族和小农经济为基础的道德伦理体系。于是，普遍认同儒家意识形态的乡民在实际生活中基于生活需要和生活经验而形成的民间传统和民间习惯，实质上与大传统之间没有本质的差别，[②] 两者互动互补，形成了一个"情""理""法"相互融合的有机整体。"在中国传统社会，作为官方意识形态的儒学知识大传统，它和农民文化（小传统）是相互渗透和连接的。"[③] 正因如此，中国传统社会历代统治者对于乡绅和宗法家族长运用以习惯、风俗为核心的各种宗族法和村规民约调整国家政权无法触及的县级以下地区的一般性私权纠葛，多持放任态度，即便这种"民间法"内容可能不同于国家律例，也不是通过国家正式或非正式的授权而产生，毕竟"法律是制定，风俗

① 梁治平：《在边缘处思考》，法律出版社2010年版，第108页。

② 对于小传统与大传统是否存在冲突的问题，许多学者提出了不同的观点。例如，王学泰认为，乡民社会的小传统与大传统虽然并非完全一致，但它们的区别主要表现在知识结构的差异上，如老百姓弄不懂大传统中的知识谱系的繁复与奥妙。因此，乡民社会的小传统的独特性更多地体现在用以传播、交流、延续的工具系统的粗鄙和缺少文饰上。参见王学泰：《传统与小传统》，载《社会科学论坛》2000年第8期。又如，谢晖认为，大小传统作为人类社会在演进过程中长期积淀并必然衍生的社会现象，自始便是一种对应关系，从而也使矛盾存在，它们之间存在着主体、利益和人性3个方面的对立性。参见谢晖：《大、小传统的沟通理性》，中国政法大学出版社2011年版，第2~5页。

③ 金观涛、刘青峰：《开放中的变迁——再论中国社会超稳定结构》，法律出版社2011年版，第367页。

是出于人们的感悟；风俗以人民的一般精神为渊源，法律却来自特殊的制度……风俗固定了，就可以成为法律……”[①] 然而鉴于晚清“修律”运动以降，我国一直热切追寻和企盼实现法律现代化的需求，包括立法者在内的社会精英对现代性法律可能导致的在“法治”的名义下或在精英法律话语的“霸权”下，会产生对民众的民主诉求和法律意愿“统制”的后果，进行了选择性忽略。于是，近代以来在民族国家的建立过程中，儒家意识形态共同体的解体、中西法律文化的博弈、革命思维的影响使得隐藏于大小传统之间的对立性凸显出来，以致原本根植于民间社会土壤的儒家伦理文化大传统逐渐丧失在法律制定与发展的方向上的基本话语权和合法性，[②] 而以民间法、习惯法和乡规民约等形式出现的小传统虽然遭遇了现代科学主义的思想体系的打击，但是依然能够在相当的范围和领域内被民众所认同，甚至被冠以“传统美德”，成为承载传统中国法律文化，抗拒现代主义的大传统对于乡土社会扩张的“最后一块净土”[③]。毕竟内生于一个国家的民间规范，不仅仅意味着它是一种历史陈迹，尽管不排除它的历史文化因素，还意味着它是一个国家、一个民族的现实创造，意味着某种历史上遗留下来的规范在现实生活中依然发挥着活动的、规范人们交往行为的实际作用。[④]

当持有西方所谓的先进“普适性知识”的大传统在法律精英的反思

---

① ［法］孟德斯鸠：《论法的精神》（上册），张雁深译，商务印书馆2004年版，第311页。

② 参见吴毅：《村治变迁中的权威与秩序——20世纪川东双村的表达》，中国社会科学出版社2002年版，第80页。

③ 若不以法典形式为标准，不以西方模式的法律和制度为标准，就必须承认每个有序的社会中都有其一定的“法律”规定，并在为民众所沿用的过程中成为生活中的一部分。它之所以不为民众所见，只是因为西化的法律观点造成了民众文化视觉上的盲点。参见苏力：《法治及其本土资源》（修订版），中国政法大学出版社2004年版，第74页。

④ 谢晖：《民间规范与法律的全球对话》，载《山东大学学报（哲学社会科学版）》2011年第4期。

与添加中逐渐形成“拒斥挑战机制”[①]，从而失去了于民间社会所固有的亲和力和融洽性之时，与保有中国传统“地方性知识”[②] 的小传统之间产生疏离成为一种必然，“特别是当大传统并没有很好地汲取西方文化的精髓，而小传统又越来越具有自主性的背景下，这种对峙、冲突和不睦，就更加明显、紧张和难以沟通”[③]。那么，在制度化的组织网络的强力推动下，强调规则统一，暴力垄断的国家法律制度虽然通过“普法”教育和“以案说法”等形式“柔性”地进入被其视为落后和陈旧之物的小传统的“自留地”，但是大小传统相互之间的隔膜以及共同信念缺失的现状并没有发生根本性的改变。中国社会中的基层民众，尤其是生活在乡村地区或是民族地区的人们在很大程度上依然将国家法律制度视为一种控制传统社会的外来力量，而非传统社会自生并对这些社会关系进行表达的力量。诚如梁治平所言，“我们的现代法律制度……设计来调整社会生活的各个领域……问题在于，这恰好不是我们的传统。这里不但没有融入我们的历史，我们的经验，反倒常常与我们固有的文化价值相悖……

---

① 所谓“拒斥挑战机制”，是日本法学者千叶正士在分析西方法基本特征的时候所提出的一个概念，即“将法律限定为一种经专门认可的正式规范体系，从而将人类社会生活的所有其他方面及其后果统统清除出法律世界而归入事实。通过这样一种明确的限定，法律就有权利不考虑任何社会现实的挑战，因为后者与真正的法律世界毫不相干”。参见［日］千叶正士：《法律多元——从日本法律文化迈向一般理论》，强世功等译，中国政法大学出版社1997年版，第52～53页。通过这样一种“拒斥挑战机制”，千叶正士先生认为西方法律为事实和伦理、宗教等价值判断划清了界限，拉开了距离，获得了一种可以独立自洽的规范地位。

② 关于“地方性知识”，是由美国学者吉尔兹提出的。在他看来，法律之所以是一种地方性的知识，就因为“地方”在此处不只是指空间、时间、阶级和各种问题，而且也指特色（accent），即把对所发生的事件的本地认识与对可能发生的事件的本地想象联系在一起。参见梁治平主编：《法律的文化解释》，生活·读书·新知三联书店1998年版，第74～171页。

③ 谢晖：《大、小传统的沟通难题与人权基点的沟通》，载《甘肃社会科学》2011年第4期。

我们并不是渐渐失去了对于法律的信任，而是一开始就不能信任这法律。因为它与我们五千年来一贯遵行的价值相悖，与我们有着同样久长之传统文化格格不入”①。

2. 被重新“阐述”的法律

不过，伴随着转型期中国社会演变为“陌生自由人社会”②与“社会成员之间的独立与疏离，自身行为意义不再依赖周边的环境和人们的认同，而是通过对自我的思想、情感、行为的组织而获得”③，人们在价值观念、行为逻辑、活动半径等方面发生了较大的变化。由于乡规民约等小传统应有规范社会秩序功能的弱化，人们又开始逐渐倾向于接受国家法律介入的事实。与此同时，国家法律的主导者——立法者也投桃报李，强调国家法律在“三治融合”中谦抑性的发挥。因为立法者们也清楚地知道，大小传统之间截然对立状态的逐渐减少并不意味着“送法下乡”的努力取得了完全成功，而小传统不仅仅是一个概念，还是一种有着悠久历史的民族或地方自治体，小传统固有的文化品格、思维逻辑和生活方式等形成的地方性规范的特征，决定了小传统依然可以在人们的法律实践中发挥着影响和作用。“当遇到实际的纠纷时，国家制度化的调解纠纷的途径还是要首先被诉求的，但诉求的方式则是以习俗的方式来理解新出现的问题。”④ 因此，大小传统相互的交织成为了实现国家治理现代化的一种必然模式，尤其是在一些国家法供给不足或触及不到的乡

---

① ［美］伯尔曼：《法律与宗教》，梁治平译，中国政法大学出版社 2003 年版，“代译序”第 12～13 页。

② 刘志民、杨友国：《陌生自由人社会及其内卷化——关于中国社会结构现状的思考》，载《甘肃行政学院学报》2009 年第 4 期。

③ 杨力：《新农民阶层与乡村司法理论的反证》，载《中国法学》2007 年第 6 期。

④ 赵旭东：《互惠、公正与法制现代性——一个华北村落的纠纷解决》，载《北大法律评论》1999 年第 3 期。

土社区，社会秩序是否能够井然有序，还是得依赖于日趋呈现出碎片化[①]的小传统。

那么，如何进一步有效弥合大小传统之间的裂痕，既预防国家的大传统依靠政治力量强行向基层社会渗透，又避免人们不计后果地规避法律而按照习俗行事，防止大传统可能与小传统发生的对抗，就成为作为法理型权威的国家法律执行者必须要考虑的问题，尤其在村民自治、法治、德治的“三治结合”的模式已成为转型期中国乡村治理模式的新特征和新趋势的情况下，更是如此。或许正是基于这个逻辑，部分法院在面对“‘外嫁女’是否有权继承宅基地”时，才会选择“尊重村民自治组织的意见”等说辞，尽管他们明确地知道，这种判决实质上可能侵害了“外嫁女”的合法权益。值得注意的是，国家法律的执行者，尤其是直接作为大传统与小传统中介的乡土法律人，如负责审判事务的人民法庭的法官，担任基层政权司法行政工作的司法助理员等，具有职业与身份上的双重性质——一方面作为国家法律的执行者，必须遵照国家法的精神和规定处理相关纠纷和矛盾；另一方面作为乡土社会中的一员，从小生活在小传统的影响下，自然将乡土文化演化为内心习性与审美情趣。这种双重性使国家法律执行者在面对国家法对扎根乡土社区的内部规范进行潜移默化的替换时，陷入了类似于博弈论上的囚徒困境。为了解困

---

① 必须看到的是，新中国成立以后的人民公社化以及“文革”等运动，使传统社会的小传统遭到一定的打击，而当前乡土民众急剧的分化和重组以及彼此之间多元价值的不可通约性，也导致地方性知识越来越碎片化，甚至发生了各种变异。

寻找出路，国家法律执行者在“父母官”情结和“社会效果”的驱使下，[①] 往往会选择向乡土社会或是民族地区内生的“地方性知识”靠拢，而将法律视为司法策略和技术的一部分的“反司法理论”，以求在大传统与小传统微妙而又复杂的关系之中保持平衡。因此，在基层法律实践中时常可以看见国家法律执行者在法律的表达与实践之中做出倾向于实践的选择，不仅通过各种方式营造出“司法广场化”[②] 效果，而且还自觉或不自觉地“穿插当地的人情世故来激活人们认可的行为准则”[③]，有意或无意地放纵人们依照自己的理解对国家法律大传统进行变通。在这种情况下，国家法在实践的过程中出现了被地方性知识悄然地“重新阐释”的现象，并以乡土社区人们所接纳的形式来运作。

然而，在乡土社区人们结构分化，以血缘和地缘为核心的结构壁垒开始解体的时代背景下，国家法律执行者对小传统对于国家法律的“重

① 中国基层人民法院法官在处理问题时主要关注如何解决好纠纷，而不是如何恪守职责，执行已有的法律规则，对此，可参见以下的案例：一个年轻农妇来法庭要和在外打工的丈夫离婚，接待的法官了解到，夫妻感情一直不错，并无纠纷，因此感觉很疑惑。面对法官询问，农妇吞吞吐吐，欲言又止。后来法官经过多次走访得知，原来是农妇的公公趁儿子不在家，经常占儿媳妇的便宜，儿子知道此事也束手无策。法官便将父子都传唤到法庭，告诉他们这是一起刑事案件，一旦立案，父亲要负刑事责任。父子都恳求法官手下留情。法官趁热打铁，讲了一通法律，并要求父亲写下保证书；还告诉农妇，以后再遭到侵犯，就立即报警寻求保护。显然，案例中的法官对成文的法律是有所“漠视”的，他关注的并不是法律的施行，而是纠纷的解决及其社会效果。参见董磊明、陈柏峰、聂良波：《结构混乱与迎法下乡——河南宋村法律实践的解读》，载《中国社会科学》2008 年第 5 期。

② 舒国滢：《从司法的广场化到司法的剧场化——一个符号学的视角》，载《政法论坛》1993 年第 3 期。

③ 杨力：《新农民阶层与乡村司法理论的反证》，载《中国法学》2007 年第 6 期。

新阐释”的纵容，或许是一种饮鸩止渴。因为这种基于“语言混乱”①而进行的“重新阐释”所带来的，也可能是乡土文化的再一次强化、国家法公共权威性的逐渐势落以及转型期社会中正义模糊性、正义相对性和正义特殊性的加剧。因此，长久以来已然存在的乡土社会日常生活的内在逻辑依然被人们所认同，而近些年来通过“普法”教育、司法活动等方式不断得到“包装”的法律，依旧只是作为一种从外部施加的压力停留在人们的脑海里，并未能真正内化为人们自己的知识，成为引导他们生活的终极信仰与有效指南。

三、传统实用理性的异化

任何法律的制定，都是以立法者无法掌握全部信息而“想象化”的施法对象作为前提的，而立法者这种“想象”所依据的知识背景与一般民众之间的距离，就决定了人们看待法律的视角与态度。近年来，中国社会转型所导致的多元社会思潮的论争以及不同法律文化的博弈，使立法者在施法对象上产生了与人们不同的想象，即便是那些国家观念和法

① 费孝通先生在《乡土中国》中提出了现代司法制度与乡土社会种种不适的“费孝通难题”。对此，朱晓阳教授用“语言混乱”进行解释。在朱晓阳教授看来，舶来的“实证科学”教条与“在地”的信念和知识之间无法“视野融合”，引起了“语言混乱”的局面。这种混乱是乡村社会固有的正义观和价值系统与从外部引入的、更多反映现代生活方式的外来正义观和价值系统之间的紧张和对立的反应。在“语言混乱”的影响下，所预设的“他者世界”在当下中国乡土社会的民众看来确实是一个“想象的异邦”。与朱晓阳教授的观点不同，在董磊明教授看来，在国家权力呈现出“身体撤出”“技术悬浮”状态的乡村社会已经陷入旧有社会结构解体，新社会结构尚未完全形成而导致的某种秩序的混乱之中，这并非“语言混乱”所能完全概括，而是表现为当前乡村社会内部所存在的，以权利为基础的法治秩序和以伦理为基础的礼治秩序这两套能在乡村社会找到存在基础的正义观和价值系统之间互相的冲突。参见费孝通：《乡土中国》，北京大学出版社 1998 年版，第 58 页；朱晓阳：《“语言混乱”与法律人类学的整体论进路》，载《中国社会科学》2007 年第 2 期；董磊明：《宋村的调解：巨变时代的权威与秩序》，法律出版社 2008 年版，第 202～207 页。

律意识已经得到一定程度的塑造和强化的人们依然或多或少地处在理解国家法的“无知之幕”之中，只能更多地凭借“基于自家利害，源自自家感受，表达自家向往”的实用意识来衡量国家法律所具有亲和力，毕竟对于人们来说，“在法律上公开宣告什么也许并不重要，而日常生活展现出来的实际利益可能更有价值”①。一旦秉持实用理性思维方式的人们发现国家法律的供给并不能满足自己的要求，他们便可能选择规避法律，通过私力救济等途径维护自己利益。然而，当下中国社会中人们判断法律所依据的实用理性是否就是实用性与合理性的结合呢？

（一）“实用理性”的铁笼

1. 实用理性的异化

在中国传统文化中，现实的世界就是眼前的这个“人的世界”。传统文化中对“神”的关注形成了人神关系中的“报应文化”，农耕经济中的“精耕细作”，决定了中华民族本性中实用理性特质的存在——一种由历史悠久的小农格局、漫长封建社会的君主专制以及讲究伦理的礼治文化，共同孕育的，强调在现实生活中妥善地处理问题而取得最佳结果的思维逻辑。与近代西方的实用主义理论相比，中华民族特性中具象表现为“趋利避害”的实用理性注重实际，讲求效用并以理智和道德控制行为，虽然内含工具理性与价值理性，但并不纯粹地着眼于以往的事实经验或只考虑解决实际的问题，更执着于历史和伦理道德，具有强烈的前瞻性，“重视从长远的、系统的角度来客观地考察思索和估量事事物物，而不重视眼下的短暂的得失胜负成败利害”②。

然而，近代以来救亡图存、富国强兵的民族诉求，社会思潮多元和

① 徐忠明：《权利与伸冤：传统中国诉讼意识的解释》，载《中山大学学报（社会科学版）》2004 年第 6 期。

② 李泽厚：《中国古代思想史论》，人民出版社 1985 年版，第 305 页。

市场经济发展的客观实际，禁欲主义与权利意识觉醒之间的矛盾，使得人们意识到“通过引入新的文化以推动社会进步是一种迫不得已的工具性需求”①。只不过，人们在这一过程中，却简单地将“实用理性”庸俗化为“实用之学”或“工具主义”，只关心眼前的事物或行动所产生的实利实惠的结果，缺少一种系统的理论和思辨的理性，更不会注重对价值属性形而上学意识的关怀。② 于是，人们在“直系家庭核心化”与“香火观念淡化”的影响下逐步摆脱伦理道德和“差序格式”的束缚，而以功利化和现时化的利益计算为特征的急功近利，成为近些年来日益呈现出“原子化”的人们的独有心态。那么，作为丧失价值生产能力的经济动物的人们，当面对社会调整方式相互博弈的多元化局面时，很自然地且会习惯性地将庸俗化的实用理性作为评判和选择包括法律在内的调整手段的重要标准，“服从法律更多的是一个利益刺激问题，而不是敬重和尊重的问题”③。此时，人们恪守法律，服从秩序的动因不再是暗含于国家法律与社会秩序之中的某种具有神圣性的道德，而是“通过我们个人的理性而认识到了一定的规则和秩序的合理性”④。一旦作为国家正统纠纷解决方式的法律不能为不同个体面对的不同情境中的各种具体冲突提供最大化的效用，人们就会转向可以实现他们的权利和维护社会秩序的替代性手段，因为“在实用主义和工具主义看来，法律是一种经世

① 张善根：《法律信任论》，中国法制出版社 2018 年版，第 158 页。

② 当然，我们提倡的“公而忘私”的主流价值观在很大程度上制衡了民众自私的天性，而一批“梁生宝型”的积极分子的大量涌现，引导了一个积极向上的氛围，使很多人尽可能地克服短期利益和局部利益，投身于长期利益和整体利益。参见董磊明：《宋村的调解：巨变时代的权威与秩序》，法律出版社 2008 年版，第 173 页。

③ ［美］理查德·A. 波斯纳：《法理学》，苏力译，中国政法大学出版社 1994 年版，第 297 页。

④ 赵旭东：《法律与文化：法律人类学研究与中国经验》，北京大学出版社 2011 年版，第 266 页。

济用的工具，法律的目的就在于最大限度地满足人类的主流需求和利益”[①]，“法律并不仅仅因为它本身是法律就能凌驾于非正式规则之上，在法律与习俗和潜规则之间的较量中，决定胜负输赢的关键是看哪种规则拥有强有力的维持力量”[②]。

2. “迎法下乡”的出现

然而在中国近代历史上，民众对于法律的实用性需求，却呈现出明显的城乡二元性。与城市居民开始接触和适用新式法律不同的是，在广大的乡村地区，以乡绅与宗族长为核心的乡土社会“实体治理”[③] 结构一直以来维持着中国传统社会的基本秩序，即便是在社会结构巨变，传统乡绅逐渐退出历史舞台的清末民国时期，由于政府的官僚网络的末端无法到达乡和每一个自然村，[④] 社会最基层的秩序还需属于原生型权威的地方上和村庄中的显要人物运用小传统进行维持。[⑤] 中华人民共和国的成立打破了传统社会纵向的社会结构和价值体系，长期以来一直处于社会底

---

① ［美］罗伯特·S. 萨默斯：《美国实用工具主义法学》，柯华庆译，中国法制出版社2010年版，第35页。

② 桑本谦：《私人之间的监控与惩罚——一个经济学的进路》，山东人民出版社2005年版，第301页。

③ 参见［美］黄宗智、尤陈俊主编：《从诉讼档案出发：中国的法律、社会与文化》，法律出版社2009年版，第227页。

④ 国民党要完成对社会基层的统治，只能通过将国民党党员转化为基层干部以及让农村青年知识分子接受三民主义培训转化为基层干部两个途径。然而，由于国民党不愿意将新意识形态引入农村地区的整合模式，决定了这两种办法都难以实现。参见金观涛、刘青峰：《开放中的变迁——再论中国社会超稳定结构》，法律出版社2011年版，第282～283页。

⑤ 不可否认国民政府时期，由于政府具有更进一步渗入地方社会和乡村的意图和能力，但这种能力又不足以支撑其将国家机器直接深入广大的乡村，因此，国民党在实行保甲制度的同时，利用了大量的“村级恶棍”作为基层管理人员。这些人狐假虎威，滥用权力，作恶乡里，加剧了农村的危机。参见［美］黄宗智：《华北的小农经济与社会变迁》，中华书局2000年版，第298～300页。因此，他们也就成为农村革命的主要打击对象。

层的普通民众，尤其是“贫下中农”得以“翻身做主人”[①]，而1953年土地改革的完成，更促使人们在革命思维的余热中表现出对于共产党政权极大的认同感。将自己的生活和未来绑在了国家的许诺中，自然接受了无产阶级革命路线的人民公社[②]，从而使得每一个村庄、每一条街道，甚至每个人都在强大的国家政权的控制之下，统购统销的商品粮供给机制以及由此带来的城乡隔绝制度的实施就是很好的证明。此时，执政党的官僚网络已经深入社会的最基层并对原有社会结构进行了彻底的重构，在人们表现出对于中国化的马列主义意识形态认同的同时，作为次生型权威的各级干部自然得到人们的普遍认可。不过，村庄依然还是许多人安身立命的场所，尤其是城乡隔绝体制的建立以及人民公社化的推行，打破了中国历史上城市和乡村人口之间自由流动的传统，农民与市民被束缚在土地上和单位中，“共同体”的意识不断增强，使得传统的乡土社会的伦理秩序依然规定着乡村中人们的日常生活。

自20世纪70年代末以来，随着改革开放的推进以及西方理念的引入，城乡都在不同程度上开始接受外来文化的洗礼。然而，相对于知识分子聚集，国家法律的权威被普遍接受的城市而言，广大的乡村地区在变革中出现了合法性权威缺失的情形。大量农村剩余劳动力在“打工经济”的影响下离开农村涌向城市，促使家庭伦理观念和家族宗族纽带逐渐淡化，而电视、网络现代传媒工具的强势“下乡”，也让留守乡村的人们获得了越来越多了解“乡土”外的世界的机会。于是，作为传统“熟人社会”载体的乡土社区内含的相对封闭的环境被彻底破坏，人们之间原本被刻意“铲平化”的异质性得到显露，旧式的乡土逻辑和价值体系

---

① 1949年之后，地主阶级被彻底消灭，中国的农村出现了一个历史上从没有过的无地主的自耕农经济。参见［美］费正清、麦克法夸尔主编：《剑桥中华人民共和国史：1949—1965》，王健朗等译，上海人民出版社1990年版，第91页。

② 董磊明：《宋村的调解：巨变时代的权威与秩序》，法律出版社2008年版，第173页。

也在现代性的价值理念和生活方式的冲击下逐渐瓦解，乡土社会的关联不断降低，甚至出现了村庄认同的危机。与此同时，政社合一的人民公社体制被取消，国家权力开始出现从农村后撤的迹象。在农民获得经济自主、乡村选举等权力的同时，国家对于农村的控制力却越来越低，“甚至在不少地方出现了国家‘身体不在场’的局面（人们常说的基层组织瘫痪）”①。当原本已经伸入乡土社区的国家组织“不仅没有转变为政府农村的主体，而且正在和农民脱离旧有的联系，变成了表面看上去无关紧要，可有可无的一级政府组织”② 时，国家基层政权呈现出“悬浮”于其载体之上的奇特现象。

在乡村民众从传统生活秩序向现代生活秩序过渡的同时，原生型权威和次生型权威作用却出现了减弱甚至是缺失，而各种村民纠纷和群体性事件的频繁出现，导致了转型期传统社会秩序的失范。此时，“权威在当代村落中是弥散的，而不是集中在某个人身上……这样一来，如果涉及村民的重要利益的纠纷，村落中缺乏一个高度裁决性的调解权威”③，而趋于“理性化”和“实用化”的人们开始倾向于借助于外力——“灰社会”“黑社会”④ 或者国家法律来维持乡土社会秩序，解决邻里纠纷。

---

① 董磊明、陈柏峰、聂良波：《结构混乱与迎法下乡——河南宋村法律实践的解读》，载《中国社会科学》2008 年第 5 期。

② 周飞舟：《从汲取型政权到“悬浮型”政权——税费改革对国家与农民关系之影响》，载《社会学研究》2006 年第 3 期。

③ 易军：《权威变迁、权力表达与纠纷解决——乡村社会的法律信任与乡村法治》，载谢晖、蒋传光、陈金钊主编：《民间法》第 16 卷，厦门大学出版社 2015 年版，第 161 页。

④ “灰社会”和“黑社会”在某些地区已然成为秩序维持的根源之一。在那些地区，地方上的“灰社会”或“黑社会”老大很有威信，老百姓有了纠纷愿意找他们去摆平，他们找到双方当事人调解，提出一个据说是比较公道的解决方案，假如一方不接受方案或接受了并不履行，就是不给调解人“面子”，就有可能遭到报复。因此，这些老大解决纠纷的效率很高。参见潘泽泉：《社会“秩序”何以可能：迈向经验解释的中国社会》，载《中共天津市委党校学报》2010 年第 4 期。

不过，因为“灰社会”“黑社会”等所内含的暴力性和非法性，若其大量蔓延并不断介入村庄生活，只会导致出现“暴力竞赛”，甚至在某些地方可能使非法宗教势力死灰复燃，从而更加扰乱村庄的秩序。而法律制度与前两者相比，独具规则普遍性和强制性的特征，能够给家庭伦理纽带被打破的陌生人社会提供信任的机制，实现社会秩序的有效重建。因此，引入作为外生型权威的国家法律就成为解决现代乡村日益缺乏秩序内生能力和秩序维系能力难题的唯一选择，而“国家法律进入的实践，并不仅仅是国家一厢情愿的‘送法下乡’，更表现为乡村社会产生了内在需求后的‘迎法下乡’”①。

（二）“无需法律的秩序”②

1. “用不起”“不会用”也“不想用”的法律

需要说的是，虽然“迎法下乡”是乡土社会对于国家法律的内在需要的结果，但是“诉讼作为当事人纠纷的一种‘通向自由之路’，是在传统权威式微而新式权威无法控制的情况下，一种被助推的结果，不一定是村民真实的内心想法”③。因此，适用法律的效果直接关联到乡土社会的民众对待法律的心态。在“积极”心态的引导下，乡土社会的民众自然已不再满足于仅仅作为国家法律“立法和执法对象”。相反，他们在与国家法律的互动中更多地表现出一种主动性，甚至发生了从国家权力的被规训者和法律知识的被灌输者到国家法律博弈主体的蜕变。此时，法

① 董磊明、陈柏峰、聂良波：《结构混乱与迎法下乡——河南宋村法律实践的解读》，载《中国社会科学》2008 年第 5 期。

② 此语源自苏力老师翻译的《无需法律的秩序》。[美] 罗伯特·C. 埃里克森：《无需法律的秩序》，苏力译，中国政法大学出版社 2016 年版。

③ 易军：《权威变迁、权力表达与纠纷解决——乡村社会的法律信任与乡村法治》，载谢晖、蒋传光、陈金钊主编：《民间法》第 16 卷，厦门大学出版社 2015 年版，第 166 页。

律“下乡”肩负多重使命——国家法律作为一种保守而非激进的力量，[①]与“复杂而多变”的基层社会的接触不仅仅是为了用现代司法理念和制度来协调、处理人们的日常生活纠纷，更为重要的是能够在基层，尤其是乡土社会建立起体现公正、秩序的国家法律的权威，这取决于“下乡”的国家法律在运作中与人们的适应度，亦即实体上的融合和程序上的匹配。

当一个主要以城市社会交往规则为主导的全国性制定法体系被确定为国家法律的参考标准之时，国家法律与乡土社会民众在实体上的隔膜与程序上的不适便注定将会发生。都市社会语境下的国家法律，虽然随着国家权力技术控制能力的不断提高而成为人们面对纠纷时的一种知识参考和策略选择，对人们的行为模式产生实实在在的影响，但是在实践中却很少被人们主动、理性援用，更多是处于“蛰伏”的状态。究其原因，除了前述的移植而来的“西化”法律的内容与中国实践的脱节之外，另外一个重要的原因就在于现代法律所严格遵循的“程序主义”给习惯于奉行“实体主义”的人们带来的诸多不适。在乡土社会的民众看来，国家法律不仅在制定法律时应强调以事实情况本身而非独立于且高于事实情况的抽象原则为出发点，而且在司法过程中也应突出国家法律的实体效应，即便中国法传统中也有部分程序要素的习惯——综观中国传统法律，其中虽然也存在一些“程序性”的规定，[②]但这些规定既不能反映出立法者对于纯粹通过形式分析得出真理的方法的认同，也无法让当事人和其他相关人信任严格依据理性主义逻辑作出的判决。这些“程序”

---

① 正如苏力曾指出的那样，“如果从社会学的角度来看法律，可以发现法律的主要功能也许不在于变革，而在于建立和保持一种可以大致确定的预期，以便利人们相互交往和行为。从这个意义上说，法律从来都是社会中一种比较保守的力量，而不是一种变革的力量”。参见苏力：《法治及其本土资源》（修订版），中国政法大学出版社 2004 年版，第 7 页。

② 参见［美］黄宗智：《清代的法律、社会与文化：民法的表达与实践》，上海书店出版社 2007 年版，第 181 页。

上的规定只是实现人情常理的工具，一旦因为“程序”而妨碍到伦理道德的实现，传统法律的制定者和执行者便会毫不犹豫地选择“法外作业”而甩开“程序”的掣肘，“历史上法律制度的中心不在于制定行为的规范，而在于当为人们所公认的错误行为发生后对于该行为者确定合适的刑罚这一传统”①。

在重视实用理性，漠视程序正义的心态影响下，定位为追求法律效果变得更“有效”而不是“更好”的现代性法律，虽被乡土社会的人们主动“迎回”乡土社会，却不得不面对人们“用不起”“不会用”也“不想用”的尴尬局面。首先，且不论在乡土社会启动国家法律解决纠纷而产生的“人情成本”，仅就国家法律诉讼程序的复杂性以及国家法律供给不足等因素带来的成本而言，即便有了基层人民法院对于诉讼费的部分或全部减免，但诸如鉴定费等其他费用有时还是会让人们感觉捉襟见肘，尤其是在地处偏远的西部少数民族乡村地区，时常办理一个普通的民事案件就很可能需要上千元甚至超万元的诉讼成本，这已远超当地民众的承受能力。其次，由于每一个地区接受和应用现代法律理念的差异以及受传统文化影响的不同，基层社会中还存在各种仍带有“地方性知识”特质的复杂秩序。是否要对这些秩序进行回应，使强调“形式统一”的国家法律陷入了两难的境地：若满足这些“复杂而多变”的秩序，就需要不时地对法律进行变革，而频繁的法律变革必然会损害法律的权威并破坏法律所独具的预期功能，从而严重扰乱国家法律应有的秩序；而对于不同主体的多元化要求不做回应，又会引起人们对于法律的不适感。此外，中国传统社会中司法官职业化思维方式的缺失导致国家法律执行者在进行法律实践活动时采用平民化、大众式的思维方式，这就不可避

① ［美］德克·布迪、［美］克拉伦斯·莫里斯：《中华帝国的法律》，朱勇译，江苏人民出版社2008年版，第410页。

免地使他们将实用理性作为看待法律问题的出发点。正如苏力所言，“重要的是把纠纷处理好，要的是好结果，能保‘一方平安’；有关法律规定往往只是一个必须考虑甚或是在一定条件下必须有意规避的制约条件”[①]。此时，就存在一旦启动“下乡之法”，便可能给人们带来纠纷隐患而不是实在利益的情况，以致人们眼中的法律，“在现实场景中，在更多的时候只是一种象征物、一种解决方式的参照物，而不是判别是非的‘准绳’”[②]。

2. 规避法律、私力救济与“弱者的武器”

不可否认的是，从20世纪90年代到21世纪前十年的近20年的时间中，部分乡土社会民众对于国家法律还存在实体上和程度上的不融合性，人们必须在面对法律存在于两个维度上的问题——“我能够在多大程度上有效地使用法律？”（How well can I work the law?）和“法律能够在多大程度上发挥作用？”（How well does the law work?）的过程中，[③] 逐渐重新认识法律和对待法律，从而发现国家法律绝非仅仅只有“高高在上的、体现正义的神圣武器”的一面，在实际的运作中也存在着在各种内外因素的作用下，退化为“脆弱、多变、难以捉摸的东西，很容易被人操纵利用……有时候变成了某个人的意志”[④] 的可能。此时，国家法律的价值属性和权威性逐渐被人们所忽视和淡忘，因此无论人们做出遵守法律还是“规避国家制定法转而皈依世俗民间法或其他留存于社会中但不

① 苏力：《送法下乡——中国基层司法制度研究》（修订版），北京大学出版社2011年版，第133页。

② 郭星华：《从中国经验走向中国理论——法社会学理论本土化的探索》，载《江苏社会科学》2011年第1期。

③ 参见郭星华：《从中国经验走向中国理论——法社会学理论本土化的探索》，载《江苏社会科学》2011年第1期。

④ 冯象：《木腿正义——关于法律与文学》，中山大学出版社1999年版，第24页。

易为人们察觉的隐性规则的行为和现象”[①]，在很大程度上只是基于一种追逐利益，比较供给与需求的投机的普遍心理。

正是因为立法是由拥有立法权的国家机关向社会提供法律产品的活动，所以作为公共产品的法律为追求“形式统一”，其供给自然也只能由国家天然垄断，“属于一种非竞争性供给”[②]，法律实质上是一种“强者的利益”。当立法者（强者）与普通民众利益相似时，法律或许可以实现社会效益的最大化。然而，在实际社会生活中，由于实用理性庸俗化的影响，在社会主体地位的层次化以及利益的多元化的大背景之下，立法者往往在与普通民众利益冲突时优先考虑自身的特殊利益，甚至出现某些法律供给者无视公共利益最大化的要求而倾向于实现供给者效用“内部化”的趋势。在这种法律“内部化”的影响下，国家法律很可能随供给者的意志在某一个领域出现立法泛化现象，从而引发法律供给过剩问题。此时，法律需求主体被动接受法律强制性供给的“非自由性”使得国家法律供给者可以通过国家行为向他们兜售“过剩”的法律，而“供过于求”的局面造成人们如果接受这些“多余”的法律，所预期支付的成本将高于遵守这些法律给他们带来的收益，社会资源配置也难以通过这些并不公正的秩序安排达到帕累托最优。那么，民众在规则多元的背景下规避法律，自愿选择遵循能够使其获得更有利后果的规则也就在情理之中。

当然，受供给者意愿影响的“供过于求”只是人们需求与法律供给之间矛盾的一个方面，这对矛盾还可能表现为供给者供给能力不足而导致的“供不应求”的样态。众所周知，法律既作为受到立法者内外在因素影响的人定之物，又必须发挥维护社会整体秩序的功能，这种双面性

---

① 王金沙、熊海博：《论规避法律及其对策》，载《汕头大学学报》1999 年第 6 期。

② 秦仁旺、杨玉豪：《法律规避的经济分析》，载《桂林市教育学院学报（综合版）》2000 年第 2 期。

决定了法律必然表现出一定的滞后性和保守性，时常无法与社会发展的新趋势和新要求保持同步。与此同时，建立在客观需要基础上的民众对于法律的需求却随着社会的发展不断增加。于是，法律供给的滞后与法律需求的增长之间必然产生“供不应求”的矛盾，而立法者也只能利用法律意识，通过对各种法律需求进行甄别来辨明合法性的办法来弥合两者之间日益扩大的鸿沟，即便他们明确地知道并非所有被判断为不合理、不合法的需求愿望都不含合理的因素。法律供给的短缺意味着现行的国家法律不能保障和满足人们的需求，他们可期的利益甚至受到的现实损伤也得不到法律秩序的安排和救济。于是，人们只能求助于国家法律之外存在的既有规则或是进行私力救济。

无论是“供过于求”还是“供不应求”，国家法律供给与人们法律需求之间始终处在非瓦尔拉均衡[①]状态之中，尤其是当立法者、执法者和司法者在法律意识形态的支配下，倾向于“将法律决策立足于抽象的道德教义或大而化之的宪法权利”[②] 时，法律的供给与人们的需求之间的关系更加失调。此时，法律无能论的声音、法律虚无主义的情绪便在民众之间持续发酵，规避法律而另辟蹊径就成为一种自然的理性选择。正如苏力所言，“大多数情况下……由于任何制定法都具有某种或多或少的弹性，法律不可能规定一切，许多法律有交叉，因此，从这个角度看，法律规避必定是社会中的一种普遍现象，而真正的严格执法倒是一种例外……”[③] 当然，法律规避的频繁出现并不说明法律规避在法律上具有正当性，也不代表法律规避就一定能获得道德观的支持，毕竟因个人利益

① 非瓦尔拉均衡是指动态的均衡，系统内相互作用的变量或要素通过自身的调整，使系统不再存在继续变动的趋势，实质上包括均衡和不均衡。参见秦仁旺、杨玉豪：《法律规避的经济分析》，载《桂林市教育学院学报（综合版）》2000 年第 2 期。

② 桑本谦：《法律控制的成本分析——以对通奸和黄色短信的法律控制为例》，载《现代法学》2007 年第 5 期。

③ 苏力：《再论法律规避》，载《中外法学》1996 年第 4 期。

而选择规避法律，利用私力救济等办法解决矛盾和纠纷，实际上已经对国家法律效力的权威性和形式的统一性造成了破坏，最终在社会上形成一种普遍无视国家法律的行为习惯。更为令人担忧的是，虽然中国基层法律实践正经历着从原来的规避法律、私力救济到开始通过寻求亲近法律这个“弱者的武器”① 来增加行为合理性的结构性转变，但是这种结构性转变的驱动力却不是对于法律的认同，而是一种基于实用主义的诉讼策略，所最终导向的往往不是“制度化的信任”② 而是非制度化的“人格化信任”，“正如乡村的人所共同感受到的‘法律像个活动锁，能上能下，变来变去’”③。

---

① 民众行使法律这个“弱者的武器”的过程，实质上也是一个基层民众对于国家和地方性法律的自我解读和应用的实践过程。这一过程并非已经完结，而是还在进行之中，各种新的“弱者的武器”的发明体现了当下基层法律实践的紧迫性，这种紧迫性又是与整个中国社会的发展转型密切地联系在一起的。参见赵旭东：《法律与文化：法律人类学研究与中国经验》，北京大学出版社 2011 年版，第 263 页。

② 制度化的不信任，是指民主制度最基本的前提是对所有权威的怀疑，民主制度需要证明所有权力存在的合理性，这些权力在本质上被看成值得怀疑的。参见［波兰］彼得·什托姆普卡：《信任：一种社会学理论》，程胜利译，中华书局 2005 年版，第 187 页。

③ 赵旭东：《互惠、公正与法制现代性——一个华北村落的纠纷解决》，载《北大法律评论》1999 年第 3 期。

第四章

法律认同的重拾路径

理论在一个国家的实践程度，决定于理论满足这个国家需要的程度。

——卡尔·马克思

当下中国正处在一个特殊的时代，在这个时代中过往一切神秘的权威以及始于启蒙的理性思维都在知识爆炸和世俗化浪潮的冲击下逐渐褪色，所有制度和传统都面临着被价值多元化与工具理性膨胀解构和重建的压力，再加上近几十年来在社会思潮中出现的所谓“去意识形态化”的倾向，导致作为人们社会生活行动指南与策略武器的意识形态统一体，受到了价值观和生活方式多元化的冲击。社会的“流动性”① 在信息化的加持下不断强化这种趋势的影响，主流意识形态的社会整合功能被弱化，部分民众对于主流意识形态的认同也开始出现模糊化，以致“社会情绪反向”的现象时有发生。此时，人们对于立法者基于主流法律意识形态②的“想象”而制定出的国家法律的效力表现出了深切的关注，对法律实施者在“法律的想象”的支配下依法而治的诚意产生了相当的质疑，中

---

① 在鲍曼看来，“现代性正在从‘固体’阶段向‘流动’阶段过渡”，这至少意味着在5个方面我们的生活方式和时代特征发生了质的改变。第一，这意味着社会形态不再是固定或持久的，也不再会“成为人类行为和长期生活策略的参照框架”；第二，这意味着“权力与政治的亲密关系即将解体”，权力不再与政治共享“民族国家”这样一个共同的实体，权力从中解放出来，进入了全球空间，而政治依然局限于地方；第三，以社群或国家为代表的“共同体”的力量在逐渐削减，越来越无法为个体提供归属感和安全感，“社会”已经被越来越多地视为一种“网络”而非“结构”，临时性的利益群体愈益动摇了连带性的社会基础；第四，稳定的社会结构正在消失或削弱，人的生活方式越来越趋向于片段化的、当下即刻的、反应性的，“进步”的内涵发生重大改变；第五，个体得到全面的解放，也因此“被期望成为‘自由抉择者’，而且应该为自己的选择负全责”。参见［英］齐格蒙特·鲍曼：《流动的时代：生活于充满不确定性的年代》，谷蕾、武媛媛译，江苏人民出版社2012年版，第1～5页。

② 法律意识形态是一定法制体系中一定阶级、阶层或社会集团基于特定利益追求在法律实践中形成的由一系列法律价值、信仰等因素构成的观念体系，该观念有机综合体借助法律理论与学说的形式得以反映与表达，但是更关注参与法律实践以建立、维系特定的利益格局与价值偏好，成为特定群体决策与行动的基础与指南。参见张昌辉：《法律意识形态的概念重提》，载《甘肃理论学刊》2010年第3期。

国法律遭遇到了前所未有的认同危机，甚至制度性不信任①已然出现在部分民众的内心深处。然而，现代法律既不简单是外在地强加给中国社会的，也不是由中国社会之外的其他人来主导和推行的，所有这些改造、塑造和建立的任务都主要是由中国人自己，为了自己的利益去进行和完成的，而这个行动主义显然不可能在历史之外，完全摆脱历史和传统去创造历史②的特征，决定了在“宗教文明秩序”或“道德文明秩序”蜕变为“法律文明秩序”的历史大背景下，人们在概言“现实法律无用”“法律之治不可行之于中国”而导致违法现象层出不穷，规避法律成为“潜规则”畅通无阻的同时，会从自身的经验出发，向往着他们所认定的“法律之治”。尤其是，法律现实与法治理想的差距，更加激发了民众探寻“想象的”法治景象的渴望。那么，在西方法意与本土人情出现裂痕，现代规则与传统观念不断冲突，国家法律与现实社会脱节频发的困境中，如何通过实现“想象的法律”（imagination about law）与“法律的想象”（imagination of law）的和解来重拾法律认同传统呢？

一、法律认同重拾的制度基础

在中国几千年的历史中，国家法律在绝大多数的时间中对于民众具有一种亲和性。也正是这种亲和性，催生出了民众对于法律的认同传统。因此，若要重拾民众对于法律的认同，首先要做的便是打造一个让民众有亲近感的法律。

---

① 制度性不信任是个体对客观环境产生较大风险的感知，来源于个体对某一制度结构性保证和情境规范的判断。其中，结构性保证是指有利于交易成功的保护性结构，如担保、合同、承诺等；而情境规范则涉及交易习惯和规则，个体往往会通过观察交易习惯和交易规则是否正当来判断交易能否成功。如果某一个体感知到某一制度保证和情境规范不够健全，就会产生对相关制度的不信任。参见郭云峰：《论司法公信力提升的路径与方式：基于系统自组织演化的分析》，载《河南财经政法大学学报》2016 年第 4 期。

② 梁治平：《在边缘处思考》，法律出版社 2010 年版，第 31 页。

（一）解构现代法律的“真相”

1. 碎片化的法律认知带来“想象的法律”

近百年来中国法律制度变迁的图景，形象地展示了人们对法律制度的认同、对法律原则的个人信念的形成与人们在标准生活模式下所向往的信仰有着直接的关系，而对于一个生活在自己经验世界中的人而言，标准生活模式并不是超验、应然的价值悬置，而是实然状态下已经习惯的现实生活方式。于是，无论是超验的神权法、实然的封建礼法，还是革命思维影响下的红色法律，它们在价值属性与思维理念上都或明或暗地追求着与中国人的现实物质生活、精神价值诉求之间保持高度的适应性。因此，这种法律与现实的亲和造就了中国人长期以来通过碎片化的形式而非系统的方式获取法律知识的习惯，因为在他们看来，法律实际上就是经验的产物、现实生活的反映，真实的经验世界与感观的法律世界之间并没有绝对的鸿沟。“法律表面上有武断和无可否认的强制性特征，司法中有无法避免的事实和法律错误及其引起的不正义，加上法律的他性，这一切使法律能够极好地象征我们在某些情绪中感受到的任意、强制和‘不公平’的人类状态——‘生活’。”① 因此，长久以来中国传统“司法”中强烈的道德主义倾向使人们陷入了“洞穴隐喻”式的法律理解情境，肉眼和感观所发现的碎片化的“映像”成为法律世界的全景图像，人们生活在经验编织的法律世界中，通过道德、情感感知法律的

① ［美］理查德·A. 波斯纳：《法律与文学》（修订版），李国庆译，中国政法大学出版社2002年版，第27页。

存在,[①] 通过文学、戏剧描绘法律的图景,[②] 正所谓"律意虽远，人情可推"。

相对于系统学习和运用法律的法律人而言，法学教育、普法宣传等"学"的途径在中国普通民众获取法律知识方面的作用并不突出，他们的法律认知形成更多的是通过直接面对鲜活的案件（参与者）或是间接通过道听途说的"蹚"（观察者)。"一般情况下，民众都是基于其与司法部门打交道的经历来感知并判断是否对司法部门的行为满意。这种'个案满意度'不是'一次性消费'而是直接影响到民众对司法机构的长期信任，以及对司法机构的决定一以贯之地遵守和履行。"[③] 在出于自身或周遭的原因而与法律接触的过程中，人们虽然获得了生动的法律"感官印象"并试图以此为基础在思维逻辑的组织下形成"法律认知"，但是受限于参与者和观察者站位的不同，再加上受到"作为一种发源于过去，存在于现在并在一定程度上影响未来的法律文化"[④] 的传统文化，19 世纪末在西方大体形成，20 世纪中期在中国开始推广且延续持久的"教科

---

① 在中国古代社会，道德观念一旦衰弱，一切，其中也包括法律会成为无皮之毛、无的之矢，失去依据与方向。礼教的原则、精神渗透于法之中，礼教的权威效力远远超过了法条，礼教是人们心目中的"大法"。参见马小红：《礼与法：法的历史连接》，北京大学出版社 2004 年版，第 149 ~ 150 页。

② 公案文学是中国古代出现的一种讲述案件的文学形式。在公案文学之中，社会民众在地域风俗等"地方性知识"的浸润下，通过"道"与"技"，多层次地呈现出法律想象。于是，法律不仅仅是一种题材背景，更是众声喧哗的社会性想象。参见崔蕴华：《人文语境与法律想象：中国公案文学新论》，载《社会科学论坛》2011 年第 9 期。

③ 苏新建：《程序正义对司法信任的影响——基于主观程序正义的实证研究》，载《环球法律评论》2014 年第 5 期。

④ 金亮贤：《改革开放以来法律文化变迁述评》，载《政治与法律》2005 年第 5 期。

书式”的知识[①]等的潜移默化的影响，他们在时空错乱[②]中尚未完全建立起可以正确评判案件的精细化、科学化、理性化的法律逻辑思维能力。当包括立法者、执法者和司法者在内的法律精英也无法合理地解释舶来概念与本地经验之间的抵牾之时，普通民众通过“管中窥豹”式的方式获得的法律信息已不能够绘制出法律的全部样态，他们对法律的理解、诠释也与法律的规定与逻辑不尽相同，甚至开始出现了“想象的法律”走向真实法律的对立面的情形，“客观真相存在于事件的亲历者和见证者之间，司法机关和社会公众只能根据搜集到的关于事实真相的‘碎片’进行有限度的真相复原……后者则将真相的发现建立在道德和良知约束下的感性认知的基础之上，主要通过舆论场域中各种观点的争鸣发现真相。在‘证据’链条断裂，信息缺失的情况下……后者则通常无视法律所预设的证明规则，完全凭借自己的理解和猜测进行真相的‘复原’”[③]。“听众理论”在司法审判中的多维运用，[④]“善于运用群众能听懂的语言、

① 参见刘星：《西方法学理论的“中国表达”——从 1980 年代以后的“西方评介”看》，载《政法论坛》2005 年第 1 期。

② 时空错乱包含两个层面，一是社会结构系统层面，二是社会心理层面。所谓时空错乱，是指特定历史时间和空间的相互叠加和掺杂，社会主体认知、观念和行为的混乱，即在我国转型过程中，传统与现代、东方和西方的社会结构系统与观念制度系统同时存在并且相互交错、重叠和侵蚀，而社会主体在这种社会情境中出现认知、观念和行为混乱的状况。参见张善根：《法律信任论》，中国法制出版社 2018 年版，第 47 页。

③ 郭云峰：《论司法公信力提升的路径与方式——基于系统自组织演化的分析》，载《河南财经政法大学学报》2016 年第 4 期。

④ 佩雷尔曼提出的“听众理论”在司法审判中的运用，就是指在论辩过程中从听众的角度出发，讨论说话者如何使自己的观点获得听众的支持，并因而具有合理性和可接受性。所谓听众，就是说话者在论证过程中试图影响的人，可区分为普遍听众（全人类，或者至少是那些具备相应能力和理性的人们）、单一听众（在特定场合中说话者指向的对话者一方）以及自我听众（说话者自我说服的对象，即说话者自身）。这种区分，意味着面对不同的听众，需要采用不同的言说方式。

能理解的逻辑、能接受的方式方法沟通、释法说理”① 以及“办理具体案件时……努力寻求案件处理的最佳方案，使司法裁判‘文本法’的适用符合人民群众感受的‘内心法’”② 等观点的提出，都是例证。伴随着中国整体法律文化出现“以上层意识形态为主导，以基层多样性的法律实践为呼应的中国新的法律文化”③ 的建构路径趋势，人们对于法律的认知呈现出在中国传统法律文化、社会主义法律文化和西方法律文化 3 个相互作用的法律文化子系统的不断冲突与整合下，交互交织的片面化、碎片化、表象化的样态，而其中的某些认知甚至存在着异化而蜕变为“经验”的可能。一旦如此，人们对于法律的认知就不再基于法律文本，而是蜕变为“包含了对案件特色与纠纷解决实践紧密联系的地方性策略”④。

2. 基于“法律的想象”产生的“偏见”

更为严重的是，“在现代社会，司法作为政治系统功能分化的产物，其日益增长的专业化、官僚化与理性化造就了越来越严重的知识、信息壁垒”⑤，以至于当致力于追求“法律真相”的现代法律与人们熟知的，以发现客观事实真相为要求的传统司法文化相偏离时，在主流意识形态中占据支配性话语地位，并因为使用特定的语言以及各类象征符号而成

---

① 白龙飞：《这堂课说：以党性自觉检视工作，还有很大潜力！》，载中国法院网，https：//www. chinacourt. org/article/detail/2023/06/id/7370270. shtml。

② 李珊：《公众法感融入司法裁判的实践路径》，载《法律适用》2024 年第 4 期。

③ 赵旭东：《法律与文化：法律人类学研究与中国经验》，北京大学出版社 2011 年版，第 258 页。

④ 栗峥：《乡村法治的结构变迁与秩序困境》，载《河南大学学报（社会科学版）》2007 年第 11 期。

⑤ 陈洪杰：《转型社会的司法功能建构——从卡理斯玛权威到法理型权威》，载《华东政法大学学报》2017 年第 6 期。

为一个相对与外界隔离的群体的法律人,① 便很可能由于人们习惯性地运用中国传统司法讲究司法者道德性而非法律本身道德性的传统而成为人们转移对于现代法律的不解和困惑的“牺牲品”②，这也难怪“我国基层法院法官处理司法问题时主要关注的是如何解决好纠纷，而不是严格意义上的‘恪守职责’，或是机械地执行既定的实体和程序规范，重要的是结果好，保一方平安”③。然而，人们对于法律人的偏见并没有随着近年来法律体系的逐渐完善而不断改观,④ 在风险社会已然来到的今天，“审

① 法律的语言具有精确的意义和所指，但由于它们是需要专家操作或“表演”的语言，是一种由高度发展的文字伪饰过的语言，它们也就不那么贴近人们生动活泼、多姿多彩的感性生活，而总是与普通人的感性直观保持着一种“距离的间隔”，有时甚至会抑制人们通过审美的自由追寻“终极愉悦”（极乐）的那种渴望和冲动。参见舒国滢：《从美学的观点看法律——法美学散论》，载《北大法律评论》2000 年第 2 期。

② 在传统中国的观念中，上至君王，下至基层官员，都是以德性治理天下，而非以才能治理天下，只要为政以德，即能各物所安。因此，即使人们对司法行为有某种不满和憎恨，也不是对司法行为模式和司法性质本身的不满，而是主要针对与人们实际接触最为密切的下层司法官员腐败的怨恨。当然，这种对于“法律人”的质疑并非只出现在法律领域，而是当下中国民众的一种普遍心态。对此，美国杜克大学政治学教授史天建对于 1993 年至 2003 年的 10 年间中国民众政治信任的发展与变化进行了分析。他指出，我们在看待民众政治信任时，需要区分民众是对政治制度不信任，还是针对政府官员不信任。显然多数人是信任政府的，只是不信任官员而已，对官员信任下降并没有导致对制度的信任度下降。参见刘建军：《论社会转型期政治信任的法治基础》，载《文史哲》2010 年第 4 期。

③ 苏力：《送法下乡——中国基层司法制度研究》，中国政法大学出版社 2000 年版，第 181 页。

④ 北京零点调查公司在 21 世纪初曾就“法官形象”进行过一次调查，调查显示约有四成的受访者赋予了法官消极形象，诸如“官僚”“徇私舞弊”“知法犯法”等表示消极印象的词汇数量与总体提及率非常高。参见张芸：《论司法公信力》，西北师范大学 2007 年硕士学位论文，第 25 页。民众对于司法者的这一印象，在近年并没有根本性的改观。例如，苏新建在 2012 年年末进行了一份调研，根据输出结果，在“是否信任公安司法机关”这个问题上，回答“非常不信任”的占比 11.24%，“不大信任”的占比 52.93%，“无所谓”的占比 8.90%，“比较信任”的占比 23.89%，“非常信任”的所占比例极小，为 3.04%，受访民众的司法信任处于较低的水平。参见苏新建：《程序正义对司法信任的影响——基于主观程序正义的实证研究》，载《环球法律评论》2014 年第 5 期。又如，周立民通过对若干名随机当事人的模糊集定性比较分析，得出了“由于转型期不够完善的司法制度和多种复杂的文化效应两方面的原因，诉讼经历者的司法信任显著低于其他一般居民”的结论。参见周立民：《诉讼经历者的司法信任何以形成——对 87 名随机当事人的模糊集定性比较分析》，载《中外法学》2019 年第 6 期。

判被直接民主制的幻想所笼罩，每次办案过程都成为对规范秩序的民意测验或者公益立法原则的全息图”①，而正义模糊性、正义相对性和正义特殊性使得“网络民意”几乎成为人们所认同的“正义”的唯一表现形式。此时，占据“道德高地”的“民意”在反唯理智论和反理性主义的催生下，演化为一种激进的极端力量和民粹意识的产物并不断冲刷法律的底线，作为法律人提供给社会的“产品”的司法裁判，时常成为众矢之的。而在诸如“蒋伦芳诉张学英案”“胡斌案”“药家鑫案”“于欢案”之中，网络舆论对于司法裁判的种种猜测和质疑，无不显露出普通民众对于法律人日益加剧的“偏见”，“在不信任情绪的支配下，对谣言的法律规制不会被认为是对谬误的纠正和对真相的追求，而是被解读成掩饰的一种表现”②。更加令人遗憾的是，这种“偏见”并不仅仅只发生在普通民众的眼里。在法律人看来，未经过严格法律训练的普通民众，特别是那些非诉讼经历者，对于法律的“无知”以及易被煽动的特征，恰恰是法律的“想象”无法实现的症结。从法律的发展史来看，即便是在法律与神意直接相关的时代，法律在本质上也是一种解决人与人之间纠纷的世俗化的活动，与人们的社会生活紧密联系。但是，随着近现代法律职业化、专业化的发展，法律逻辑与人们的生活逻辑发生了脱节，大量复杂生涩的法律专业术语以及烦琐耗时的司法程序让法律变成了一部分特定“圈内人”的自留地。大多数本应作为法律参与者的人们却因为对于法律运行的不可知和不可控，被“法律人”屏蔽在法律运行之外，他们若要涉足法律领域，就必须依赖于法律人的帮助。不过，即便人们在法律人的帮忙下进入了法律的领域，法律给予他们的最真实的感触可能也只是法律处理的最后结果，而对于整个法律结论产生的过程及理由，

① 季卫东：《法治构图》，法律出版社 2012 年版，第 71 页。

② 伍德志：《谣言、法律信任危机与认知逻辑》，载《法学评论》2015 年第 5 期。

普通民众依然处于“无知”的状态，他们与法律人之间的“知沟”(knowledge gap)[①] 并没有消除。

对于个人来说，其独处时，是具有理性的动物，知识上的缺陷对人行为的“负作用”并不明显。然而，当个人进入群体时，“对受众个体来说，总是愿意接受那些与自己固有观念一致或自己需要、关心的信息，回避那些与自己固有观念相抵触或自己不感兴趣的信息，而任何方式的交流和互动都需要一定的基础，这个基础必须包含着建构于相同或相似的知识之上的信任”[②]。于是，对于社会正义的渴望以及缺席法律运作的焦虑，让有着政治诉求、经济利益、文化传统或价值取向等上的相似性，或者说有着相同或者相似的经历的民众，在某个特定事件发生后感情和思想全都转到同一个方向，容易形成一种集体心理，毕竟“只有具备了共同的精神基础，群体内部才会产生认同感。这个精神基础就是空间内部成员有相同或相似的境遇”[③]。在这种集体心理的影响下，人们的行为发生了巨变，完全进入了一种个性迷失的状态，“一个人一旦加入一个群体，深陷于一群民众之中，就可能变得过分暴躁、惊慌、热情或者残忍”[④]。此时，由个人组成的群体在智力上就会低于孤立的个人，就会导致群体只知道“简单而极端的感情；提供给他们的各种意见、想法和信

---

① 在中国社会中，基于社会分层结构而产生的社会精英与普通民众，在认知结构和知识谱系等方面存在着先天的不均衡与不对称。伴随互联网的到来，所有人获得了形式上平等和普适地分享信息的机会，但这种不对等性导致形式主义的无差别不仅未能根除信息贫富分化，而且还可能在知识倾向性所造成的“马太效应”的影响下，催生出精英与平民之间的“知沟”。参见林坤：《论“互联网+”时代司法公开模型的核心要素》，载《广东行政学院学报》2019年第6期。

② 林坤：《论“互联网+”时代司法公开模型的核心要素》，载《广东行政学院学报》2019年第6期。

③ 陈联俊：《网络社会中群体意识的发生与引导》，载《政治学研究》2010年第2期。

④ [法] 塞奇·莫斯科维奇：《群氓的时代》，许列民、薛丹云、李继红译，江苏人民出版社2006年版，第17页。

念，他们或者全盘接受，或者一概拒绝，将其视为绝对真理或绝对谬论”①。当然，在这一过程中，虽然不能绝对地说群体没有理性或不受理性的影响，但是他们形成推理能力所借助的观念却只存在着表面的相似性或连续性而非严谨的逻辑性，其实“群体没有推理能力……它也无法表现出任何批判精神，也就是说，它不能辨别真伪或对任何事物形成正确的判断。群体所接受的判断，仅仅是强加给它们的判断，而绝不是经过讨论后得到采纳的判断”②。当人们的“无知”使某种对于法律的主观臆断的结论和暗示在群体中相互传染之后，这些无根据的结论和暗示就会在短时间内被所有人所接受，并成为人们所认可的“事实”，“最初的提示，通过相互传染的过程，会很快进入群体所有人的头脑，群体感情的一致倾向会立刻变成一个既成事实”③，因为对于群体的意见和信念来说，“其尤其会因为传染——但绝不会因为推理——而得到普及”④。对于理性的个体凭借理性很容易分辨的现象，群体却可能熟视无睹，甚至经常把歪曲的想象力所引起的幻觉和真实事件混为一谈，这种基于非理性的推理而形成的群体意见，容易被群体成员视为一种信仰，而源于群体对信仰的热衷，群体在实践信仰的行动中不计后果，有种不达目的不罢休的偏执，更加增强了行动的效率性。

---

① ［法］勒庞：《乌合之众——大众心理研究》，冯克利译，广西师范大学出版社 2007 年版，第 69 页。

② ［法］勒庞：《乌合之众——大众心理研究》，冯克利译，广西师范大学出版社 2007 年版，第 81 页。

③ ［法］勒庞：《乌合之众——大众心理研究》，冯克利译，广西师范大学出版社 2007 年版，第 57 页。

④ ［法］勒庞：《乌合之众——大众心理研究》，冯克利译，广西师范大学出版社 2007 年版，第 133 页。

于是，亚里士多德在《政治学》中所描绘的集体理性的图景[①]并没有出现。与之相反，进入集体无理性状态的人们开始用毫无根据的猜想和臆断去攻讦和质疑法律的运作，而法律人基于法律规则的任何辩解都有可能激起人们更大的反感和更激烈的反应。法律人在与人们的博弈中逐渐陷入“沉默的螺旋”[②]，人们在他们眼中已蜕变为不再可以理性对话的对象，被他们贴上了带有偏见性的标签——“乌合之众”。这种“偏见”的出现，使法律人基于法律的价值属性和理想模式而产生的“法律的想象”注定很难与人们“想象的法律”实现有效的融合，毕竟在法律人看来，“‘法治’是成熟的‘个人’才能玩的‘成人游戏’”[③]，而“大众似乎不仅是堕落的、危险的，还是不完全有生命的”[④]。

（二）建构融合“想象”的法律

1. 宏观层面上民族伦理性的尊重

回溯中国数千年来法律发展的历史，可以发现植根于小农经济、君

---

① “当他们合而为一个集体时，却往往可能超过少数贤良的智能……如果许多人共同议事，人人贡献一分意见和一分思虑；集合于一个会场的群众就好像一个具有许多手足、许多耳目的异人一样，他还有许多性格、许多聪明……有些人欣赏这一节，一些人则被另一些人所感动，全体会合起来，就完全领略了整篇的得失。”参见［古希腊］亚里士多德：《政治学》，吴寿彭译，商务印书馆1997年版，第143页。

② 沉默的螺旋理论是一种舆论形成的理论假设：当人们想要表达自己观点的时候，如果自己所赞同的观点受到广泛支持和讨论，就会积极地参与进来，形成强大势力并影响其他人。相反，如果自己所赞同的观点不被重视和支持，甚至受到相反意见的攻击，人们会保持沉默。意见一方的沉默造成另一方意见的增势，如此循环往复，便形成一方的声音越来越强大，而另一方的声音则越来越沉默下去的螺旋式发展过程。参见原源：《变幻的螺旋：社会舆论形成的复杂性与多样性——网络时代“沉默的螺旋”面临的挑战》，载《山西师大学报（社会科学版）》2011年第2期。

③ 孙隆基：《中国文化的深层结构》，广西师范大学出版社2011年版，第368页。

④ ［英］约翰·凯里：《知识分子与大众：文学知识界的傲慢与偏见（1880—1939）》，吴庆宏译，译林出版社2010年版，第11页。

主专制以及宗法血缘关系基础之上的传统宗法家族伦理在“天”“德”“礼”的转化中，逐渐实现了与法律的结合。于是，“礼法合流”成为中国封建法律的特有形式，彼此在内核上相连相通的各种形式的法律自然大多具有浓厚的宗法伦理的性质，并呈现为伦理秩序的直接外在表现，以致“国家法在任何社会里都不是唯一的和全部的法律，无论其作用多么重要，它们只能是整个法律秩序的一个部分，在国家法之外，还有各种各样其他类型的法律，它们不但填补国家法遗留的空隙，甚至构成国家法的基础”①。中国法律与亲情伦理的亲和决定了“情”“理”“法”相结合以及由此衍生而来的“家国同构”“实用道德”成为支撑人们法律认同传统延续数千年的动力所在。伦理演变成了活生生的法制，而伦理秩序也与法律秩序保持了默契的统一，“在法律形式的外壳之下，流动着某种伦理的血液”②。然而，在当下这个时代中，物质的繁荣和后物质主义的兴起，使个人的需求层次从生理和安全层次提升到自我实现的层次，个人的自我意识不断提升，个体在参与社会劳动的过程中逐渐开始实现自我认可。社会生产方式的变化以及个人意识的提高，带来了传统的大家庭制度的不断瓦解，中国社会中个人与社会统一于“家”的格局逐渐消失，“差序格局”的社会信任机制伴随着人际隔膜的增大而逐渐失效，以“礼”作为核心的传统法律与秩序被现代文明所撕裂。在价值多元化与工具理性膨胀解构和重建的压力下，中国传统社会“伦理与习俗浑然一体，与外在的强制相结合”③ 的特点被打破，建构于强调自由、平等、权利等价值的现代市民社会之中的现代法律秩序与发端于宗法血缘的等级社会基础之上的既有伦理秩序之间产生了明显的差异。此时，虽然与

① 梁治平：《清代习惯法：社会与国家》，中国政法大学出版社 1996 年版，第 35 页。

② 胡旭晟：《论法律源于道德》，载《法制与社会发展》1997 年第 4 期。

③ ［日］川岛武宜：《现代化与法》，申政武等译，中国政法大学出版社 1994 年版，第 9 页。

既有伦理秩序相吻合的传统法律，在宏观层面上已经逐渐丧失合法性，更多以碎片化的形式残存于民族伦理文化之中，但在某些时刻，这些零散的传统因素依然可能成为国家法律博弈的对象，甚至爆发出惊人的力量。

当然，一个民族的伦理秩序并非一成不变。相反，它会随着民族历史的发展而不断生成和延续。在中国，这种生成和延续表现为在传统社会向现代社会转型的进程中，宗法伦理模式向发端于现代市场经济之中，体现个人权利意识和民主政治内在要求的现代契约伦理模式的变迁。然而，作为一个民族千百年来沉淀和传承的物件，民族伦理秩序之中必然暗含着该民族最深层次的文化精神，具有相当的历史厚重感。因此，民族伦理秩序的历史生成并不能也不可能完全地改变民族伦理的特有属性，“我们无法想象一个个体能够完全实现灵魂和肉体的分离，实现灵魂的再造，同样，我们也无法想象一个民族，尤其是一个有着深厚文化传统、文化个性的伟大民族能够实行‘形神分离’，完全移植和改变其伦理秩序”①。与民族伦理秩序变迁的“保守性”不同的是，从 20 世纪 80 年代以来的近 40 年的时间中，部分逐渐西化的法律精英在推崇西方法律文化的同时，或明或暗地在理论及心理上否定、排斥中国传统社会既有的法律文明成果。于是，在一段时间之内，中国现代法律的发展呈现出一种激进态势，以致部分学者简单地认为，在某种程度上“中国的法律终究是在依照西方法律的概念、程序和方法在一步步地走向结构化”②。不可否认的是，西方法律文化的冲击虽然并不能在根本上改变中国传统法律文化的现代化发展样态，但是这种冲击和博弈却为传统法律文化的现代

---

① 陈寿灿、何历宇：《与社会和解：中国法治模式的伦理文化之维》，载《政法论坛》2011 年第 5 期。

② 赵旭东：《法律与文化：法律人类学研究与中国经验》，北京大学出版社 2011 年版，第 259 页。

变迁提供了时代的契机。遗憾的是，长久以来中国的部分法律精英似乎忽视了“范式改变不仅意味知识结构的前后更替，而是整个世界观的改变”① 的内涵，在追求法律现代化的过程中并没有建立起与之适应的具有“中国范式”特质的理性逻辑和思维方式。可以看到的是，在“中国法学自主知识体系”这一重要概念提出之前，中国法律的文本始终面临着与中国基层司法实践不时碰撞的难题。这其实就是中国法律陷入“范式迷局”，进而引发自身与民族伦理文化以及道德观念的冲突和矛盾，影响其有效地融入社会治理的表征之一。

如果说“伦理道德乃是沉默的宪法”，那么一个真正的法律就应当在视伦理精神为法律精神之源泉，置伦理于法律核心的同时，保持构建于本民族历史维度上的法律与民族伦理的发展同步。需要指出的是，在20世纪90年代至21世纪前十年的时间里，中国法律的现代变革更多依赖于法律精英对于舶来话语的模拟和选择，而非自身价值意识和文化精神的历史性变更的事实。这意味着现代中国法律暂时无能力独立完成重塑中华民族的伦理秩序的任务。因此，为了维持法律与伦理之间的平衡，期待获得人们认同的现代法律，应该主动寻求与民族伦理的和解，进而更新普通民众和法律人对于法律的过往理解，使法律成为人们价值和信念的载体。当然，和解并不等同于一方武断地拒绝或者取缔另一方，尤其是在中国社会的物质条件和中国人的生活方式并没有发生彻底变革，“激进”的法律与“保守”的伦理之间的差异在今后相当长的一段时间内还将继续存在的情况下，和解更多地表现为一种求同存异的倾向和态度。正因如此，法律与伦理的和解也带来了人们彼此期待对方可以遵守国家法律的共同信念。而这种共同信念建构的过程，也恰恰构成了法治中国

---

① 吴义龙：《知识是地方性的还是普遍性的？——以“法律是一种地方性知识”切入》，载王天夫主编：《清华社会学评论》第18辑，社会科学文献出版社2023年版，第91~92页。

实现的路径，因为“法治建设，与其说是一个规则建设问题，不如说是一个信任建设问题”①。

2. 微观层面下“地方性知识”② 的纳入

诚如学者所言，“自改革开放以来，我国令人惊叹的发展速度和规模不断经历‘现代性’的剧烈冲击与挑战，这意味着全球性视域下的复杂社会交往，意味着无法用传统‘大一统’范式加以统摄的多元价值观……”③此时，价值的多元化就使得“向发源于西方而依然占据特权地位的全球均质化观点、普同化价值观、忽视或削弱文化多样性的社会思潮及其对现实的界说提出了挑战”④ 的“地方性知识”成为人们将法律作为社会治理手段，尤其是基层社会治理核心手段的时候，在建构法律的过程中必须从微观方面纳入考量的重要内容。然而，在中国语境里，自晚清“修律”运动以降我国一直热切追寻和企盼实现法律的现代化，对现代性法律可能导致的在“法治”的名义下或在精英法律话语的“霸

---

① 李锦辉：《规范与认同——制度法律理论研究》，山东人民出版社 2011 年版，第 64 页。

② “地方性知识”主要有两种类型：一种是吉尔兹的人类文化学的地方性知识，另一种是劳斯的科学哲学的地方性知识。吉尔兹的地方性知识主要体现为地域性、民间性，而劳斯的地方性知识注重的是知识形成的特殊背景。参见［美］克利福德·吉尔兹：《地方知识》，杨德睿译，商务印书馆 2016 年版，第 261～263 页；Rouse，*Knowledge and Power*，*Toward A Political Philosophy of Science*，Cornell University Press，1987，p. 119。总体来说，两类地方性知识都强调知识是由特定时空、情景所影响的，意义就在于它的批判性，即对西方的现代科学知识的反抗——人们终于认识到西方知识系统也是人为构建出来的，同各种地方性知识一样，没有价值上的高低优劣之分，只不过被人们误解成为普遍性知识。参见叶舒宪：《地方性知识》，载《读书》2001 年第 5 期。

③ 参见蒋传光主编：《法理学与部门法哲学》（第 5 卷），上海三联书店 2018 年版，第 48 页。

④ 吴义龙：《知识是地方性的还是普遍性的？——以“法律是一种地方性知识”切入》，载王天夫主编：《清华社会学评论》第 18 辑，社会科学文献出版社 2023 年版，第 78 页。

权”下，对民众的民主诉求和法律意愿的“统制”的后果并没有给予重视，以致“针对基层司法，中国学界，尤其是法学界‘使之正规化、专业化’的话语势力殊为强大”①。令人遗憾的是，部分法律精英可能并不了解国家法律在基层司法实践中的运作情况，也忽视了“现代社会对规则的确认并不是或不仅仅是规范性要求，而是一个实践问题，是一个过程”② 的真实含义，以致他们试图通过教义学范式来解决社会矛盾纠纷的想法与现实相差甚远，“中国法院系统所需要的知识也并不只是法教义学的知识……要理解和有效实践……需要的主要不是法学尤其不是法教义学知识，而是与法律和司法领域内非教义问题直接间接相关的知识，主要是一些……知识甚或常识……中国法学人现有的知识储备基本无法回答，有别于法官面对的、法院系统面对的难题”③。于是，在改革开放已经实施了40余年的今天，中国基层社会矛盾冲突的多样性和复杂性，使国家法律在基层社会的运行中也依然存在着“法治论”④ 和“治理论”⑤

① 刘星：《法律与文学：在中国基层司法中展开》，北京大学出版社2019年版，第30页。

② 苏力：《送法下乡——中国基层司法制度研究》（修订版），北京大学出版社2011年版，第45页。

③ 参见［美］理查德·波斯纳：《各行其是：法学与司法》，苏力、邱遥堃译，中国政法大学出版社2017年版，“译序”第2～3页。

④ “法治论”具有4个特征：一是将基层司法权力复归为判断权，除去其治理化功能；二是实现从“司法特殊主义”向“司法普遍主义”的回归，平等对待当事人，实现规则之治；三是通过法律程序在基层民众群体中建构共识，进而化解地方性司法知识导致的不同基层民众阶层间的“结构性利益冲突”；四是通过民主方式，建立基层民众群体的制度化利益表达渠道。

⑤ “治理论”有以下3个特点：一是在规则层面上，地方性规范在微观意义上常常占有竞胜地位，国家法律常常被规避；二是在程序层面上，基层司法并不遵循法治原则，通过独特的司法策略和技巧，解决民众生活中的具体问题；三是基层法官构建了一套非常系统的纠纷解决机制和乡村司法体系，其所遵循的司法治理的逻辑，在事实层面而不是规则层面解决问题，是结果导向而不是规则导向。

的争议。

依据“法治论”，法律在基层实践中所展现出来的法治形态应该是“去治理化”的，即通过越来越关注法律规则的施行和执行严格的程序，逐渐摆脱“地方性知识”的影响。基于这种认知，在一场“让司法像司法”的规范性改革中，[①] 部分法律精英过分天真地把法官解决基层矛盾纠纷时的个人努力，视为法治发展道路上不应出现的“反司法倾向”。然而，“法治论”在转型期的中国却遭遇到了现实的质疑——“法治论”可以实现的经验基础是基层民众组成结构已发生了重大变化，形成了较大较稳定的“中产阶层”，社会阶层结构逐渐从“金字塔”向“橄榄型”过渡，而中国当前社会“6 亿中低收入及以下人群，他们每个月的收入也就 1000 元左右”[②] 的基本现实，表明“法治论”得以完全施行所依赖的“中间阶层”还未真正形成。与此同时，即便在越来越具有现代性特征、与国家法律“日益亲和”[③] 的基层社区，依然存在具备“延伸性”和“非适法性”[④] 等特殊属性的矛盾纠纷。这些矛盾纠纷的存在，使基层社会，尤其是乡土社区仍然有着较强的治理化司法需求，抑或说基层社会的民众所追求的是地方性正义，而不是普遍的抽象的正义。因此，代表着基层社区生活中缺乏合法依据的既得利益诉求的地方性正义的“治理论”，也便有了存在的合理性。而基层社区中的人们，虽然明白在“法治

---

① 参见顾培东：《人民法院改革取向的审视与思考》，载《法学研究》2020 年第 1 期。

② 李实：《怎么看“6 亿人每月收入 1000 元”》，载新华网，http：//www. xinhuanet. com/politics/2020－06/22/c_ 1126144559. htm。

③ 董磊明、陈柏峰、聂良波：《结构混乱与迎法下乡——河南宋村法律实践的解读》，载《中国社会科学》2008 年第 5 期。

④ 矛盾纠纷的“延伸性”，是指纠纷的起因和结果不是由一次矛盾冲突、一个明确的标的所导致，而是有着复杂的前因后果和社会背景。矛盾纠纷的“非适法性”，是指纠纷所指向的对象不一定是法定标的，不一定使当事人法律上的权利和法定利益受到侵害。参见陈柏峰、董磊明：《治理论还是法治论——当代中国乡村司法的理论建构》，载《法学研究》2010 年第 5 期。

正在以越来越积极的态度参与乡村治理”[①] 的大背景下贯彻地方性规范常常并不具有可行性，但是若适用现代法治的规则也可能会产生将矛盾纠纷“压制”下来，并在未来的“合适”场合以其他方式表达出来的危险性。于是，他们并不强求抽象的正义观与具体的正义观念能够契合，以致出现了“当法律的正义与李雪莲个人理解的正义发生矛盾时，她精明地选择了回避法律的正义，转而借助权力实现自己的正义，甚至是试图借助权力干涉法律的正义”[②]。而民众这种对待司法的普遍心态也导致了“法官在驾驭复杂利益博弈时，其逻辑导向就不可能仅仅是规则的，他必须借助于一种‘个别化的权力策略’，即从个案出发，探寻个案背后的原因，并针对个案提出个殊性的解决方案。在相当多的经验个案中，这样一种‘个殊性的解决方案’必然是结果导向的（结果好，一切都好），并且注定意味着权力与利益之间复杂微妙的相互‘勾兑’”[③]。

虽然“在中国由传统向现代转型的过程中，对现代法律制度的不信任一定程度上来说是一个宿命”[④] 的判断，决定了“治理论”存在的意义，但是“治理论”仅仅只是一种在转型期社会处置特殊个案的权宜之计，而中国式法治现代化道路的探索和建设最终还是需要通过“法治论”来实现。因此，在转型期，在规则制定的过程中适当加入“地方性知识”，或许就是合理处理“法治论”和“治理论”双向矛盾，特别是妥善解决基层治理中“随性”的自治、“硬性”的法治和“柔性”的德治协调问题的方法。也只有如此，我们才能为具有理想主义气质的司法注

① 王露璐、刘昂：《自治、法治、德治相结合的乡村治理》，载《绍兴文理学院学报》2018 年第 5 期。

② 陆宇峰：《现代法治的“为”与“不为”——从“李雪莲”的两项诉求说起》，载《浙江社会科学》2017 年第 7 期。

③ 陈洪杰：《论公正司法的治理逻辑与信任机制》，载谢进杰主编：《中山大学法律评论》第 18 卷，中国政法大学出版社 2022 年版，第 212 页。

④ 伍德志：《谣言、法律信任危机与认知逻辑》，载《法学评论》2015 年第 5 期。

入现实主义的内涵，能够较为广泛地吸纳和涵化多元的利益形态，进而让“司法，可以表现得‘不那么陌生’或‘不那么冷冰’，尤其是‘不那么远离人民司法的名分’，染上‘衙门’之名声”①。

二、法律认同重拾的行动逻辑

当然，若要实现普通民众所持有的“想象的法律”与法律精英所产生的“法律的想象”之间有效融合的目标，仅仅实现对于法律制度本身的认同并不够。诚如亚里士多德在阐述“良法之治”中强调的，民众对于法律的认同还包含了对适用法律制度之行动者——“人”的认同。那么，如何完成这种对人之认同？考察的路径便是源于心，见于行，抑或说执法之人在心理思想及行为方式上，是否完成了现代化的转变，是否用一种法治现代化的思维和逻辑来推动民众对于法律认同的重塑。

（一）理性对待“众声喧哗”

1. “众声喧哗”不是民意

其实，寻求面向民众的法律思维并不是一个理念上的创新，早在中国古代社会，重视产生于社会生活和文化传统综合基础之上，并非个体意见简单叠加的“民情民意”，就成为包括法律在内的一切社会制度运作的思维逻辑，容纳并调和民意也成为维持社会正常有序的必要条件，诚如《庄子·说剑》中便有“中和民意以安四乡”② 一说。不过，近年来法律精英们如何面对“民意”却成为一个棘手的问题。在信息化的时代，

---

① 刘星：《法律与文学：在中国基层司法中展开》，北京大学出版社 2019 年版，第 46 页。

② 《庄子·说剑》。

当个体已然成为“一人受众”① 的主体之时，个体作用的发挥可能对社会传统权力结构和信息传播方式构成冲击，“在这个任何一个观念和行为都不会受到排斥的社会中，互联网传播方式广泛性、隐匿性、开放性、自主性、交互性、异质性、多样性的特点，为现实生活中呈现出碎片化和原子化特征的边缘化的民众群体提供了交流沟通的场所，在所有人面向所有人进行传播的‘共有媒体’的推动下，原来呈现出垄断状态的信息权力被大大分散了，处处是中心，无处是边缘成为一种实践的可能”②。此时，部分个体意见在社会思潮的多元化、中西文化的博弈以及实用理性的庸俗化的影响下，可能会集结成某种群体意见并出现异化的倾向，甚至逐渐蜕变为一些别有用心的、故意混淆视听的“意见领袖”为谋取利益的一家之言，诚如勒庞所言，“得到民众接受的每一种观念，最终总是会以强大的力量在社会的最上层扎根，不管获胜意见的荒谬性是多么显而易见”③。遗憾的是，寄希望于法律人每次都能理性、冷静地面对“民意”其实更是一个美好的幻想。因为法律人在本质上是自然人，具有社会人和法律人的结合体的特征，决定了部分法律人在潜意识之中可能依然存在着“人情整合法理，民意高于法律，民意的正当性无须经由法律来验证”④ 的观念。一旦他们面对“要精确地来谈民意，与了解圣灵的

① 当内容生产、传播和使用的工具被为数众多的网民所掌握之时，他们将开始逐渐学会运用互联网的思维模式来思考并且解决问题，将用户自身的直观感受和满意程度作为评价某个产品或者服务的标准。

② 林坤：《论“互联网＋”时代司法公开模型的核心要素》，载《广东行政学院学报》2019年第6期。

③ ［法］勒庞：《乌合之众——大众心理研究》，冯克利译，广西师范大学出版社2007年版，第133～134页。

④ 孙笑侠、熊静波：《判决与民意——兼比较考察中美法官如何对待民意》，载《政法论坛》2005年第5期。

工作没有两样”[①] 的困境，就可能会因为害怕错误而表现出与未受过法律训练的民众的一致性——为了迎合“民意”而被迫单方面选择远离正义的标准，甚至被“民意”传染而成为“民意代表”，丧失法律人本应具有的冷静和理性。法律人做出这样“妥协”的例子实在不胜枚举，即便这能体现一种因案而异的、特殊主义的、个人化的正义，但是“民意审判”结果的左右摇摆非但无法真正建立起民众对于法律人的认可和对法律的认同，反而会激发起新的社会抗争的渊薮。因为这样的裁判理由难以让当事人相信“法律不会随意改变”并且“允许社会假定基本原则是建立在法律之上，而不是建立在个人的癖好之上”[②]。更不用说被“民意”所裹挟的判决，有可能走向错误的一端，以致“体现普遍正义和总体正义的法律权威在公众机构错误的裁决中完全贬值了，将来即便是公正的裁决也难以获得公众的认同和服从”[③]。

不可否认的是，中国传统文化在几千年的演变和发展过程中，影响着中国人的法律认知、法律情感和法律评价，作用于人们的日常生活秩序、国家法律的制定和实施，形成了一种有着鲜明个性和成熟形态的文化样式。而民众在此基础上所形成的对于法律、法律事件以及法律现象的观点，即便与现代法律的精神相左，也不能简单地否认其存在的合理性。然而，中国法律近 200 年的艰难探索，使中国法律人在现代法律文化心理基础尚欠成熟，相关社会经济文化条件尚有缺失的现实条件下，面临着如何在中国法律现代化的过程中实现舶来法律观念和传统法律文化在制度层面的“再结构化”，从而实现基层民意与现代法律制度的和解，消解普通民众与法律精英之间业已存在的“彼此偏见”的难题。也

① 彭怀恩：《政治传播与沟通》，台北，风云论坛出版社有限公司 2004 年版，第 103 页。

② 陆幸福：《同案同判的法律一般性根基》，载《社会科学》2024 年第 3 期。

③ 刘建军：《论社会转型期政治信任的法治基础》，载《文史哲》2010 年第 4 期。

正因如此，近些年来法律精英通过司法公开、普法宣传等活动，试图采取“自上而下”的理性引导，探索实现两者有效融合，提升法律认同感的路径。稍显遗憾的是，与普通民众从朴素的正义观出发，以道德情感、生活经验等作为判断和认知事物的标准不同，部分法律精英基于所受法律教育的严谨性，更多地从理性的视角去评价社会现象，通过程序正义来追求法律正义。可以看到的是，法律精英在引导普通民众的过程中，始终需要面对双方是否将“人”放在核心位置的法律方法现实性指向和司法制度终极性目标上的差异，这也决定了单纯依靠法律精英的单向性路径并不是最优的选择。即便法律精英摒弃因知识结构中所具有的前瞻意识而简单地忽视或评判民意，抑或要求民意与法律完全一致的观念，并通过个人化的努力锤炼出“让群众能听懂的语言、能理解的逻辑、能接受的方式”，也不能成为我们对法律的实施状态采取乐观态度的理由，因为这样的努力其实是一种被动的引导，取决于个案中当事人争议的激烈程度。

2. 商谈“可接受”的法律

当法律精英面对规则和民意之间的博弈时，引导普通民众形成正确的权利观是当前较为可行的处理方式。然而，中国社会所存在的权利泛化的现状所造成的“被泛化的权利通常得不到法律保护，从而成为影响法律权威的负面因素”[①] 的弊端，引发了法律精英寻找规则与民意的共同点和结合点，即将合理的民意真正纳入法律，才是一个正确解困出路的思考。只是，在“制度性不信任”已然存在的前提之下，[②] 如何去建构一个可以包含“民意”的法律呢？众所周知，在人们进入现代社会之后，

---

① 周立民、邢海燕：《全面依法治国及网络社会双重背景下的法律认同建构——基于广义倾向值匹配法的实证探讨》，载《治理现代化研究》2022 年第 2 期。

② 参见伍德志：《论法律信任建构的反向逻辑：不信任的制度化及其功能》，载《暨南学报（哲学社会科学版）》2023 年第 2 期。

他们的交往范围大大超越了其原先所生活的世界，随之而来的经济关系和价值取向的多元化导致社会呈现出由利益主体、利益客体、利益意识和利益追求有机构成的多元化利益格局。此时，单纯寄希望于立法者通过规则先行来规制事实，并辅以强制力的手段来保证其实现的法律制定以及推广的方式，并不太可能将法律打造成能够及时和全面地涵盖民众所有利益需求的综合体，促成民众对于法律有效性的认同。更不用说，立法者所强力推行的法律中还可能存在逻辑自洽性上的问题。那么，若想在不诉诸暴力使弱者屈从强者利益的同时，避免将法律对于不同个体利益的吸纳等同于暂时性的妥协，从而实现将法律塑型为人们所自愿亲近、接受和依赖的对象的目标，法律精英就必须在尊重、理解民意的基础上，以更加开放和宽容的心态去看待民意并在人们的意识形态中植入现代法律意识，对不同社会利益主体的正当利益进行合理的回应和均衡，而通过“对话—沟通”的方式实现不同利益主体的有效沟通，完成从私意到公意的转换，建立长效的利益回应机制就成为一种最优选择，毕竟“规则之所以有约束力是因为人们接受了这些规则，而不是因为规则有约束力才被人们接受”①。

需要指出的是，在商谈的过程中，不同的利益主体借助于语言交流的有效性，在自由、平等的协商讨论与话语论证的氛围中融合各自的利益主张并将之带入法律，从而使法律成为意思协调达成普遍共识的结晶。此时，法律以其“不再以推行国家主体的单方意志为绝对的目的，而是以回应社会多元利益主体的需要为基本目标”② 的特质获得人们对其合法性的认同，因为“在后形而上学世界观的条件下，只有那些产生于权利

---

① ［美］理查德·A. 波斯纳：《超越法律》，苏力译，中国政法大学出版社 2001 年版，第 154 页。

② 郭威：《当代中国社会结构转型与回应型法治秩序》，载《山东科技大学学报（社会科学版）》2007 年第 4 期。

平等之公民的商谈性意见形成和意志形成过程的法律，才是具有合法性的法律"①。通过商谈而获得法律的方式而言，其不仅可以解决"基于合法律性的合法性何以可能"的困惑，还可以在肯定多元利益的正当性和不同利益博弈的价值性的基础上实现复合多元利益的"视角融合"，从而将利益认同上升为价值认同，并内化为人心理意识深层的一种自我需要。"法律活动中更为广泛的公众参与乃是重新赋予法律以活力的重要途径，除非人们觉得那是他们的法律，否则就不会尊重法律。但是，只有在法律通过其仪式与传统、权威与普遍性触发并唤起他们对整个生活的意识、对终极目的和神圣事物的意识的时候，人们才会产生这样的感觉。"② 此时，不同利益主体所参与制定的法律不仅涵盖了他们所期待的利益，而且也蕴含了他们认同的价值理念和属性。这些法律不再仅仅是法律精英等社会主流精英阶层制定之后强加给整个社会的官方规则，不再仅仅是高度技术化的"行话"和法律人操弄的神秘"魔术"，不再仅仅是密封的小圈子和禁止"闲杂人等"进入的私人领地。他们在成为"立法者"的同时，也因为法律对于他们自我意志的表达、生活习惯的承认、道德情感和正义观念的体现而自愿承担起了遵守法律的义务，诚如哈贝马斯所言，"从法律理论的角度来看，现代法律秩序只能从'自决'这个概念获得其合法性：公民应该时时都能够把自己理解为他作为承受者所要服从的法律的创制者"③。正是因为对于这种双重身份的自主认同，不同利

① ［德］哈贝马斯：《在事实与规范之间：关于法律和民主法治国的商谈理论》，童世骏译，生活·读书·新知三联书店2003年版，第507页。

② ［美］伯尔曼：《法律与宗教》，梁治平译，中国政法大学出版社2003年版，第35页。

③ ［德］哈贝马斯：《在事实与规范之间：关于法律和民主法治国的商谈理论》，童世骏译，生活·读书·新知三联书店2003年版，第684页。

益主体在义务性守法[①]和权利性用法的过程中，完成了从客体性法律认同到主体性法律认同的转变，从而避免了对于外部强加法律的被迫服从。同时，不同利益主体因具体实际需求的被满足而将法律本身的“工具理性”和福利国家法律模式的“家长主义”[②]对自身的影响降低到最低限度，还在一定程度上基于价值性认同的取得而加强了彼此之间的共同向心力。

当然，尽管商谈理论本身始终强调“排除任何有损参与者之间平等地位的内在强制，对于观点的接受与否，唯一的判断标准只是论证与论据的充分与否”[③]的理念，并将多元主义视角下价值的交换、审视和辩护作为达成共识的唯一途径，但是通过商谈获得法律的方式依然面临着由于利益主体知识背景与社会经历差异的存在，而无法保证拥有合法性译解权和证明权功能的商谈将要或必定导向广泛共识，抑或说不同利益主体的“私意”无法形成“公意”而停留在“众意”的困境。毕竟，“商谈”之中本身就暗含着对于“精英论”的否定以及对“大众参与论”的提倡。尤其是在当下中国，由于法律精英与普通民众对于法律理解差异的天然存在，大多数的人们暂时并不可能具有参与立法活动的商谈所要求具备的所有专门领域的知识。因此，那种期待通过不同层次利益主体“反思的交往形式”而达致法律共识的想法很容易被异化为违背商谈理论

---

① 此处所提及的义务性守法是指积极的守法，即民众自觉地、主动地按照法律的规定，在法律的激励下去做一切有利于法律的事，主要表现为守法的自觉性和主动性。

② 福利国家的法律模式虽然也关注人们的实质性平等和自由，但陷入了关注实质性平等和自由的同时在很大程度上取消这种平等和自由的悖论，诚如哈贝马斯所言，通过提供这种无微不至的关怀而影响个人自主性，而它——通过提供机会平等地利用消极自由之物质前提——所要推进的，恰恰就是这种自主性。参见［德］哈贝马斯：《在事实与规范之间：关于法律和民主法治国的商谈理论》，童世骏译，生活·读书·新知三联书店 2003 年版，第 506 页。

③ ［德］哈贝马斯：《在事实与规范之间：关于法律和民主法治国的商谈理论》，童世骏译，生活·读书·新知三联书店 2003 年版，第 379 页。

中理性沟通初衷的危险念头，“其后果可能是，沟通理性表现出限制性和排他性，而不是开放性和包容性”[1]。那么，对于具备一定法学知识和思辨能力的民众，尤其是基层社区、乡土社区民众进行法律素养和法律精神培养，就成为不同利益主体可以自由、平等、包容、审慎地参与商谈进而形成理性的共识，并引导立法机关制定人们“可接受”的法律的前提条件之一。于是，打破我国目前过多地注重对具体条文的灌输和法律知识的普及的现状，实施法律生活化、法律乡村化也应成为今后立法与普法工作的努力方向。

（二）实现表达与实践的统一

1. 正视法律表达与司法实践的脱节

如果说作为人类相互理解基础的语言“是一种表达观念的符号系统”[2]，那么成为语言表现形式之一的法律表达就可以被认为是一种借助于作为符号的词和符合语言规范使用的词序而表达立法者所处社会整体法秩序观念的系统。在这个系统之中，追求社会稳定的整体性要求让立法者需要通过法律表达的概括性与抽象性克服源于客观知识背景而形成的“法律的想象”的主观专断性，而“法律只能订立一些通则”[3]的论断也就自然成为法律表达的内在要求与外在形态。当然，代表着历史和传统的法律文本执着于对事物和行为共性和普遍性的抽象概括，也必然引发与事物本身发展的无限性和复杂性的矛盾，使得法律文本的内容永远不可能涵盖所有事物和行为。因此，法律人总是处于法律表达与实践

① ［英］尼格尔·多德：《社会理论与现代性》，陶传进译，社会科学文献出版社 2002 年版，第 256 页。

② ［瑞士］费尔迪南·德·索绪尔：《普通语言学教程》，高明凯译，商务印书馆 1980 年版，第 37 页。

③ ［古希腊］亚里士多德：《政治学》，吴寿彭译，商务印书馆 1997 年版，第 162 页。

之间的张力所引起的焦虑之中，时常陷入法律制度空转而带来的“法律无用论”的争论，如被法官和当事人诟病的离婚诉讼中拘传制度的适用，① 就是一个明显的例子。这种焦虑即便在关注人情伦常，讲究血缘关系的中国古代传统社会中依然明显地存在——虽然“以礼入法”“情理法”相结合的大背景带来了法律言语的表达具有重道德的正当性和合法性而轻技术的精确性和中立性的属性，从而实现了法律表达与儒家式伦理道德精神表达的统一，② 但是法律人也从没停止利用实用道德主义的思维弥合法律表达与实践的裂痕，在道德观念和现实的“应然”与“实

---

① 我国现行法律对于无故拒绝参与离婚纠纷诉讼的被告设置了强制其参加诉讼的“拘传制度”。然而，面对这个看似能解决问题的制度，法官又陷入了两难。一方面，基于“宁拆十座庙，不破一桩婚”的传统婚姻家庭理念以及过往对抗制审理模式可能加速婚姻解体的反思，绝大多数法官在司法实践中很难倾向于选择适用，或者根本就不会去适用这一救济程序。“如果强迫当事人到庭接受审判，在两造对席的基础上做出的判决可能会产生较为符合实质正义的结果，但是为了达到这些结果，接受者的人格尊严就会受到侵犯。”另一方面，如果法官不适用拘传而使其成为空转的制度，就可能会引发另一个结果，即法官对于被告无故缺席诉讼的离婚案件，若适用缺席判决而直接准予原告的离婚诉请，则存在违反程序之嫌——根据《民法典》1079 条之规定，调解是审理离婚案件的必经程序，而被告不参与诉讼，调解自然无从开展。

② 传统中国的政治与法律有着非常强烈的道德色彩或者品格，这是人所共知的事实。这一政治法律特征，早在西周已见滥觞，随着汉代儒家思想与政治权力的结合，法律也日趋道德化。自汉代之后，儒生们开始介入国家法律的制定工作。他们大刀阔斧地将儒家之礼糅杂在法律条文里，直到法律全部为儒家思想所支配。此时，原来被汉儒们用以应对“国法已经颁布，臣下不能随意修改，须说服皇帝得其同意，才能修改一二条，极为费事，且无成功把握”的“引经决狱”“以经注律”逐渐被直接将儒家的伦理规范规定到法律之中的“以经立法”所取代，“法”的形式同“经”的内容统一了起来，礼德为主，刑罚为辅，在法家的旧瓶里装满了儒家的“新酒”。例如，《曹魏律》的制定者陈群、刘劭在起草新律时自觉地把“尊尊”“亲亲”等“礼治”精神渗入立法原则和治国方略，将《周礼》中的“八辟”变为“八议”，分别纳于律条，使礼所强调的等级特权法律化，“诸侯应八议以上，请得减收留赎，勿晃钳笞”；又如，《唐律》把纯属违反伦理道德规范的“不孝”上升为法律规范，并将“不孝罪”列为“十恶”大罪之一，其中“诸祖父母父母在，而子孙别籍、异财者，徒三年”，“诸子孙违犯教令及供养有缺者，徒二年”是《礼记·内则》“孝子之养老也，乐其心，不违其志，乐其耳目，安其寝处，以其饮食忠养之”和《礼记·曲礼》“父母存，不有私财”等内容的法律化。从这个意义上说，封建王朝不仅在国家法律上充满道德术语，而且法律文书也是如此。

然”的选择之间实现“情法两尽”终极理想的努力。诚如黄宗智所言，“儒家说教阐明的是法律制度的理想，实际运作则容忍实用规则和判决，即使它们有可能与儒家理想相背。在中国的法律推理中，儒家理想表达的显然是一种应然世界的图景，而法典中的实用条款和法官的判决行动，则回应否认的是这些理想难以鞭及的现实生活情境……在清代法律的实践历史中，说的是一回事，做的是一回事，两者合起来又是另一回事”①。

近百年来，随着儒家意识形态的失落以及西方法律知识的传播，西方法学理论，尤其是西方现代形式主义演绎理论逐渐作为现代法律思想建构的一个重要话语资源开始“进入”中国，并在与经久不衰的中国式原则和实践的博弈中逐渐占据上风，成为中国法律的主要表达方式和表达内容，即“以个人权利和社会契约为根本，以现代市场经济及其科层制行政管理为主干，以自由、平等、人权、民主为符号，建立理性化的普遍规则模式”②。当然，中国法律的现代化并不仅仅只是在简单地认同西方国家法律制度的基础上，技术性地转型法律制度或提高法律操作技术，而是蕴含着人们在中国历史变迁过程中对不同价值文明的优劣比较后进行结构重新塑造的模式选择。然而，“因为语言对使用环境的依赖性，语言脱离语言使用环境，便会出现意义不全，甚至失去意义的现象”③，中西方传统文化的差异以及长期以来西方法律知识进入中国社会的方式所具有的自身缺陷，导致法律人所接受的“教科书式”的法学知识，不但不能成为他们理解西方法学理论的背景条件，相反使他们陷入“认知陌生”的情境。对于这种在中国社会中的舶来知识而言，如果仅仅

① ［美］黄宗智：《过去和现在：中国民事法律实践的探索》，法律出版社 2009 年版，第 5 页。

② 郑智：《中国法律信仰的认知困境及其超越》，载《法学》2016 年第 5 期。

③ ［英］维特根斯坦：《哲学研究》，陈嘉映译，上海人民出版社 2001 年版，第202 页。

将关注的重心放在理解"是什么"而非"为什么"上，或是没有将这些知识转化为一种"中国语境中的论说资源"，那么这种知识实际上是没有实现"中国进入"① 的。与此同时，"教科书式"的法学知识的教授者——法律"评介"者的"想象"进一步支配了广大法律人的主体——中国阅读者的"想象"，建立在"法律的语言混乱"（confusion of legal tongues）② 基础上的中国法律现代化，在很长一段时间内更多表现为对于西方法治模式的机械模仿，而法律人基于"残缺的"法律精神而展开的"法律的想象"也注定与中国本土经验不适与矛盾。

2. 适用法治思维理性开展法律解释

现代性法律作为一种从经验世界中感受到的各种现象和从传统中继受而来的"世界图景"综合的产物，并不仅仅具有某种从生存环境中抽离出来的纯粹抽象形式，更为重要的是它的产生必然根植于某个民族的集体性文化资源，具有广阔的历史性与深刻的地方性特质，"构建具有'中国元素'的法治，应适应中国法治发展的阶段性及渐进性，如果脱离中国法治实践，追求高度的法治理性，那么中国的法治只能存在于理论状态"③。站在这一角度来看待当前中国法律所遇到的问题，可以发现部分法律精英对于西方法律形式主义的推崇，导致他们所具有的无视经验与实践的偏激性特质，容易引发现代法学理论中强烈的"用理论替代或等同于实际"的倾向。这种倾向在让现代中国法律表达丧失历史传统性的同时，出现了表达与实践之间的脱节。这不仅造成人们往往不能系统

---

① 刘星：《西方法学理论的"中国表达"——从 1980 年代以后的"西方评介"看》，载《政法论坛》2005 年第 1 期。

② C. Geertz, *Local Knowledge: Fact and Law in Comparative Perspective*, Basis Press, 1983, p. 220.

③ 王俊民：《中国法治路径争议之辨析——由"重庆打黑"引发的思考》，载《华东政法大学学报》2011 年第 2 期。

和完整地理解法律制度，还很可能导致人们在具体运用法律时选择偏离和放弃法律所指引的标准模式，或者引发执法者做出有法不依、执法不严的选择，从而导致法律被束之高阁，法律规范与事实之间的张力被不断扩大的不正常现象。为了解决这个问题，或许可以采取激进的方式彻底改造法律文本的内容，从而实现法律表达与司法实践的统一，但这可能要付出动摇法律权威性和稳定性的代价，因为这无异于饮鸩止渴。既然激进的道路并非首选，那么在转型期中国法治资源紧张的时代背景下，如何在保持既有法律制度的同时，拉近法律表达与司法实践之间的距离，就成为法律人在实现中国式法治现代化建设的过程中所要追寻的现实目标。众所周知，法律是借助于语言而创设之物，而法律人又试图通过意向性的语言将理性、秩序的状态导入人们的生活。此时，在法律规则与社会生活的碰撞和融合中，采取“视域交融”的整体性法律解释方法，[①]根据法律所体现的目的或意图，通过将“目光来回往返”于规范与事实之间，经由解释的途径来透过语言的外衣，以司法者的语言技术克服立法语言的表达困境的方法，寻找解决法律表达与司法实践失衡的困境的方法，实现法律共同体之间最大限度的合意，就成为法律人的必然解困选择。当然，这种法律解释的灵活性也并非排斥原则性和底线的存在，即其必须忠于法律文本客观性和确定性的内容，“绝不能背离法律文本词义的类型含义而在一般语言上作一种纯个人经验式的联想并加以对象化处理”[②]，否则法律又将面临被“地方性知识”等因素重新阐释的“一解与多解”的困境。

---

① 法律解释者对法律文本的解释，就是法律的作者、法律文本和解释者的“视域交融”——意义妥协过程。没有妥协，就无法真正达到法律解释中的“视域交融”，也就无法真正理解法律。参见谢晖：《中国古典法律解释中的目的智慧——追求法律的实用性》，载《法学论坛》2005 年第 4 期。

② 冷月：《论司法裁判中法律解释的限度》，载《江海学刊》2007 年第 6 期。

那么，如何实现法律解释上灵活性和原则性的结合，推动法律表达和司法实践的统一呢？梁治平曾言，“国家法律在向下渗透的过程中发生了变化，要保持法律理念与司法实践的融合，需要的不仅是高超的法律实践技艺，更需要一种新的合理的法律观和秩序观”①。这种观念之所以新且合理，是因为它必须面对过往中国社会发展进程中存在的“不是缺乏规则，缺乏的是认真对待规则的意识”② 的顽疾。作为一种具有综合性特征的社会问题内含政治、经济、道德和法律等多维面相，这也就决定了侧重于利与弊权衡的政治思维方式、着重成本和收益比较的经济思维方式、将善与恶的评价作为重心的道德思维方式以及基于合法与非法预判的法治思维方式③都能成为观察、分析和解决社会问题的思考路径。与其他 3 种社会思维方式相比，法治思维方式强调包括权力行使者在内的所有人在法律运作的过程中普遍接受与法治理念相适应的思维方式，具备按照法治思维去艺术地适法、用法的能力，认同并执行基于法治思维解决社会问题的方法。此时，权利行使者若倾向于选择离开“合法性”

---

① 梁治平：《在边缘处思考》，法律出版社 2010 年版，第 109～110 页。

② 陈金钊：《魅力法治所衍生的苦恋——对形式法治和实质法治思维方向的反思》，载《河南大学学报（社会科学版）》2012 年第 5 期。

③ 关于法律思维方式与法治思维方式是否等同，学界存在争议。本书采用不对两者进行严格意义上区分的立场，即认为法治思维是指权力行使者在自觉地、经常地遵循法治理念的基础上，运用法律规范、法律原则、法律精神和法律逻辑对所遇到或所要处理的社会问题进行分析、综合、判断、推理并形成结论，做出决定的思维模式，重心“在于合法性的分析，即围绕着合法与非法来思考和判断一切有争议的行为、主张、利益和关系”，并以“法”作为解决问题和处理事务的唯一标准。

这个法治思维中思考问题的前提,[①] 单纯从利与弊、成本与收益、善与恶等角度分析社会问题，则可能会产生在政治上、经济上或是道德上或许合理但与法治原则相违背，不具备合法性基础的解决社会问题的备选方案。一旦这些“合理但不合法”的结论为人们所接受，法律就必然遭到人们的怀疑和否定而难以真正地发挥作用，作为系统工程的法治也无法建立，即便可以暂时解决问题，也可能埋下了影响社会整体稳定和发展的更大隐忧。因此，只有全民都依据法律的精神和规定来思考和处理社会问题，即只有当强调“以权利义务为线索，普遍性优于特殊性，合法性优于客观性，形式合理性优于实质合理性，程序问题优于实体问题和理由优于结论”[②] 的法治理念成为一种自觉的思维习惯，以“优先适用规则、协调适用规则、比例原则、程序制约规则”[③] 为主体的法治方式成为常态的行为模式时，法律体系不断完善的优越性才能充分发挥，法律表达与司法实践的距离才能被拉近，法治理想才能在社会生活的实践中取得成效。

需要指出的是，自 20 世纪 70 年代末至今的 40 多年中，中国民众不断感受着法律与社会的互动，逐渐形成了一种中国式的“国民的法治愿景”——数千年来基于“统治者所受的限制取决于人民对他们赋予最高

---

① 法治思维的核心是关于“合法性”的讨论，可以分为对形式合法性（侧重考察是否合乎法律规定）、实质合法性（侧重考察是否合乎正当性、该当性）的讨论。通常认为，一般意义上的法治思维的前提是形式合法性，特殊意义上的法治思维的前提则是实质合法性。本书认为，对于法治思维中“合法性”的讨论必须含有对于目的合法、权限合法、程序合法、内容合法、手段合法、结果合法等 6 个方面的内容。其中，目的合法是逻辑前提，权限合法是逻辑依据，程序合法是逻辑路径，内容合法是逻辑基础，手段合法是逻辑要求，结果合法是逻辑归宿。参见罗志坚、万高隆：《法治思维：贯彻落实依法治国基本方略的必备要素》，载《宁夏党校学报》2012 年第 4 期。

② 郑成良：《论法治理念与法律思维》，载《吉林大学社会科学学报》2000 年第 4 期。

③ 姜明安：《再论法治、法治思维与法律手段》，载《湖南社会科学》2012 年第 4 期。

权力的人的信任程度”[①] 理念而支撑中国社会稳定的“魅力型”和“传统型”的人身依附性质的权威崇拜[②]开始向“合理型”的法律信仰认同过渡，[③] 带有人们憧憬和理想的宪法和法律成为判断是非，处理纠纷，分配利益的终极标准，而“法治应包含两重意义：已成立的法律获得普遍的服从，而大家所服从的法律又应该本身是制定得良好的法律”[④] 也被人们普遍接受。人们在期盼着通过商谈的方式完成对于“良法”的构建的同时，时刻关注着“良法之治”是否能够实现。不过，曾经作为中国式法治构建模型的“西方法治模板”并非抽象人性的产物，相反只是一种理想化的假想，是“人们对其所接受的有关西方法治理论与实践的各种信息（甚至包括文学和文艺作品中的种种描述），进行理想化的提炼、筛选甚而推测后所形成的某种总体印象”[⑤]。这种发端于西方宗教传统，混杂了西方多国法治经验的理论模板与内含儒家伦理秩序，体现中华民族个性的中国法治运作实际逻辑的差异必然会引发人们对于法治现实情况的错误估计和判断，从而导致在法治发展和社会治理的进程中“追仿”西方而来的法律越发表现出对于妥善解决复杂社会问题和矛盾的无力，以致落入被逐渐边缘化，甚至被弃置不用的境地。此时，过往的法治进程中民众所谈及的“法治国家”在某种程度上仍只是停留在政策目标的

---

① ［法］霍尔巴赫：《自然政治论》，陈太先、睦茂译，商务印书馆 1994 年版，第 77 页。

② 需要指出的是，中国传统社会民众对于“克里斯玛式”或“传统型”统治方式的认同，并不意味着统治者面对法律时可以为所欲为而导致司法出现反复无常以及专横的情况。相反地，在清代法律所反映出来的意图中，统治者试图通过法律条文来体现其意志中普遍永恒的道德原则，并以此作为司法实践的指导。经过历代皇帝的积累，这种法律条文本身就成为对任何帝王个人专断独行的强有力的制衡。参见［美］黄宗智：《清代的法律、社会与文化：民法的表达与实践》，上海书店出版社 2007 年版，第 181 页。

③ 参见程燎原、江山：《法治与政治权威》，清华大学出版社 2001 年版，第 305 页。

④ ［古希腊］亚里士多德：《政治学》，吴寿彭译，商务印书馆 1997 年版，第 199 页。

⑤ 顾培东：《中国法治的自主型进路》，载《法学研究》2010 年第 1 期。

层面之上的可望而不可及的“海市蜃楼”，并没能真正地转化为社会现实，而因固守法律制度而产生的失望情绪唤起了部分立法者和执法者心中对于中国数千年来的封建“礼治”传统等以往法律虚无主义宣教的回忆，他们逐渐产生对于法律制定与运行的过程中人为因素作用的过分关注，[①] 并将彻底实现法治仅仅视为学理层面上的一种假说。在以“法治”为名义的法律制度运行中，还是存在少部分党政领导干部和司法人员继续将“法治”视为“辅之以法的人治”，将法律看作贤者手中灵活运用的工具，并产生为了适应一种较高的公道的观念可以对法律进行扩大或者修改的想法，从而造成对法律权威的轻视以及对法律至上原则的践踏。与社会中一般的人们相比，包括立法者、执法者和司法者在内的这些权力行使人对于法律的态度在很大程度上直接关系着法律是否能够得到人们的认同，“最高统治者只要是依据公正的、有益的和必要的法律治政，臣民就不能认为自己不应该无条件地服从他”[②]，而“若是一种恶劣的‘政府都不守法’的法律经验，将会从根本上摧毁关于法律的信念，甚至使人丧失对法律的信心，更不必说法律至上观念”[③]。这样看来，郭道晖

① 对于人为因素在法律运作中的影响，自古以来中西方学者多有论及。如孔子就认为在治国中，人的作用远远重于法律，“善人为邦百年，亦可以胜残去杀”。因此，消除法律，建立“礼治国”所依靠的是“善人为邦”，而非严密的法律或制度。荀子在提出“法者，治之端也”，把法看成治理国家的必要条件的同时，将人作为法的制定者和执行者，正所谓“君子者，法之源也”。于是，在荀子看来，人是第一性的，有了好的人才能制定出好的法，人可以补充法的缺陷。亚里士多德也认为法治并不排斥人的作用，法治的空白可以由人来填补，法律的弊端可以由人来进行纠正，“法律是最优良的统治者，但任何法律都不可能完备无遗，不能协定一切细节，这些原可留待人们去审议”。即便是在推崇法治的今天，法治的理念和制度并不否定优质人才的巨大价值，选贤任能依然发挥着重要的作用，法治不仅不排斥选贤任能，而且追求和保障选贤任能，通过选贤任能实现法治的目标。

② ［法］霍尔巴赫：《自然政治论》，陈太先、睦茂译，商务印书馆 1994 年版，第 138 页。

③ 夏锦文、蔡道通：《论中国法治化的观念基础》，载《中国法学》1997 年第 5 期。

提出的“将治吏作为法治的重点”的观点确实颇有远见。

需要指出的是，法治思维虽然是一种强调“合法性”的，占据优先考虑地位的思维，但它并不绝对地以“违法”为理由而排斥其他思维方式的运用。毕竟，作为解构和重构社会问题的方式，各种思维方式之间并不存在正确或是错误的区分，而法治思维只是，也只能是当前复杂的社会条件之下权力行使者的一种较优的选择，它还将在很长的一段时间内与其他思维共存并用。因此，大方地承认这一点，相反会让人们更加真切地体验到法律内含的包容特性。

结 语

法律认同的当代传承

爱人者，人恒爱之；敬人者，人恒敬之。

——孟子

勒庞曾说，“用一时的意见影响群众的头脑不难，想让一种信仰在其中长久扎根却极为不易”[①]。从这个角度上说，在我国法治发展呈现出“制度先行，观念滞后”特征的大背景下，无论法律人是在审视中国式法治现代化道路建设的前提下，建构具有“合乎事理的程序设计”与“合乎伦理的议论规则”的法律制度，还是在法律制度的运行过程中坚持法治思维，通过理性对待“众声喧哗”来引导民意，积极与民众商谈来取得“可接受的”法律，灵活运用法律解释促成法律表达与司法实践的整体统一，对于重塑人们的法律认同而言，都只是具有引导性质的技术化的“治标之道”。若是想真正通过“治本之道”在中国式法治现代化道路建设的过程中让法律成为人们“心之向往”的自主认同之物[②]以及实现“全民守法”的目标，则应改变“法律国家主义”的情愫，从“人”本身出发寻找法律认同传统得以延续的本源因素。

在中国传统社会中，作为经济基础的农耕经济和作为社会结构的家国体系在支撑起了数千年来传统社会稳定和发展的同时，决定了中国传

---

① ［法］勒庞：《乌合之众——大众心理研究》，冯克利译，广西师范大学出版社2007年版，第146页。

② 学者最新的一项关于当前中国公民法律认同的调查表明，中国公民法律认同虽然不存在普遍化危机，但仍有较大提升空间。公民法律认同的均值为54.74分，在1—100分处于中等略偏上水平。如果说法律至上理念是法治建设之社会的前提的话，该分值显示我国民众的法律认同仍需提升。此外，每个变量所对应的“完全不存在问题”选项比例皆不足10%，“法律制定和修改跟不上社会形势”的对应比例甚至低于5%。这些事实表明，在中国全面依法治国的新历史形势下，显著提升公民的法律认同已成为我们面临的一项重要课题。参见周立民、邢海燕：《全面依法治国及网络社会双重背景下的法律认同建构——基于广义倾向值匹配法的实证探讨》，载《治理现代化研究》2022年第2期。

统儒家伦理文化中“无我”观念的存在，[①] 诚如恩格斯所言，“人们自觉或不自觉地、归根到底总是从他们阶级地位所依据的实际关系中——从他们进行生产和交换的实际关系中，获得自己的伦理观念”[②]。在儒家讲求“无我”的文化价值的影响下，中国传统社会逐渐衍生出一套以“父子有亲，君臣有义，夫妇有别，长幼有序，朋友有信”[③] 为内容的行为规范与秩序准则，人们也基于对于“经国家、定社稷、序民人、利后嗣者也”[④] 的“礼”的认同而在社会制序网络结构中呈现出“克己”（“自我舍弃”）的一面，不断将个人从内心上与团体（氏族）联系在一起，并在取消个人主义地位的前提下，强调个体人生价值的实现必须经由个体对于他人或集体的贡献和牺牲来体现，“至于中国文化‘二人’才能定义‘一人’的设计，却是把明确的‘自我’疆界取消，因此，个体遂不足以成为一个可作自我调配的基地……中国人自然也有个体性的心灵与情欲表现……在集体的‘心’之笼罩下，这些少数人的个体之‘心’的表

① 一方面，农耕自然经济对于自然的依赖性，促使人们在社会生产和生活中逐渐形成“天人合一”观念的同时，从整体、共性与不强调主客体之间划分的角度出发，思考人的主体意识问题。于是，“天人合一”的世界观就可能导致中国人主体意识的缺乏和对自身价值的忽视，同时使得中国传统价值观在对待群己关系的问题上，不可避免地带有重群体、轻个体的倾向，个人的价值往往被忽视，个性很难得到充分的发挥。另一方面，中国经历了漫长的封建社会，形成了完备的宗法制度和严密的专制制度，正所谓“家庭之上，形成宗族；宗族之上，形成家族；家族之上，形成社会”。在这两种制度的交织之下，每个人都是多重角色的复合，处于复杂的关系网和等级结构之中。于是，在家国同构的中国古代社会政治结构中，人们便希望自己与家族、社会相融合，并通过家族确立自身的社会定位。此时，个体价值被淹没在群体之中，“无我”也就成为中国最古老的价值之一。参见任艺：《中国集体主义价值观的嬗变》，载《求实》2010 年第 11 期。

② 中共中央马克思恩格斯列宁斯大林著作编译局编译：《马克思恩格斯选集》（第 2 卷），人民出版社 1995 年版，第 434 页。

③ 《孟子·滕文公》。

④ 《左传·隐公十一年》。

现也就显得隐而不彰，甚至在集体面前也容易失去合法性”[①]。此时，以义务为本位，强调等级制度的文化传统使得个体从某种程度上丧失了独立的个人“人格”——在国家中，臣民就像孩童一味地服从父母一样，绝对服从命令与法律，没有自己的意志或者见识；在家庭中，个人必须敬谨服从，放弃他的反思和独立，否则就是和实际生命相分离，并逐渐蜕变为反对以利相交、利尽则止的赤裸裸的利益交换而“注重人事关系，人人互相牵制的制序网络基体的一个有机组成部分”[②]，甚至出现了“总是愿意把他们自身的利益或他所属的某个小群体（如一个村庄）的利益服从于更大的社会群体的利益”[③] 的民族心态。

作为一种经过漫长历史积淀演化而成的行为规范，文化传统不仅涵盖了所在民族普遍具有的民族心理和民族品格，还包括了此民族成员所认同的处理他们之间相互关系的准则和模式。那么，作为中华民族处事的准则和模式的中国法律，自然也带上了中国文化中强调集体利益的印记。

马克思在《〈黑格尔法哲学批判〉导言》中曾指出，“理论只要说服人，就能掌握群众；而理论只要彻底，就能说服人。所谓彻底，就是抓住事物的根本。但是，人的根本就是人本身”[④]。因此，在当下中国，法律人若想要建立一个能够为人们所自愿接受和信服的法律观和秩序观，取得法律治理的良好实际效果，就必须跳出西方法治现代化的既有模式，

---

① 孙隆基：《中国文化的深层结构》，广西师范大学出版社 2011 年版，第 51 ~ 53 页。

② 韦森：《个人主义与社群主义——东西方社会制序历史演进路径差异的文化原因》，载《复旦学报（社会科学版）》2004 年第 3 期。

③ D. J. Munro, *Concept of Man in Contemporary China*, *Ann Arbor*, University of Michigan Press, 1979, p. 40.

④ 中共中央马克思恩格斯列宁斯大林著作编译局编译：《马克思恩格斯选集》（第 1 卷），人民出版社 1995 年版，第 9 页。

实现中国式法治现代化叙事新变革，在尊重个人存在价值以及彻底摒弃“目中无人”的法律发展模式的基础上，真正将人的解放和自由的全面发展作为界定国家法律是否存在“禁止过度”情形的标准，真正把维护人的权利，发展人的权利与实现人的权利置于法律的核心位置，① 践行“以人为本”的价值理念，从人的本质、人的社会关系、人的个性和人的需要等 4 个方面进行综合考量，② 采取符合比例原则的公权力介入方式③来捍卫基本权利或者私法自治的价值。司法者在诉讼中若遵循“以人为本”的原则，则应以“如我在诉”的意识与当事人实现共情，秉持同理心和常情常理来设身处地地感受纠纷形成的全过程，杜绝选择性司法的理念，④ 将“及时有效”和“止于至善”作为解决问题的标准，用处理纠纷的公平度和处理方式的认可度来体现人民至上的宗旨立场和司法为民的司法情怀。只有如此，法律人才能有力地促进普通民众对于“可接受”法律的认同，并将法律认同内化为人们的自觉追求。

其实，我们的祖先在数千年前便已将“以民为本”的思想注入了中

---

① 当然，在法律发展的过程中确立权利本位的发展观，也不能忽视义务的重要性，否则权利本位就会走向极端，导致“个人权利本位主义”，从而制约权利的发展与实现。同时，强调法律发展的权利本位论，也绝不是对权力的否定，而是寻求在权利与权力之间形成一种合理的张力，即通过权利限制权力，从而建立保障公民利益和自由的制度化结构，为实现真正意义上的法治奠定基础。参见刘同君：《当代中国法律发展的困境与超越——基于路径依赖视角的考察》，载《法学杂志》2010 年第 1 期。

② 参见郝立新、孙岱瑄：《中国式现代化进程中人的现代化的内在逻辑》，载《中南民族大学学报（人文社会科学版）》2024 年第 3 期。

③ 根据比例原则，应从 3 个方面予以考虑：介入目的之正当、介入事由与介入职权法定、介入方式与介入事由的匹配性。参见肖新喜：《论民法典婚姻家庭编的社会化》，载《中国法学》2019 年第 3 期。

④ 所谓“选择性司法”，是指对于授权性的法律规定，总是从对自己有利、方便的角度加以执行，而不是从有利、方便当事人、其他诉讼参与人的角度加以执行。

华传统文化，从“民惟邦本，本固邦宁”[①]，“天视自我民视，天听自我民听”[②] 的上古遗训，到“圣人常无心，以百姓心为心”[③]，“民为贵，社稷次之，君为轻”[④] 的先秦警句，无一例外地体现了这种精神。

① 《尚书·五子之歌》。
② 《尚书·泰誓中》。
③ 《道德经》。
④ 《孟子·尽心下》。

参考文献

一、中文类参考文献

（一）著作类

1. 中共中央马克思恩格斯列宁斯大林著作编译局编译：《马克思恩格斯选集》，人民出版社 1995 年版。

2. 中共中央马克思恩格斯列宁斯大林著作编译局编译：《马克思恩格斯全集》，人民出版社 1962 年版。

3. 习近平：《论党的宣传思想工作》，中央文献出版社 2020 年版。

4. 习近平：《在全国党校工作会议上的讲话》，人民出版社 2016 年版。

5. 王伯琦：《近代法律思潮与中国固有文化》，清华大学出版社 2005 年版。

6. 张善根：《法律信任论》，中国法制出版社 2018 年版。

7. 梁治平：《清代习惯法：社会与国家》，中国政法大学出版社 1996 年版。

8. 梁治平：《寻求自然秩序中的和谐》，中国政法大学出版社 2002 年版。

9. 梁治平：《法辨——中国法的过去、现在与未来》，中国政法大学出版社 2002 年版。

10. 梁治平：《法意与人情》，中国法制出版社 2004 年版。

11. 梁治平：《法治十年观察》，上海人民出版社 2009 年版。

12. 梁治平：《在边缘处思考》，法律出版社 2010 年版。

13. 梁治平编：《法律的文化解释》，生活·读书·新知三联书店，1998 年版。

14. 梁治平编：《法治在中国：制度、话语与实践》，中国法制出版社 2002 年版。

15. 金观涛、刘青峰：《观念史研究：中国现代重要政治术语的形成》，法律出版社 2009 年版。

16. 金观涛、刘青峰：《兴盛与危机——论中国社会超稳定结构》，法律出版社 2011 年版。

17. 金观涛、刘青峰：《开放中的变迁——再论中国社会超稳定结构》，法律出版社 2011 年版。

18. 金观涛、刘青峰：《中国现代思想的起源——超稳定结构与中国政治文化的演变》，法律出版社 2011 年版。

19. 苏力：《法治及其本土资源》（修订版），中国政法大学出版社 2004 年版。

20. 苏力：《送法下乡——中国基层司法制度研究》（修订版），北京大学出版社 2011 年版。

21. 苏力：《制度是如何形成的》（增订版），北京大学出版社 2007 年版。

22. 苏力：《法律与文学：以中国传统戏剧为材料》，生活·读书·新知三联书店 2006 年版。

23. 费孝通：《乡土中国生育制度》，北京大学出版社 1998 年版。

24. 费孝通：《乡土重建》，岳麓书社 2012 年版。

25. 费孝通、吴晗等：《皇权与绅权》，岳麓书社 2012 年版。

26. 谢晖：《法律信仰的理念与基础》，山东人民出版社 1997 年版。

27. 谢晖：《大、小传统的沟通理性》，中国政法大学出版社 2011 年版。

28. 谢晖：《价值重建与规范选择——中国法制现代化沉思》，山东人民出版社 1998 年版。

29. 李泽厚：《中国古代思想史论》，人民出版社 1985 年版。

30. 李泽厚：《中国近代思想史论》，人民出版社 1979 年版。

31. 李泽厚：《中国现代思想史论》，东方出版社 1987 年版。

32. 张文显：《法学基本范畴研究》，中国政法大学出版社 1993 年版。

33. 张文显：《二十世纪西方法哲学思潮研究》，法律出版社 2006 年版。

34. 范忠信：《中国法律传统的基本精神》，山东人民出版社 2001 年版。

35. 范忠信、郑定、詹学农：《情理法与中国人》（修订版），北京大学出版社 2011 年版。

36. 瞿同祖：《中国封建社会》，上海世纪出版集团 2005 年版。

37. 瞿同祖：《中国法律与中国社会》，中华书局 2003 年版。

38. 朱晓阳：《小村故事：罪过与惩罚（1931—1997）》（修订版），法律出版社 2011 年版。

39. 朱晓阳：《小村故事——地志与家园（2003—2009）》，北京大学出版社 2011 年版。

40. 车文博主编：《弗洛伊德主义原理选辑》，辽宁人民出版社 1988 年版。

41. 车文博：《人本主义心理学》，浙江教育出版社 2003 年版。

42. 许纪霖、陈达凯主编：《中国现代化史（1800～1949）》（第一卷），上海三联书店 1995 年版。

43. 许纪霖主编：《公共空间中的知识分子》，江苏人民出版社 2007

年版。

44. 梁漱溟：《中国文化要义》，上海人民出版社 2005 年版。

45. 中国文化书院学术委员会编：《梁漱溟全集》，山东人民出版社 1990 年版。

46. 杨鸿烈：《中国法律思想史》，中国政法大学出版社 2004 年版。

47. 马小红：《礼与法：法的历史连接》，北京大学出版社 2004 年版。

48. 张国华：《中国法律思想史新编》，北京大学出版社 1998 年版。

49. 俞荣根主编：《中国法律思想史》，法律出版社 2000 年版。

50. 张晋藩：《中国法律的传统与近代转型》，法律出版社 1999 年版。

51. 刘禾：《帝国的话语政治：从近代中西冲突看现代世界秩序的形成》，杨立华等译，生活·读书·新知三联书店 2009 年版。

52. 邓正来：《中国法学向何处去——建构“中国法律理想图景”时代的论纲》（第 2 版），商务印书馆 2011 年版。

53. 黄文艺：《当代中国法律发展研究》，吉林大学出版社 2000 年版。

54. 董磊明：《宋村的调解：巨变时代的权威与秩序》，法律出版社 2008 年版。

55. 赵旭东：《法律与文化：法律人类学研究与中国经验》，北京大学出版社 2011 年版。

56. 王成兵：《当代认同危机的人学解读》，中国社会科学出版社 2004 年版。

57. 张永和：《信仰与权威：诅咒（赌咒）、发誓与法律之比较研究》，法律出版社 2006 年版。

58. 刘作翔：《法律文化理论》，商务印书馆 1999 年版。

59. 杜宴林：《法律的人文主义解释》，人民法院出版社 2005 年版。

60. 孟樊：《后现代的认同政治》，台北，扬智文化事业公司 2001 年版。

61. 徐贲：《知识分子——我的思想和我们的行为》，华东师范大学出版社 2005 年版。

62. 钱钟书：《管锥篇》，中华书局 1979 年版。

63. 李向平：《信仰、革命与权力秩序——中国宗教社会学研究》，上海人民出版社 2006 年版。

64. 孟祥才、胡新生：《齐鲁思想文化史——从地域文化到主流文化》（先秦秦汉卷），山东大学出版社 2002 年版。

65. 高鸿钧：《现代法治的出路》，清华大学出版社 2003 年版。

66. 张光直：《中国青铜时代》，生活·读书·新知三联书店 1999 年版。

67. 孙隆基：《中国文化的深层结构》，广西师范大学出版社 2011 年版。

68. 沙莲香主编：《中华民族性》，中国人民大学出版社 2012 年版。

69. 陈弱水：《公共意识与中国文化》，新星出版社 2006 年版。

70. 秦晖：《传统十论——本土社会的制度文化与其变革》，复旦大学出版社 2003 年版。

71. 张中秋：《中西法律文化比较研究》，中国政法大学出版社 2006 年版。

72. 吴永明：《理念、制度与实践——中国司法现代化变革研究（1912—1928）》，法律出版社 2005 年版。

73. 王俊秀、杨宜音主编：《中国社会心态研究报告（2012～2013）》，社会科学文献出版社 2013 年版。

74. 冯尔康、韦建华：《清人社会生活》，天津人民出版社 1990 年版。

75. 张仲礼：《中国绅士：关于其在十九世纪中国社会中作用的研究》，上海社会科学院出版社 1991 年版。

76. 顾颉刚：《史林杂识初编》，中华书局 1963 年版。

77. 钱穆：《国史新论》，生活·读书·新知三联书店2001年版。

78. 张仁善：《法律社会史的视野》，法律出版社2007年版。

79. 覃光广、冯利、陈朴主编：《文化学辞典》，中央民族学院出版社1988年版。

80. 田成有：《乡土社会中的民间法》，法律出版社2005年版。

81. 吴毅：《村治变迁中的权威与秩序——20世纪川东双村的表达》，中国社会科学出版社2002年版。

82. 桑本谦：《私人之间的监控与惩罚——一个经济学的进路》，山东人民出版社2005年版。

83. 冯象：《木腿正义——关于法律与文学》，中山大学出版社1999年版。

84. 王铭铭：《走在乡土上：历史人类学札记》，中国人民大学出版社2009年版。

85. 王亚南：《中国官僚政治研究》，中国社会科学出版社1981年版。

86. 郑秦：《清代法律制度研究》，中国政法大学出版社2000年版。

87. 黄顺力：《从林则徐到毛泽东——中国人的百年救国路》，河南人民出版社1993年版。

88. 王沪宁：《比较与超越》，黑龙江教育出版社1989年版。

89. 彭怀恩：《政治传播与沟通》，台北，风云论坛出版社有限公司2004年版。

90. 程燎原、江山：《法治与政治权威》，清华大学出版社2001年版。

91. 李锦辉：《规范与认同——制度法律理论研究》，山东人民出版社2011年版。

92. 徐昕：《论私力救济》，中国政法大学出版社2005年版。

93. 甘阳：《通三统》，生活·读书·新知三联书店2007年版。

94. 汪晖：《去政治化的政治：短20世纪的终结与90年代》，生活·

读书 · 新知三联书店，2008 年版。

95. 昌切：《清末民初的思想主脉》，东方出版社 1999 年版。

96. 李在全：《法治与党治——国民党政权的司法党化（1923 ~ 1948）》，社会科学文献出版社 2012 年版。

97. 徐学初编：《世纪档案（1896—1996）——影响 20 世纪世界历史进程的 100 篇文献》，中国文史出版社 1996 年版。

98. 刘星：《法律与文学：在中国基层司法中展开》，北京大学出版社 2019 年版。

99. 赵静蓉：《文化记忆与身份认同》，生活 · 读书 · 新知三联书店 2015 年版。

100. 刘辉：《认同理论》，知识产权出版社 2017 年版。

101. 冯军、孙学军：《通过刑事司法的社会治理》，人民出版社 2016 年版。

102. 路杰：《转型社会的权威认同》，国家行政学院出版社 2015 年版。

103. 黄芳：《多元文化认同的建构：〈中国评论周报〉与〈天下月刊研究〉》，南京大学出版社 2018 年版。

104. 张颂仁、陈光兴、高士明主编：《历史意识与国族认同：杜赞奇读本》，上海人民出版社 2013 年版。

105. 马进、乔娟、王瑞萍：《社会认同、交往及心态若干重要问题研究》，中国社会科学出版社 2018 年版。

106. 尹岩：《个体认同论》，中国社会科学出版社 2020 年版。

107. 卢建军：《法治认同生成的理论逻辑》，法律出版社 2014 年版。

108. 季卫东：《法治构图》，法律出版社 2012 年版。

109. 梁启超：《饮冰室文集点校》，云南教育出版社 2001 年版。

110. 王栻主编：《严复集》，中华书局 1986 年版。

111. 《鲁迅全集》，人民文学出版社 1981 年版。

112. ［日］滋贺秀三等著，王亚新、梁治平编：《明清时期的民事审判与民间契约》，法律出版社 1998 年版。

113. 王健主编：《西法东渐——外国人与中国法的近代变革》，中国政法大学出版社 2001 年版。

114. 徐爱国主编：《无害的偏见：西方学者论中国法律传统》，北京大学出版社 2011 年版。

115. 中南财经政法大学法律文化研究院编：《中西法律传统》（第 6 卷），北京大学出版社 2008 年版。

116. 蒋传光主编：《法理学与部门法哲学》（第 3 卷），上海三联书店 2018 年版。

117. ［美］黄宗智：《清代的法律、社会与文化：民法的表达与实践》，上海书店出版社 2007 年版。

118. ［美］黄宗智：《过去和现在：中国民事法律实践的探索》，法律出版社 2009 年版。

119. ［美］黄宗智：《法典、习俗与司法实践：清代与民国的比较》，上海书店出版社 2003 年版。

120. ［美］黄宗智：《长江三角洲小农家庭与乡村发展》，中华书局 1992 年版。

121. ［美］黄宗智：《华北的小农经济与社会变迁》，中华书局 2000 年版。

122. ［美］黄宗智、尤陈俊主编：《从诉讼档案出发：中国的法律、社会与文化》，法律出版社 2009 年版。

123. ［美］黄宗智主编：《中国研究的范式问题讨论》，社会科学文献出版社 2003 年版。

124. ［美］理查德 · A. 波斯纳：《法律与文学》（修订版），李国庆译，中国政法大学出版社 2002 年版。

125. ［美］理查德 · A. 波斯纳：《超越法律》，苏力译，中国政法大学出版社 2001 年版。

126. ［美］理查德 · A. 波斯纳：《法理学》，苏力译，中国政法大学出版社 1994 年版。

127. ［美］伯尔曼：《信仰与秩序：法律与宗教的复合》，姚剑波译，中国政法大学出版社 2011 年版。

128. ［美］伯尔曼：《法律与宗教》，梁治平译，中国政法大学出版社 2003 年版。

129. ［美］费正清、［美］麦克法夸尔主编：《剑桥中华人民共和国史：1949—1965》，王健朗等译，上海人民出版社 1990 年版。

130. ［美］费正清、［美］赖肖尔主编：《中国：传统与变革》，陈仲丹、潘兴明、庞朝阳译，江苏人民出版社 2012 年版。

131. ［美］克利福德 · 吉尔兹：《地方知识》，杨德睿译，商务印书馆 2016 年版。

132. ［美］罗斯科 · 庞德：《法律与道德》，陈林林译，中国政法大学出版社 2003 年版。

133. ［美］孔飞力：《叫魂：1768 年中国妖术大恐慌》，陈谦、刘昶译，生活 · 读书 · 新知三联书店 2012 年版。

134. ［美］柯文：《在中国发现历史——中国中心观在美国的兴起》（增订本），林同奇译，中华书局 2002 年版。

135. ［美］阎云翔：《私人生活的变革：一个中国村庄里的爱情、家庭与亲密关系》，龚小夏译，上海书店出版社 2009 年版。

136. ［美］罗纳德 · 德沃金：《认真对待权利》，信春鹰、吴玉章译，中国大百科全书出版社 1998 年版。

137. ［美］劳伦斯 · M. 弗里德曼：《法律制度——从社会科学角度

观察》，李琼英、林欣译，中国政法大学出版社 2004 年版。

138. ［美］曼纽尔·卡斯特：《认同的力量》，曹荣湘译，社会科学文献出版社 2006 年版。

139. ［美］德克·布迪、［美］克拉伦斯·莫里斯著，刘东主编：《中华帝国的法律》，朱勇译，江苏人民出版社 2008 年版。

140. ［美］昂格尔：《现代社会中的法律》，吴玉章、周汉华译，译林出版社 2001 年版。

141. ［美］米尔伊安·R. 达玛什卡：《司法和国家权力的多种面孔——比较视野中的法律程序》，郑戈译，中国政法大学出版社 2004 年版。

142. ［美］富勒：《法律的道德性》，郑戈译，商务出版社 2005 年版。

143. ［美］E. 博登海默：《法理学：法律哲学与法律方法》，邓正来译，中国政法大学出版社 2004 年版。

144. ［美］埃里克·霍弗：《狂热分子——码头工人哲学家的沉思录》，梁永安译，广西师范大学出版社 2008 年版。

145. ［美］塞缪尔·P. 亨廷顿：《变化社会中的政治秩序》，王冠华等译，生活·读书·新知三联书店 1989 年版。

146. ［美］E. A. 罗斯：《社会控制》，秦志勇、毛永政等译，华夏出版社 1989 年版。

147. ［美］J. 赫伯特·阿特休尔：《权利的媒介》，黄煜、裘志康译，华夏出版社 1989 年版。

148. ［美］沃尔特·李普曼：《公众舆论》，阎克文、江红译，上海人民出版社 2002 年版。

149. ［美］约瑟夫·列文森：《儒家中国及其现代命运》，郑大华、任菁译，广西师范大学出版社 2009 年版。

150. ［美］哈罗德·伊罗生：《群氓之族：群体认同与政治变迁》，邓伯宸译，广西师范大学出版社 2008 年版。

151. ［美］唐纳德·J. 布莱克：《法律的运作行为》，唐越、苏立译，中国政法大学出版社 2004 年版。

152. ［美］P. 诺内特、［美］P. 塞尔兹尼克：《转变中的法律与社会：迈向回应型法》，张志铭译，中国政法大学出版社 2004 年版。

153. ［美］罗伯特·C. 埃里克森：《无需法律的秩序——邻人如何解决纠纷》，苏立译，中国政法大学出版社 2003 年版。

154. ［美］赫伯特·马尔库塞：《理性和革命——黑格尔和社会理论的兴起》，程志民等译，上海世纪出版集团 2007 年版。

155. ［英］哈特：《法律的概念》，张文显等译，中国大百科全书出版社 1996 年版。

156. ［英］尼格尔·多德：《社会理论与现代性》，陶传进译，社会科学文献出版社 2002 年版。

157. ［英］约翰·凯里：《知识分子与大众：文学知识界的傲慢与偏见（1880—1939）》，吴庆宏译，译林出版社 2010 年版。

158. ［英］安东尼·吉登斯：《现代性的后果》，田禾译，译林出版社 2011 年版。

159. ［英］尼尔·麦考密克、［澳］奥塔·魏因贝格尔：《制度法论》，周叶谦译，中国政法大学出版社 2004 年版。

160. ［英］丹尼斯·罗伊德：《法律的理念》，张茂柏译，上海译文出版社 2014 年版。

161. ［英］保罗·塔格特：《民粹主义》，袁明旭译，吉林人民出版社 2005 年版。

162. ［英］维特根斯坦：《哲学研究》，陈嘉映译，上海人民出版社 2001 年版。

163. ［英］齐格蒙特·鲍曼：《流动的时代：生活于充满不确定性的年代》，谷蕾、武媛媛译，江苏人民出版社 2012 年版。

164. ［法］伏尔泰：《风俗论》（上册），梁守锵译，商务印书馆 1994 年版。

165. ［法］霍尔巴赫：《自然政治论》，陈太先、睦茂译，商务印书馆 1994 年版。

166. ［法］勒庞：《乌合之众——大众心理研究》，冯克利译，广西师范大学出版社 2007 年版。

167. ［法］塞奇·莫斯科维奇：《群氓的时代》，许列民、薛丹云、李继红译，江苏人民出版社 2006 年版。

168. ［法］孟德斯鸠：《论法的精神》，张雁深译，商务印书馆 2004 年版。

169. ［德］马克思、［德］恩格斯著，中共中央马克思恩格斯列宁斯大林著作编译局编译：《德意志意识形态》（节选本），人民出版社 2003 年版。

170. ［德］黑格尔：《哲学史讲演录》（第 1 卷），贺麟、王太庆译，商务印书馆 1996 年版。

171. ［德］哈贝马斯：《在事实与规范之间：关于法律和民主法治国的商谈理论》，童世骏译，生活·读书·新知三联书店 2003 年版。

172. ［德］马克斯·韦伯：《儒教与道教》，洪天富译，江苏人民出版社 2010 年版。

173. ［日］谷川道雄：《中国中世纪与共同体》，马彪译，中华书局 2002 年版。

174. ［日］谷口安平：《程序的正义与诉讼》，王亚新、刘荣军译，中国政法大学出版社 1996 年版。

175. ［日］千叶正士：《法律多元——从日本法律文化迈向一般理

论》，强世功等译，中国政法大学出版社 1997 年版。

176. ［日］川岛武宜：《现代化与法》，申政武等译，中国政法大学出版社 1994 年版。

177. ［加］查尔斯·泰勒：《自我的根源：现代认同的形成》，韩震等译，译林出版社 2001 年版。

178. ［加］大卫·莱昂：《后现代性》，郭为桂译，吉林人民出版社 2004 年版。

179. ［加］卜正明、［加］施恩德编：《民族的建构：亚洲精英及其民族身份认同》，陈诚等译，吉林出版集团有限责任公司 2008 年版。

180. ［古希腊］亚里士多德：《政治学》，吴寿彭译，商务印书馆 1997 年版。

181. ［意］贝卡利亚：《论犯罪与刑罚》，黄风译，中国大百科全书出版社 1993 年版。

182. ［瑞士］费尔迪南·德·索绪尔：《普通语言学教程》，高明凯译，商务印书馆 1980 年版。

183. ［西班牙］奥尔特加·加塞特：《大众的背叛》，刘训练、佟德志译，吉林人民出版社 2004 年版。

184. ［韩］黄秉泰：《儒学与现代化：中韩日儒学比较研究》，刘李胜译，社会科学文献出版社 1995 年版。

185. ［波兰］彼得·什托姆普卡：《信任：一种社会学理论》，程胜利译，中华书局 2005 年版。

186. 《礼记》。

187. 《诗经》。

188. 《尚书》。

189. 《左传》。

190. 《史记》。

191.《老子》。

192.《庄子》。

193.《论语》。

194.《孟子》。

195.《荀子》。

196.《孝经》。

197.《慎子》。

198.《新书》。

199.《韩非子》。

200.《商君书》。

201.《潜夫论》。

202.《春秋繁露》。

203.《白虎通义》。

204.《朱子大全》。

205.《太炎文集》。

（二）论文类

206. 谢晖：《民间规范与法律的全球对话》，载《山东大学学报（哲学社会科学版）》2011 年第 4 期。

207. 谢晖：《大、小传统的沟通难题与人权基点的沟通》，载《甘肃社会科学》2011 年第 4 期。

208. 谢晖、崔英楠：《变法与革理——20 世纪中国法学发展的逻辑》，载《文史哲》2000 年第 2 期。

209. 谢晖：《中国古典法律解释中的目的智慧——追求法律的实用性》，载《法学论坛》2005 年第 4 期。

210. 伍德志：《谣言、法律信任危机与认知逻辑》，载《法学评论》2015 年第 5 期。

211. 伍德志：《论法律信任建构的反向逻辑：不信任的制度化及其功能》，载《暨南学报（哲学社会科学版）》2023 年第 2 期。

212. 伍德志：《论法律认知的信任逻辑》，载《中国法学》2023 年第 2 期。

213. 陈金钊：《论法律信仰——法治社会的精神要素》，载《法制与社会发展》1997 年第 3 期。

214. 陈金钊：《魅力法治所衍生的苦恋——对形式法治和实质法治思维方向的反思》，载《河南大学学报（社会科学版）》2012 年第 5 期。

215. 陈金钊：《法治方式所需要的姿态》，载《法制与社会发展》2013 年第 5 期。

216. 陈洪杰：《转型社会的司法功能建构——从卡理斯玛权威到法理型权威》，载《华东政法大学学报》2017 年第 6 期。

217. 陈洪杰：《论公正司法的治理逻辑与信任机制》，载谢进杰主编：《中山大学法律评论》第 18 卷，中国政法大学出版社 2022 年版，第 212 页。

218. 苏力：《二十世纪中国的现代化和法治》，载《法学研究》1998 年第 1 期。

219. 苏力：《再论法律规避》，载《中外法学》1996 年第 4 期。

220. 张文显：《构建智能社会的法律秩序》，载《东方法学》2020 年第 5 期。

221. 张文显：《论中国式法治现代化新道路》，载《中国法学》2022 年第 1 期。

222. 范进学：《论法律信仰危机与中国法治化》，载《山东社会科学》1997 年第 6 期。

223. 范进学：《“法律信仰”：一个被过度误解的神话——重读伯尔曼〈法律与宗教〉》，载《政法论坛》2012 年第 2 期。

224. 舒国滢：《从司法的广场化到司法的剧场化——一个符号学的视角》，载《政法论坛》1993 年第 3 期。

225. 舒国滢：《从美学的观点看法律——法美学散论》，载《北大法律评论》2000 年第 2 期。

226. 顾培东：《中国法治的自主型进路》，载《法学研究》2010 年第 1 期。

227. 顾培东：《人民法院改革取向的审视与思考》，载《法学研究》2020 年第 1 期。

228. 周立民：《诉讼经历者的司法信任何以形成——对 87 名随机当事人的模糊集定性比较分析》，载《中外法学》2019 年第 6 期。

229. 周立民、邢海燕：《全面依法治国及网络社会双重背景下的法律认同建构——基于广义倾向值匹配法的实证探讨》，载《治理现代化研究》2022 年第 2 期。

230. 吴英姿：《论司法认同：危机与重建》，载《中国法学》2016 年第 3 期。

231. 刘星：《西方法学理论的“中国表达”——从 1980 年代以后的“西方评介”看》，载《政法论坛》2005 年第 1 期。

232. 李林、胡水君：《开拓中国式民主与法治建设之路》，载《人民论坛》2010 年 12 月（下）。

233. 卢东凌：《民众法律认同初探》，载《西南政法大学学报》1993 年第 3 期。

234. 马新福、杨清望：《法律信任初论》，载《河北法学》2006 年第 4 期。

235. 张永和：《法律不能被信仰的理由》，载《政法论坛》2006 年第 3 期。

236. 范愉：《法律信仰批判》，载《现代法学》2008 年第 1 期。

237. 孙频捷：《身份认同研究浅析》，载《前沿》2010 年第 2 期。

238. 尤陈俊：《法治的困惑：从两个社会文本开始的解读》，载《法学》2002 年第 5 期。

239. 王歆：《认同理论的起源、发展与评述》，载《新疆社科论坛》2009 年第 2 期。

240. 曾莉：《包容性实证主义法学之承认规则类别研究》，载《法制与社会发展》2006 年第 2 期。

241. 陈景辉：《什么是“内在观点”?》，载《法制与社会发展》2007 年第 5 期。

242. 张伟仁：《中国传统的司法和法学》，载《现代法学》2006 年第 5 期。

243. 霍存福：《中国传统法文化的文化性状与文化追寻——情理法的发生、发展及其命运》，载《法制与社会发展》2001 年第 3 期。

244. 张洪涛：《从“以礼入法”看中国古代习惯法的制度命运》，载《法商研究》2010 年第 6 期。

245. 张中秋：《家礼与国法的关系、原理、意义》，载《法学》2005 年第 5 期。

246. 于逸生：《夏、商、周三代神权法思想嬗变》，载《求是学刊》1997 年第 1 期。

247. 申波：《整体论进路与乡土共同体——论“儒法合流”的成立基础》，载《中山大学学报（社会科学版）》2005 年第 3 期。

248. 徐庆文：《儒家传承中的道统与政统——兼论儒学形成的地域性特征》，载《东岳论丛》2011 年第 11 期。

249. 柏欣：《大众文化、精英文化对法律文化认同的循环影响——对“文革”以来中国法律文化认同结构性演化为实例》，载《长白学刊》2008 年第 3 期。

250. 汪兵、汪丹：《皇权·绅权·族权——兼论划清中西文化传统的界限》，载《天津师范大学学报（社会科学版）》2004 年第 1 期。

251. 徐祖澜：《乡绅之治与国家权力——以明清时期中国乡村社会为背景》，载《法学家》2010 年第 6 期。

252. 王先明：《乡绅权势消退的历史轨迹——20 世纪前期的制度变迁、革命话语与乡绅权力》，载《南开学报（哲学社会科学版）》2009 年第 1 期。

253. 眭鸿明：《清末民初民俗习惯的社会角色及法律地位》，载《法律科学（西北政法大学学报）》2011 年第 4 期。

254. 项继权：《中国农村社区及共同体的转型与重建》，载《华中师范大学学报（人文社会科学版）》2009 年第 3 期。

255. 潘畅和：《对中国实学的哲学诠释》，载《延边大学学报（社会科学版）》2009 年第 2 期。

256. 喻名峰：《后乡土社会法治秩序的构建》，载《甘肃社会科学》2007 年第 1 期。

257. 庞虎：《近代中国法治启蒙受阻原因探析》，载《长白学刊》2005 年第 6 期。

258. 郭学德：《试论中国的“政府推进型”法治道路及其实践中存在的问题》，载《郑州大学学报（哲学社会科学版）》2001 年第 1 期。

259. 柳新元：《意识形态与中国渐进式改革方式的选择》，载《理论探讨》2010 年第 4 期。

260. 董长春：《儒学的意识形态化及其对中国传统法律的影响》，载《广西社会科学》2008 年第 10 期。

261. 李国娟：《盐铁会议与儒学意识形态有效性》，载《探索与争鸣》2011 年第 12 期。

262. 管伟：《法律文化的更新与近代中国传统法律的现代化》，载

《政法论丛》2007 年第 4 期。

263. 姚梅娟、王志永：《农民权利缺失的理性思考——乡土社会中的法律缺位和法律恐惧》，载《兰州学刊》2005 年第 4 期。

264. 王学泰：《传统与小传统》，载《社会科学论坛》2000 年第 8 期。

265. 陈柏峰、董磊明：《治理论还是法治论——当代中国乡村司法的理论建构》，载《法学研究》2010 年第 5 期。

266. 董磊明、陈柏峰、聂良波：《结构混乱与迎法下乡——河南宋村法律实践的解读》，载《中国社会科学》2008 年第 5 期。

267. 杨力：《新农民阶层与乡村司法理论的反证》，载《中国法学》2007 年第 6 期。

268. 朱晓阳：《“语言混乱”与法律人类学的整体论进路》，载《中国社会科学》2007 年第 2 期。

269. 周飞舟：《从汲取型政权到“悬浮型”政权——税费改革对国家与农民关系之影响》，载《社会学研究》2006 年第 3 期。

270. 徐忠明：《权利与伸冤：传统中国诉讼意识的解释》，载《中山大学学报（社会科学版）》2004 年第 6 期。

271. 桑本谦：《法律控制的成本分析——以对通奸和黄色短信的法律控制为例》，载《现代法学》2007 年第 5 期。

272. 郭星华：《从中国经验走向中国理论——法社会学理论本土化的探索》，载《江苏社会科学》2011 年第 1 期。

273. 赵旭东：《互惠、公正与法制现代性——一个华北村落的纠纷解决》，载《北大法律评论》1999 年第 3 期。

274. 张昌辉：《法律意识形态的概念重提》，载《甘肃理论学刊》2010 年第 3 期。

275. 喻中：《关于法律意识形态的几点思考》，载《探索》2002 年第

2 期。

276. 金亮贤：《改革开放以来法律文化变迁述评》，载《政治与法律》2005 年第 5 期。

277. 崔蕴华：《人文语境与法律想象：中国公案文学新论》，载《社会科学论坛》2011 年第 9 期。

278. 陈寿灿、何历宇：《与社会和解：中国法治模式的伦理文化之维》，载《政法论坛》2011 年第 5 期。

279. 夏锦文、蔡道通：《论中国法治化的观念基础》，载《中国法学》1997 年第 5 期。

280. 郑成良：《论法治理念与法律思维》，载《吉林大学社会科学学报》2000 年第 4 期。

281. 姜明安：《再论法治、法治思维与法律手段》，载《湖南社会科学》2012 年第 4 期。

282. 刘同君：《当代中国法律发展的困境与超越——基于路径依赖视角的考察》，载《法学杂志》2010 年第 1 期。

283. 王俊民：《中国法治路径争议之辨析——由“重庆打黑”引发的思考》，载《华东政法大学学报》2011 年第 2 期。

284. 冷月：《论司法裁判中法律解释的限度》，载《江海学刊》2007 年第 6 期。

285. 栗峥：《乡村法治的结构变迁与秩序困境》，载《河南大学学报（社会科学版）》2007 年第 11 期。

286. 陈联俊：《网络社会中群体意识的发生与引导》，载《政治学研究》2010 年第 2 期。

287. 李泽厚：《漫说“西体中用”》，载《孔子研究》1987 年第 1 期。

288. 原源：《变幻的螺旋：社会舆论形成的复杂性与多样性——网络

时代“沉默的螺旋”面临的挑战》，载《山西师大学报（社会科学版）》2011 年第 2 期。

289. 刘建军：《论社会转型期政治信任的法治基础》，载《文史哲》2010 年第 4 期。

290. 韦森：《个人主义与社群主义——东西方社会制序历史演进路径差异的文化原因》，载《复旦学报（社会科学版）》2004 年第 3 期。

291. 胡旭晟：《论法律源于道德》，载《法制与社会发展》1997 年第 4 期。

292. 王树人：《关于西学东渐的经验教训——兼论话语霸权与“失语症”问题》，载《文史哲》2007 年第 4 期。

293. 姚建宗：《信仰：法治的精神意蕴》，载《吉林大学社会科学学报》1997 年第 2 期。

294. 郭春镇：《从“神话”到“鸡汤”——论转型期中国法律信任的建构》，载《法律科学（西北政法大学学报）》2014 年第 3 期。

295. 刘小平、杨金丹：《中国法律信仰论的内在悖论及其超越》，载《法商研究》2014 年第 2 期。

296. 王宁：《消费与认同——对消费社会学的一个分析框架的探索》，载《社会学研究》2000 年第 1 期。

297. 苏新建：《程序正义对司法信任的影响——基于主观程序正义的实证研究》，载《环球法律评论》2014 年第 4 期。

298. 黄金兰：《我国法律信任缺失的原因——历史、文化视角的解释》，载《法律科学（西北政法大学学报）》2016 年第 2 期。

299. 易军：《权威变迁、权力表达与纠纷解决——乡村社会的法律信任与乡村法治》，载谢晖、蒋传光、陈金钊主编：《民间法》第 16 卷，厦门大学出版社 2015 年版。

300. 苏新建：《程序正义对司法信任的影响——基于主观程序正义的

实证研究》，载《环球法律评论》2014 年第 5 期。

301. 李珊：《公众法感融入司法裁判的实践路径》，载《法律适用》2024 年第 4 期。

302. 叶舒宪：《地方性知识》，载《读书》2001 年第 5 期。

303. 陆幸福：《同案同判的法律一般性根基》，载《社会科学》2024 年第 3 期。

304. 郭云峰：《论司法公信力提升的路径与方式——基于系统自组织演化的分析》，载《河南财经政法大学学报》2016 年第 4 期。

305. 贾立政、孙墨笛：《历史交汇点上的国内社会思潮观察》，载《人民论坛》2021 年第 3 期。

306. 许宝健、郭彦林：《新技术条件下主流意识形态建设：机遇、挑战和应对》，载《中国井冈山干部学院学报》2024 年第 5 期。

307. 贾立政、王妍卓、张忠华：《重大社会思潮十年发展变革趋势研判》，载《人民论坛》2021 年第 3 期。

308. 张洁：《改革开放以来几种代表性社会思潮制度指向性论析》，载《学术论坛》2016 年第 12 期。

309. 郑智：《中国法律信仰的认知困境及其超越》，载《法学》2016 年第 5 期。

310. 张德淼、高颖：《新媒体对中国公众法治认同的消解及其应对》，载《云南社会科学》2018 年第 3 期。

311. 刘涛：《中国法律信仰的传统根基与建构路径》，载《法商研究》2016 年第 1 期。

312. 刘志民、杨友国：《陌生自由人社会及其内卷化——关于中国社会结构现状的思考》，载《甘肃行政学院学报》2009 年第 4 期。

313. 杨力：《新农民阶层与乡村司法伦理的反证》，载《中国法学》2007 年第 6 期。

314. 于语和、吕姝洁：《中国传统法律文化与当今的法治认同》，载《北京理工大学学报（社会科学版）》2016 年第 4 期。

315. 郑丽丽、王天民：《论中国共产党意识形态说理及其话语权提升》，载《理论导刊》2024 年第 5 期。

316. 陈雨萌：《中国共产党引领社会思潮的百年历程与基本经验》，载《思想教育研究》2021 年第 3 期。

317. 孙晓晖：《改革开放以来我国社会思潮的境遇、演变与走向》，载《江西社会科学》2012 年第 11 期。

318. 李安、王家国：《法律移植的社会文化心理认同》，载《法制与社会发展》2018 年第 1 期。

319. 林坤：《论“互联网 +”时代司法公开模型的核心要素》，载《广东行政学院学报》2019 年第 6 期。

320. 郝立新、孙岱瑄：《中国式现代化进程中人的现代化的内在逻辑》，载《中南民族大学学报（人文社会科学版）》2024 年第 3 期。

321. 肖新喜：《论民法典婚姻家庭编的社会化》，载《中国法学》2019 年第 3 期。

322. 吴义龙：《知识是地方性的还是普遍性的？——以“法律是一种地方性知识”切入》，载王天夫主编：《清华社会学评论》第 18 辑，社会科学文献出版社 2023 年版。

323. 马建银：《法律移植与法律认同——中国语境的法律现代性困境》，清华大学 2005 年硕士学位论文。

324. 叶立周：《当代中国法律接受研究》，吉林大学 2008 年博士学位论文。

325. 杨清望：《论法律权威》，吉林大学 2008 年博士学位论文。

326. 王维林：《法律意识的心理学分析》，吉林大学 2004 年硕士学位论文。

327. 刘佩韦：《论法律评价》，广西师范大学 2003 年硕士学位论文。

328. 张芸：《论司法公信力》，西北师范大学 2007 年硕士学位论文。

二、英文类参考文献

1. D. J. Munro, *Concept of Man in Contemporary China*, *Ann Arbor*, University of Michigan Press, 1979, p. 40.

2. William Bloom, *Personal Identity*, *National Identity and International Relations*, Cambridge University Press, 1990, p. 27 – 30.

3. C. Geertz, *Local Knowledge*: *Fact and Law in Comparative Perspective*, Basis Press, 1983, p. 220.

4. Engen Ehrlich, *Fundamental Principles of the Sociology of Law*, trans. by W. L. Moll, Mass, 1936, p. 78.

5. Joshua Buckholtz & Rene Marois, *The Roots of Modern Justice*: *Cognitive and Neural Foundations of Social Normsand Their Enforcement*, Nature Neuroscience, Vol. 15: 5, p. 656 (2012).

6. Rouse, *Knowledge and Power*, *Toward A Political Philosophy of Science*, Cornell University Press, 1987, p. 119.

附录一

关于“规范人民法院司法行为”的调查问卷

为进一步规范各级法院的司法行为，我们采取无记名问卷形式对人民法院规范司法行为情况进行调查。问卷结果仅作为分析研究工作的依据，不作为评价法院工作的依据。请在合适的选项前面打钩，画线部分可作填充说明。谢谢您的支持和参与！

1. 您的性别：

A. 男　　B. 女

2. 您的年龄：

A. 18 ~ 25 岁　　B. 26 ~ 35 岁

C. 36 ~ 45 岁　　D. 46 ~ 55 岁

E. 55 ~ 65 岁　　F. 65 岁以上

3. 您的学历：

A. 高中　　B. 大专本科

C. 硕士　　D. 博士

E. 其他________________

4. 您的职业：

A. 公务员或事业单位员工　　B. 企业员工

C. 自由职业者　　D. 农民

E. 工人　　F. 学生

G. 其他________

5. 您的工作或学习和法律是否有关？

A. 有关　　B. 无关

6. 您认为法律对社会的作用（可多选）：

A. 维护社会秩序　　B. 保护公民权益

C. 促进社会公平正义　　D. 其他________

7. 您对法律知识的了解程度：

A. 非常了解　　B. 比较了解

C. 一般了解　　D. 不太了解

E. 完全不了解

8. 您是否有过因法律问题寻求司法机关帮助的经历？

A. 有　　B. 没有

9. 如果您没有直接参与过司法案件的处理工作，您了解司法是通过（可多选）：

A. 观看电视普法节目

B. 阅读法律书籍、报刊

C. 浏览手机、网站、新闻等得到的信息

D. 政府或学校等单位组织的普法宣传教育活动

E. 律师等专业人士或者朋友、旁人告知

F. 其他________

10. 您对近十年来本辖区法院司法行为规范化水平总体表示：

A. 满意　　B. 比较满意

C. 一般　　D. 不满意

11. 您认为需要进一步规范的司法行为主要涉及哪些领域？（可多选）

A. 审判权运行　　B. 法官自由裁量权

C. 裁判文书制作　　　　　　　　D. 执行权监督制衡

E. 司法拍卖等环节　　　　　　　F. 其他________________

12. 您认为立案环节存在哪些需要进一步规范的行为？（可多选）

A. 对法定起诉要件以外的瑕疵案件拒绝立案

B. 立案程序未细化，存在受理环节直接立案现象

C. 对一些特殊被告（如政府）不敢立案或不愿立案，但又不出具不予受理或不予立案的法律文书

D. 立案收取材料后没有给予书面反馈

E. 其他________________

13. 您认为庭审时存在哪些需要进一步规范的行为？（可多选）

A. 无故更改开庭时间或迟到、早退以及着装不规范

B. 开庭坐姿不端正、注意力不集中、随意离开审判席等不当行为和做与庭审无关的事

C. 不按规定程序组织质证、认证，生硬打断当事人、代理人、辩护人等陈述，没有合理分配诉讼各方在庭审中的陈述及辩论时间

D. 在审限将至时，要求当事人配合提交申请，隐性延长审限

E. 其他________________

14. 您是否参加过线上庭审？

A. 有参加过　　　　　　　　　　B. 没有参加过

15. 与线下庭审相比，您认为线上庭审效果还应该在哪些方面进行强化？（可多选）

A. 无法实现直接言词原则　　　　B. 无法正常质证

C. 程序更为复杂　　　　　　　　D. 法庭的威严与神圣感丧失

E. 法庭的严肃性缺失　　　　　　F. 庭审质量不高

G. 拖延时间　　　　　　　　　　H. 不利于调解

I. 其他________________

16. 您认为合议案件时存在哪些需要进一步规范的行为？（可多选）

A. 合议庭成员没有充分阅卷，合议时听主审人介绍案情

B. 评议意见肤浅，进一步研究探讨的意见少而不深

C. 合议庭评议记录在合议意见一致时笼统记录为“同意”，在合议意见不一致时没有依法如实反映

D. 没有保守审判秘密，存在刚评议出结果当事人及其代理人就知悉的情况

E. 其他________________

17. 您认为调解工作中存在哪些需要进一步规范的行为？（可多选）

A. 过分强调调解，轻判决

B. 在调解时注重实现调解结果，没有在案件事实和分清是非的基础上进行调解

C. 为实现调解目标，长时间调而不裁或者以判压调，等等

D. 在当事人达成调解协议还未形成调解书时，让当事人在送达回证上签字，而后补送调解书

E. 其他________________

18. 您认为裁判文书制作中存在哪些需要进一步规范的行为？（可多选）

A. 裁判文书粗糙，叙述事实不清

B. 说理不透彻，没有对证据采信进行充分论证

C. 对答辩意见、辩护意见、代理意见等采纳与否没有阐述理由

D. 出现写错当事人信息、引用法律条文错误等情形

E. 其他________________

19. 您认为宣判、送达法律文书时存在哪些需要进一步规范的行为？（可多选）

A. 宣判与送达不分，存在以送达代替宣判的情形

B. 在送达时分别对原、被告当事人单独宣判，导致一方当事人先知晓判决结果，引起另一方“合理怀疑”

C. 宣读判决内容不全，只宣读判决主文，对形成判决结果的事实认定和证据分析以及使用法律等部分略读

D. 应当送达的法律文书未送达，包括再次开庭的传票、合议庭组成人员通知书等

E. 送达回证记录不完整，包括代收法律文书的记录、留置送达的记录等

F. 其他________________

20. 您认为执行工作中存在哪些需要进一步规范的行为？（可多选）

A. 没有主动查找被执行人财产线索，过于依赖申请执行人提供财产线索

B. 不按规定中止或终结执行案件，对一时没有发现可供执行财产线索的案件简单以终结结案

C. 不按规定采取强制措施或不按规定评估、拍卖

D. 不按规定管理执行款物，执行标的到账后没有及时交付申请执行人

E. 其他________________

21. 您认为司法作风方面主要存在哪些问题？（可多选）

A. 言行举止不文明、不规范

B. 对当事人态度生硬，缺乏耐心，摆架子、耍威风等问题

C. 态度虽好，但对实际问题的处理没有必要引导和帮助，存在“踢皮球”现象

D. 其他________________

22. 您认为法院在司法公开方面还有哪些不足之处？（可多选）

A. 公开信息不够全面　　　　B. 公开方式不够便捷

C. 公开内容不够清晰　　　　　D. 公开渠道不够丰富

E. 其他________________

23. 您认为司法工作中还有哪些内容需进一步公开？（可多选）

A. 审判流程

B. 裁判文书

C. 执行信息

D. 法院工作相关的方针政策、涉及诉讼当事人权利的规范性文件及规范司法行为的制度等信息

E. 其他________________

24. 您认为法院在信息化建设方面还有哪些不足之处？（可多选）

A. 系统功能不够完善　　　　　B. 操作不够便捷

C. 安全性不足　　　　　　　　D. 普及率不高

E. 其他________________

25. 法院加强监督管理和接受外部监督的主要渠道有哪些？（可多选）

A. 政工、纪检部门的日常监督检查

B. 审判质量与效率管理考核评价体系

C. 案件评查、庭审评查、网上督察等

D. 人民法院监督员、人大代表、政协委员及社会各界监督

E. 其他________________

26. 根据您的了解，办案人员是否存在以下现象？（可多选）

A. 利用审判权、执行权收受或索要当事人财物

B. 基于各种关系丧失原则办人情案

C. 偏袒一方故意拖案、压案

D. 与律师串通一气，给律师介绍业务等

E. 不存在以上问题

27. 本辖区党委、人大、政府、政协和有关方面在支持和保证法院依法独立公正行使审判权方面有哪些不规范行为？（可多选）

A. 违反法律规定、违背司法规律，不当干预审判活动

B. 对个案做出具体指示

C. 其他____________________

28. 您所在地区的法院是否有参与以下业务外活动？（可多选）

A. 包村治理整顿等工作任务

B. 招商引资任务

C. 作为成员单位参加征地拆迁、计划生育、护林防火、安全生产、交通整治、治安巡逻等非审判执行活动

D. 其他与审判职能无关的工作________________

29. 您认为是否存在原法院工作人员违规到律师事务所当律师或在幕后当“法律顾问”，充当“司法掮客”，重点整治违反回避制度、违反离职从业限制性规定、充当司法掮客等问题？

A. 有　　　　　　　　　　　　B. 无

30. 您认为影响、制约规范司法行为的因素主要有哪些？（可多选）

A. 案多人少且社会矛盾化解难度加大

B. 法院干警能力、素质、作风等方面存在差距

C. 法律法规存在漏洞，缺乏细化、可操作的规定

D. 司法环境等有待进一步改善

E. 其他________________

31. 您认为目前法院队伍建设最需要加强的方面（可多选）：

A. 改善组织建设，注重人文关怀

B. 完善用人制度，拓宽晋升渠道

C. 开展丰富多彩的业余活动，缓解心理压力

D. 加强思想理论学习，提高整体素质

E. 改革分配制度，提高工资待遇水平

F. 严惩腐败，狠抓队伍作风建设

G. 改善基层工作环境

H. 密切联系群众，拉近干群关系，得到群众认可

I. 其他________________

感谢您抽出宝贵时间填写这份问卷！我们承诺，您的个人信息将被严格保密，仅用于统计分析。再次感谢您的支持与配合！

附录二

关于“规范基层法院在审判过程中使用方言”的调查问卷

福建省特殊的人文和地理环境，造就了各个地域中形成带有各地特色的方言。虽然在国家语言政策和大众传媒的双重推动下，普通话在全省得到了大范围的普及，但是某些地区的部分群众至今仍只习惯使用当地方言进行交流，这在一定程度上给正常的诉讼活动带来了不便。为进一步落实司法为民便民原则、消除方言在诉讼中可能带来的沟通障碍、保障当事人的诉讼权利、更好地实现司法公正，我们采取无记名问卷形式对基层法院在审判过程中使用方言的情况进行调查。请在合适的选项前面打钩，画线部分可作填充说明。谢谢您的支持和参与！

1. 您的性别：

A. 男　　B. 女

2. 您的年龄：

A. 22～30 岁　　B. 31～40 岁

C. 41～50 岁　　D. 51～60 岁

3. 您的学历：

A. 高中　　B. 大专本科

C. 硕士　　D. 博士

E. 其他________________

4. 您所在的工作单位：

A. 中院　　B. 基层院　　C. 派出法庭

5. 您所在地区是否存在相对统一的方言？

A. 存在　　B. 不存在

6. 您所在地区所存在的方言之间的差距：

A. 差距不大　　B. 差距比较大　　C. 差距很大

7. 您是否能够使用方言与人正常交流？

A. 可以　　B. 大致可以

C. 有点儿难　　D. 不行

8. 您使用方言与人交流的频率：

A. 经常会　　B. 偶尔会　　C. 不会

9. 您所在地区中的方言和普通话，哪一个更占优势？

A. 方言　　B. 普通话　　C. 说不清

10. 您所在单位在审理案件时使用方言的情况：

A. 多，占 50% 以上　　B. 较多，占 33% 左右

C. 较少，不足 10%　　D. 几乎没有

11. 您所在单位使用方言进行庭审涉及案件的主要类型：

A. 刑事　　B. 民事

C. 行政　　D. 其他________________

12. 您所在单位使用方言进行庭审的启动程序（可多选）：

A. 法院根据实际情况自行安排　　B. 依当事人申请

C. 根据已形成的习惯　　D. 其他________________

13. 您所在单位允许使用本地方言进行庭审是由于（可多选）：

A. 当事人都是本地人且一方或双方无法自如地使用普通话

B. 虽然当事人一方是本地人且无法使用普通话，但是能够为另一方当事人提供翻译翻译人员

C. 当事人聘请有外地律师，且律师能听懂本地方言

D. 当事人聘请的外地律师虽不懂本地方言，但能够为其提供方言翻译人员

E. 其他________________

14. 若您所在单位使用方言进行调解、释法析理，则（可多选）：

A. 全部使用方言交流

B. 关键问题或法律知识使用方言

C. 关键问题或法律知识使用普通话

D. 依实际情况而变化

15. 您认为所在单位使用方言的效果主要体现为（可多选）：

A. 便于与当事人沟通　　B. 确保庭审的顺利进行

C. 提高调解的成功率　　D. 增强释法析理说服力

E. 提高司法的亲和力　　F. 其他________________

16. 您认为所在单位使用方言进行庭审、调解、释法析理等工作存在的问题有（可多选）：

A. 法官理解掌握方言程度不一，导致意思表达不够严谨

B. 可能造成当事人之间不必要的误会

C. 与推广使用普通话的整体趋势相违背

D. 方言转化为法律术语，一定程度上影响了庭审记录的效率

E. 其他________________

17. 您所在的单位有无因方言使用而导致案件事实不清？

A. 没有　　B. 有，很少　　C. 比较常见

18. 您认为所在单位聘请适用方言翻译人员有无必要？

A. 必要　　B. 不必要　　C. 依个案具体情况而定

19. 您所在单位是否聘请使用方言翻译人员？

A. 没有　　B. 有，但较少　　C. 较多

（注：若此题选择 A 选项，则第 21 题、第 25 题和第 26 题可不

作回答）

20. 您认为所在单位聘请的方言翻译人员应具备（可多选）：

A. 无犯罪记录　　　　　　　B. 熟悉本地方言

C. 具有一定法律基础　　　　D. 具有健全的行为能力

E. 其他________________

21. 您所在单位的方言翻译人员是（可多选）：

A. 本院人员　　　　　　　　B. 普通群众

C. 通晓方言的律师或法律工作者D. 当事人的亲友

E. 其他________________

22. 您认为方言翻译人员在哪个方面能够发挥最大的作用？（可多选）

A. 立案　　　　　　　　　　B. 庭审

C. 调解　　　　　　　　　　D. 执行

E. 释法析理　　　　　　　　F. 其他________________

23. 您认为所在单位需要使用方言翻译人员的情况（可多选）：

A. 使用本地方言进行庭审，但案件的法官或书记员不懂本地方言

B. 双方当事人均为外地人，且使用同一方言并无法使用普通话，而案件的法官或书记员不懂该外地方言

C. 一方当事人是本地人且无法使用普通话，另一方当事人及其聘请的律师都是外地人，不懂本地方言

D. 其他________________

24. 您认为所在单位若根据案件审判需要安排方言翻译，则前置审批程序：

A. 分管院长批准　　　　B. 庭长批准　　　　C. 审判长决定

25. 您所在单位开庭时，一方当事人使用方言被对方律师或者当事人提出异议的情况：

A. 不多　　　　　　B. 比较多　　　　　　C. 很多

26. 您所在单位适用方言翻译人员是否给予报酬？

A. 有　　　　　　B. 没有　　　　　　C. 不清楚

27. 您所在单位是否对外地审判人员、新近书记员进行方言基础培训？

A. 有　　　　　　B. 没有　　　　　　C. 不清楚

28. 您是否同意在司法活动中使用方言？

A. 赞同　　　　　　　　　　B. 可以使用，但应予以规范

C. 不赞同　　　　　　　　　D. 不清楚

29. 若您同意在司法活动中适用方言，则您认为应当采取哪些可行的具体程序？（可多选）

A. 了解当事人的语言能力，明确是否有使用方言诉讼的需求

B. 在庭前调解和庭后交谈两个过程中，适当使用方言与当事人有更多的交流

C. 在庭审时，尽量选择熟悉本地方言的工作人员，进行审问以及记录

D. 应准备好录音设备或摄像设备，以作庭后确认或者案件分析

E. 其他________________

30. 您所在单位使用方言时还存在哪些不规范的现象？

____

____

31. 您所在单位使用方言时所遇到的障碍或问题有哪些？

____

____

32. 您所在单位若遇到使用方言上的障碍，通常如何从程序上保障当事人的平等诉讼权利？如何处理当事人在方言使用上的异议？

再次感谢您的支持和配合，若有其他涉及规范基层法院使用方言的意见和建议请填在下面画线处（或附页）：

后　记

改革开放四十多年来，中国社会按下现代化发展的“快进键”，在推进经济高速发展的同时，也让转型期的社会遇到了一系列的新问题。法律（或是司法）所具有的社会问题诊断功能，让其成为社会治理的重要一环。然而，法律在今天却在一些地方遭遇到被基层民众从社会纠纷解决方案中边缘化的危险。法律的“内卷化”窘境，导致法律在中国基层的运行呈现出以结果导向而不是规则导向的运行逻辑，并在内在治理模式和外在发展模式博弈的泥淖中陷入困局。那么，在建构中国式法治现代化新道路的今天，中国的法律该何去何从，中国社会又应该建构于什么样的法律秩序之上？

带着这样的疑问，我翻开了尘封十一年的文字，试图从中国民众对于法律过往的记忆中寻找可行的“药方”，因为中国式法治现代化新道路的成功开辟，首先必须打破“西方中心主义”的模式迷思。然而，十一年的光阴，已经让我从一个中国法律的“观察者”蜕变为中国法治的“参与者”，而当年自以为慷慨激昂的文字，在多姿的中国基层司法实践面前显得那么不合时宜。所幸，亡羊补牢为时未晚。从博士毕业之后的五年半的法官生涯（2013 年 7 月至 2019 年 1 月）和六年（2019 年 1 月至今）的教师经历，给了我能够从“合法性”和“合理性”两个维度去重新审视中国法律的基层图景，尽力在文字中实现从具体案件到抽象法理的提升，从而寻找到符合中国民众认同和期待的当代法律制度的可能。

特别是前者，让我获得了能够从宏观以及微观的视角去发现中国法律真实运行样态的机会。为了纪念这段一去便不可能再复返的时光，我选择在附录中放上与本书内容相关的两份空白的调查问卷。这两份调查问卷具体内容的展示以及对于每个选项的挖掘，重要性或许超过了调查问卷最终呈现出来的数据。因为这两份调查问卷的制作过程，其实就是我对于当前公众真实法律认同感进行观察和反思的过程。在某种程度上可以说，对于这一切的回忆和论述，于我而言并不是“本末倒置”，而是“正本清源”。

回顾这次艰难的思维“长征”，有几个记忆犹新的难度“关隘”，如在法律运行方式上如何平衡“司法剧场化”和“司法广场化”的适用、在法律实践过程中如何看待基层“反司法倾向”和法官个人化努力之间的关系、在法律解释背景下如何实现“如何才能说”转向“如何更佳说”等。每一次“关隘”的翻越，于我而言都是理论和实践、规范和事实之间张力的激烈碰撞，也是对于“中国法学人与法官，各行其是”① 的一种尝试性的积极回应。在文稿付梓的今天，虽然我已经有了“轻舟已过万重山”的欢快感，但我深深地知道，由于我的能力有限，围绕中国法律认同传统的讨论所最终呈现出来的文字依然有着各种问题。不过，这种由于个人能力而带来的缺憾，换一种角度来说，或许能让素未谋面的读者感到意犹未尽，甚至发挥出抛砖引玉的作用。若能如此，便是对我一种莫大的惊喜和鼓励。

文末，又到了该说一些客套话，但确又是真心话的时候了。感谢我

---

① 中国法学人与法官，各行其是，也是当下的现实……只要对生活足够敏感，不过分拘泥于专业、法律的教条和法治意识形态，我们的日常生活经验也会告诉我们一些（即便不会很多）与法院体制改革或发生有关的知识。（苏力：《〈各行其是：法学与司法〉译者序》，载［美］理查德·波斯纳：《各行其是：法学与司法》，苏力、邱遥堃译，中国政法大学出版社 2017 年版，“译者序”第 8 页。）

的亲人们，没有你们的付出，我没有办法抽出整段时间对这些不成熟的文字进行全面的修订；感谢我的朋友们，没有你们的分享，我没有办法在纷繁复杂的各类案件中提炼出充满灵感的文字。我不想逐一点出以上亲朋的名字，这不是我对你们的疏忽，而是我觉得最美好的东西，应该留在自己的心里。

林　坤

2025 年 3 月于福州